ASEANシフトが進む
日系企業
―統合一体化するメコン地域―

春日尚雄【著】

文眞堂

はしがき

　1985年のプラザ合意による円高以来，日系企業の海外進出は急拡大を続けてきた。その中でも，アジアにおいて最大の人口があり，経済規模が世界第2位に巨大化した中国における生産拠点の立地および消費市場での販売は，企業にとって最も魅力の大きい国，地域であり続けた。しかし，すでに2000年代はじめにチャイナ・プラスワンという言葉が生まれていた様に，潜在的には中国への海外進出の一極集中の危うさについて誰もが認識していた。昨今の日本と中国の政治的情勢を見るまでもなく，企業にとって海外投資立地については，可能であれば何らかのリスク分散をはかる必要性があったと言えるだろう。この状況がより顕在化しつつある現在，古くから貿易・投資で歴史的にも関係の深い東南アジア，ASEAN諸国への比重を増やすという企業行動が次第にではあるが起きている。とりわけ，日本が重点支援をおこなってきたインドシナ半島，メコン地域，あるいは陸のASEANと呼ばれる国々への注目は近年大きくなりつつある。

　いわゆるメコン地域は基本的にメコン川流域諸国から構成され，地域経済協力枠組みであるGMS（Greater Mekong Subregion：大メコン圏，拡大メコン経済圏）とも呼ばれる。本書ではGMSの名称を中心に使ってゆく。先進国や近隣諸国の援助，経済協力を得ながら地域の一体化をめざしてきており，日系企業の進出が進んでいるタイや中進国入りをしたベトナムを筆頭に経済発展が進みつつある。東アジアの中では中国，ASEAN諸国への日系企業の進出が多くなっているが，GMSは域内道路網のようなインフラ整備などを通じて外資誘致などによる生産拠点として，あるいは購買力の高まる消費市場としての魅力が以前より高まっている。本書では一大経済圏となりつつあるGMSにおいて，日系グローバル企業の企業投資行動を中心に産業の集積と分散がどのように起きているかを論じている。

　また学術的には，日系企業を含めた多国籍企業による国際的な生産ネット

ワークの構造を説明する際には，いくつかの理論的なアプローチが示されている。主な理論的アプローチとしては，フラグメンテーション理論や，FTAによるグローバル化とオープン・リージョナリズムの進展によって進むと考えられている産業集積，アグロメレーションの理論などによる産業の集積と分散に関しての理論がある。序章においては各理論に関する先行研究を中心に紹介をおこないたい。フラグメンテーションの概念の説明から，日本および欧米の研究者の間でこの理論に関してどのような解釈と発展がおこなわれているかを明らかにする。さらにフラグメンテーション論と対照をなすアグロメレーション論，産業クラスター論も理論的先行研究のレビューとして簡単に触れることにする。

第1章では，ASEAN，GMSの地域統合，経済協力の枠組みとサブリージョナル化を論じることを目的とした世界の地域経済統合体とASEAN，GMSについてその位置付けを示す。さらに重複する国のあるASEANとGMS各国の基礎経済指標の比較をおこない，メコン地域における重層的な経済協力枠組みの存在を整理する。またASEANに焦点をあて，ASEAN経済共同体形成への取り組み，通商産業政策，CLMVとの格差是正問題，人口構成に関わるASEAN各国の状況などを論じる。ASEAN自由貿易地域（AFTA）の歩みと深化について論じ，AFTAの完成によって東アジアにおけるASEANを中心としたASEAN+1FTAの体制に至るまでの概要を示す。

第2章では，地域開発の側面からGMSプログラムの発足がメコン地域の開発を促進していることを示す。このプログラムの枠組みや目的などについて論じ，特に越境道路網のハード・ソフトインフラの整備状況について論じる。中国との関係ではメコン地域と中国との地政学的な関係をとりあげる。中国の基本的対外戦略を論じ，中国とASEANとのFTAであるACFTAを例として示す。

第3章では，自由化の進む貿易の側面からASEAN，GMSを論じることを目的とする。貿易面からASEAN各国の比較優位から見た競争力分析をおこなうため，顕示比較優位指数（RCA）を利用して工業製品を中心とした輸出の時系列的な推移とその変化の理由について論じる。ここでは輸出競争力の指標としてのベラ・バラッサのRCA分析の成長産業と衰退産業の区別がつかない欠点を，これに輸出額を組み合わせ時系列で示すことで補い，当該国の輸出産業

の成長と他国の輸出産業の推移の比較を可能にしている。また ASEAN 各国の工業発展段階の推移を示すことを主目的として，貿易特化指数を利用し長期の時系列的な分析をおこなう。データの不足している CLM 3 カ国については短期的，定性的な分析をおこなう。ここでも貿易特化分析に輸出入額を加えることで産業の成長・衰退がわかるようにし，経済発展段階に沿った輸入，輸入代替，輸出の推移が数量的にも示されるようにした。

　第 4 章では，ASEAN 各国への直接投資の状況，特に日本と中国の 2 カ国を比較し，その違いを明らかにする。特に日本と中国では直接投資の向かう国に違いが見られ，その背景を分析するため貿易結合度，直接投資結合度を 2 軸で表現することで，日本，中国の ASEAN 各国との貿易・投資関係の時系列的な変化を含めて差異を示す。

　第 5 章では，日系企業の海外進出を論じる。日系グローバル企業の ASEAN 戦略と GMS における産業の集積の状況を明らかにする。日系企業の増大する海外進出を概観し，ASEAN への進出状況を示す一方，日系自動車産業に焦点をあてタイを中心とした自動車各社の展開とバンコク圏における集積の形成状況，さらにホンダ，日産を例として両社のアジア戦略から AICO，AFTA を利用した域内分業ネットワークの構築などについて論じる。日系電機電子産業についてはアジア展開の事例を示し，自動車産業に比べて生産拠点の再編の可能性の高い電機電子産業の状況を論じる。

　第 6 章では，企業から見た生産拠点の再編・集中と分散の要件を整理し，それぞれの可能性と限界を論じる。GMS 経済回廊整備が企業物流に及ぼす影響をルート別に示し，またその問題点などを論じる。そして GMS において越境フラグメンテーションをおこなうことを想定した場合，業種別に製品アーキテクチャーが異なることから産業集積別の距離の差異を中心に論じ，GMS における産業集積とフラグメンテーションについての一考察としている。

　本書の執筆に際しては，さまざまな方面の方々にご援助を頂いている。本書は筆者の博士学位申請論文を元にしているが，恩師である亜細亜大学アジア研究所所長の石川幸一先生にひとかたならぬお世話になって本書は形になったものである。現地調査などについては，共同で調査をさせて頂いた青山学院大学経済学部藤村学教授，アジア経済研究所石田正美氏は同分野の研究に精通され

ており，大変お世話になるのと同時に貴重なアドバイスを頂戴したことに厚く感謝を申し上げたい。またここではお名前を記しきれない，国内外の政府関係機関，企業関係者の方々にはお忙しい中にも関わらず，インタビューなどの形で多大なご協力を賜った。出版に際しては，文眞堂の前野隆氏，前野弘太氏には編集の労をとって頂いたが，厳しい出版情勢の中，お引き受け頂いたことに深く感謝したい。また本書は出版に際して，福井県立大学より助成を頂いている。尚，本書の内容についてはすべて筆者の責に帰すべきものであり，筆者の所属機関の公式見解ではないことを付け加えたい。

2014年7月

春 日 尚 雄

目　次

はしがき……………………………………………………………………… i
略語一覧……………………………………………………………………… ix

序章　課題と分析枠組み……………………………………………… 1

1．本書の目的と方法 ……………………………………………………… 1
　(1)　問題の所在 ………………………………………………………… 1
　(2)　研究目的と研究手法 ……………………………………………… 3
2．産業の集積・分散に関する理論 ……………………………………… 4
　(1)　フラグメンテーション理論 ……………………………………… 4
　(2)　アグロメレーション理論 ………………………………………… 9
　(3)　地域クラスター論 ………………………………………………… 13

第1章　地域統合とサブリージョナル化 …………………………… 15

1．世界の地域経済統合とASEAN，GMS ……………………………… 15
　(1)　ASEANの世界における位置付け ……………………………… 15
　(2)　ASEANとGMSの構成国比較 ………………………………… 17
　(3)　メコン地域における主な協力枠組み …………………………… 18
2．地域統合をめざすASEAN …………………………………………… 23
　(1)　ASEANの成立過程 ……………………………………………… 23
　(2)　ASEAN地域統合への動き ……………………………………… 25
　(3)　ASEAN経済共同体とASEAN連結性マスタープラン ……… 28
　(4)　ASEANによる通商産業政策 …………………………………… 31
3．ASEAN自由貿易地域（AFTA）の完成 …………………………… 33
　(1)　AFTAの歩みと進展状況 ………………………………………… 33

(2) ASEAN+1 の完成 ……………………………………………… 36
　4．経済格差是正問題と老齢化問題 ……………………………… 38
　　(1) ASEAN にとっての CLMV ……………………………… 38
　　(2) 人口構成からみた ASEAN の状況……………………… 41

第2章　加速されたメコン地域開発 …………………………… 45

　1．GMS プログラムの貢献 ………………………………………… 45
　　(1) GMS プログラムの発足 ………………………………… 45
　　(2) 最優先分野となった交通部門 ………………………… 51
　　(3) UNESCAP によるアジア・ハイウェイ構想…………… 60
　2．GMS と中国南進の力学 ………………………………………… 63
　　(1) 中国とメコン流域諸国との地政学的な関係 ………… 63
　　(2) 中国による対外経済戦略 ……………………………… 65
　　(3) 中国－ASEAN 自由貿易地域（ACFTA）の締結とその背景 ……… 66

第3章　貿易面からみた ASEAN と GMS のダイナミズム ………… 70

　1．ASEAN における貿易に関する分析
　　　―比較優位指数による国際競争力 ………………………… 70
　　(1) ASEAN 各国における比較優位指数分析……………… 70
　　(2) ASEAN 各国における比較優位分析
　　　　―時系列的，輸出額との観点から ………………… 72
　2．ASEAN における貿易に関する分析
　　　―貿易特化指数と経済発展段階 …………………………… 83
　　(1) 貿易特化指数から見た ASEAN 工業化の発展段階…… 83
　　(2) CLM3 カ国の貿易から見た経済発展段階 ……………… 91

第4章　ASEAN における直接投資に関する分析
　　　　―日本，中国による投資を中心に― ……………………… 96

　1．多国籍企業による海外直接投資と東アジアの経済発展 ……… 96
　2．ASEAN への直接投資の状況 …………………………………… 99

(1) 日本から ASEAN への直接投資—日本側統計から……………… *99*
　(2) 中国から ASEAN への直接投資—中国側統計から……………… *100*
　(3) 世界，日本から ASEAN，中国への直接投資比較（フロー）…… *103*
　(4) CLM3 カ国への直接投資の状況—受入国側統計から ………… *104*
　3．貿易・投資の結合度による分析 ……………………………………… *108*
　(1) 日本，中国と ASEAN の貿易結合度……………………………… *108*
　(2) 日本，中国と ASEAN の直接投資結合度………………………… *109*
　(3) 日本，中国と ASEAN の貿易・直接投資結合度による分析…… *111*

第5章　日系グローバル企業の戦略と GMS における産業の集積・分散 ……………………………………………………… *116*

　1．日系企業の ASEAN と GMS 進出の状況 …………………………… *116*
　(1) 進出日系企業数，売上高，雇用従業員について ………………… *116*
　(2) 日系製造業の海外移転 ……………………………………………… *118*
　(3) ASEAN における日系企業による業種別現地売上高と
　　　雇用従業員数 ………………………………………………………… *120*
　2．ASEAN と GMS の日系自動車産業に関する状況と事例 ………… *121*
　(1) ASEAN と GMS における自動車産業 …………………………… *121*
　(2) タイを中心とした自動車各社の展開 ……………………………… *124*
　(3) 個別企業の事例：本田技研工業 …………………………………… *128*
　(4) 個別企業の事例：日産自動車 ……………………………………… *131*
　(5) 自動車メーカーによる部品調達に見る方法論の違い ………… *134*
　3．ASEAN と GMS の日系電機電子産業に関する状況と事例 ……… *136*
　(1) タイを中心とした電機電子各社の展開 …………………………… *136*
　(2) 個別企業の事例：東芝 ……………………………………………… *137*
　(3) 電機電子産業の撤退・移転などに見られる生産拠点再編の
　　　可能性 ………………………………………………………………… *141*

第6章　産業の集積と分散の諸条件 ……………………………………… *146*

　1．企業から見た拠点再編・集中と拠点分散 …………………………… *146*

(1) 域内拠点再編のための要件 …………………………………… 146
　　(2) 域内拠点分散のための要件 …………………………………… 149
　　(3) フラグメント・拠点分散の限界 ……………………………… 151
　　(4) GMSにおける集積・分散の評価と将来 ……………………… 153
　2．GMS経済回廊による企業物流とその問題点 ……………………… 156
　　(1) 経済回廊ルート別物流条件比較 ……………………………… 156
　　(2) 経済回廊を利用した国際物流の問題点 ……………………… 158
　　(3) GMSにおける輸送モードのシフトとその後 ………………… 160
　　(4) GMS経済回廊構想に関する問題点 …………………………… 162
　　(5) 実地調査からの考察 …………………………………………… 163
　3．業種別に見る産業集積と越境フラグメンテーションの可能性の
　　検討 ………………………………………………………………… 167
　　(1) GMSにおける業種別の特性の違い …………………………… 167
　　(2) GMSにおける業種別製品と産業集積の距離 ………………… 168

終章　結論と課題 ……………………………………………………… 175
　1．各章における考察 ………………………………………………… 176
　2．研究課題の結論 …………………………………………………… 177
　3．今後の課題 ………………………………………………………… 181

参考文献 …………………………………………………………………… 183
索　引 ……………………………………………………………………… 196

略語一覧

ACFTA	ASEAN-China Free Trade Area	ASEAN・中国自由貿易地域
ACMECS	Ayeyarwady-Chao Phuraya-Mekong Economic Cooperation Strategy	エーヤーワディ・チャオプラヤ・メコン経済協力戦略
ADB	Asian Development Bank	アジア開発銀行
AEC	ASEAN Economic Community	ASEAN経済共同体
AEM	ASEAN Economic Ministers Meeting	ASEAN経済閣僚会議
AFTA	ASEAN Free Trade Area	ASEAN自由貿易地域
AHTN	ASEAN Harmonized Tariff Nomenclature	ASEAN統一関税コード
AIA	ASEAN Investment Area	ASEAN投資地域
AICO	ASEAN Industrial Cooperation	ASEAN産業協力スキーム
AJCEP	ASEAN-Japan Comprehensive Economic Partnership Agreement	ASEAN・日本包括的経済連携協定
AMBDC	ASEAN Mekong Basin Development Co-operation	ASEANメコン川流域開発協力
APEC	Asia-Pacific Economic Cooperation	アジア太平洋経済協力
ARF	ASEAN Regional Forum	ASEAN地域フォーラム
ASA	Association of Southeast Asia	東南アジア連合
ASC	ASEAN Security Community	ASEAN安全保障共同体
ASCC	ASEAN Social and Cultural Community	ASEAN社会・文化共同体
ASEAN	Association of Southeast Asian Nations	東南アジア諸国連合
ASW	ASEAN Single Window	アセアン・シングル・ウィンドー
ASEM	Asia-Europe Meeting	アジア欧州会議
ATIGA	ASEAN Trade in Goods Agreement	ASEAN物品貿易協定
BBC	Brand to Brand Complementation Scheme	（ASEAN）自動車部品相互補完スキーム
BOI	Board of Investment	（タイ）投資委員会
CADP	Comprehensive Asia Development Plan	アジア総合開発計画
CBTA	Cross-Border Transport Agreement	越境交通協定
CBTI	Cross-Border Transport Infrastructure	越境交通インフラ
CEPEA	Comprehensive Economic Partnership in East Asia	東アジア包括的経済連携協定
CEPT	Common Effective Preferential Tariff	共通効果特恵関税
CIQ	Customs, Immigration and Quarantine	税関，出入国管理，検疫
CLM	Cambodia, Laos & Myanmar	カンボジア，ラオス，ミャンマー

略語一覧

CLMV	Cambodia, Laos, Myanmar & Vietnam	カンボジア，ラオス，ミャンマー，ベトナム
EAEC	East Asia Economic Caucus	東アジア経済協議体
EAEG	East Asian Economic Group	東アジア経済グループ
EAFTA	East Asia Free Trade Area	東アジア自由貿易地域
ECAFE	Economic Commission for Asia and the Far East	（国連）アジア極東経済委員会
EPA	Economic Partnership Agreement	経済連携協定
EPZ	Export Processing Zone	輸出加工区
ERIA	Economic Research Institute for ASEAN and East Asia	東アジア・ASEAN経済研究センター
ESCAP	Economic and Social Commission for Asia and the Pacific	（国連）アジア太平洋経済社会委員会
EU	European Union	欧州連合
FDI	Foreign Direct Investment	海外直接投資
FTA	Free Trade Area / Agreement	自由貿易地域 / 協定
FTAAP	Free Trade Area of Asia-Pacific	アジア太平洋自由貿易圏
GATS	General Agreement on Trade in Services	サービスの貿易に関する一般協定
GATT	General Agreement on Tariff and Trade	関税および貿易に関する一般協定
GDP	Gross Domestic Product	国内総生産
GMS	Greater Mekong Subregion	大メコン圏，拡大メコン経済圏
GRP	Gross Regional Product	地域総生産
GSP	Generalized Systems of Preferences	一般特恵関税制度
HDI	Human Development Index	（国連）人間開発指数
HS	Harmonized System	（統一分類）関税HSコード
IAI	Initiative for ASEAN Integration	ASEAN統合イニシアティブ
IMF	International Monetary Fund	国際通貨基金
JBIC	Japan Bank for International Cooperation	国際協力銀行
JETRO	Japan External Trade Organization	日本貿易振興機構
JICA	Japan International Cooperation Agency	国際協力機構
LDC	Least Developed Countries	後発開発途上国
MFN	Most Favored Nation (treatment)	最恵国待遇
MNCs	Multinational Corporations	多国籍企業
NAFTA	North American Free Trade Agreement	北米自由貿易協定
NESDB	National Economic and Social Development Board	（タイ）国家経済社会開発庁
NSW	National Single Window	ナショナル・シングル・ウィンドー
ODA	Official Development Assistance	政府開発援助
PPP	Purchasing Power Parity	購買力平価
RCA	Revealed Comparative Advantage	顕示比較優位（指数）

SEZ	Special Economic Zone	特別経済特区
SITC	Standard International Trade Classification	標準国際貿易分類
SKRL	Singapore-Kunming Rail Link	シンガポール・昆明間鉄道リンク計画
TAC	Treaty of Amity and Cooperation in Southeast Asia	東南アジア友好協力条約
TPP	Trans-Pacific Strategic Economic Partnership	環太平洋経済連携協定
UNCTAD	United Nations Conference on Trade and Development	国際連合貿易開発会議
UNESCAP	United Nations Economic and Social Commission for Asia and the Pacific	国連アジア太平洋経済社会委員会
VAP	Vientiane Action Programme	ビエンチャン行動計画
WCO	World Customs Organization	世界税関機構
WTO	World Trade Organization	世界貿易機関

〈CEPT関連略語〉

IL	Inclusion List	対象品目
TEL	Temporary Exclusion List	一時的除外品目
GEL	General Exception List	一般除外品目
SL	Sensitive List	センシティブ品目
HSL	Highly Sensitive List	高度センシティブ品目
NTB	Non Tariff Barrier	非関税障壁
ROO	Rules of Origin	原産地証明
CO	Certificate of Origin	原産地証明書

序章

課題と分析枠組み

1. 本書の目的と方法

(1) 問題の所在

　本書の問題意識は，GMS 域内における産業の集積と分散がどのように起きているかについて実証的な分析をおこなうことである。そのため，日系企業を事例としたフィールドワークを含めた実証的な分析をおこなっている。東アジアの国際貿易の急激な拡大と，国際分業の進展についてのフラグメンテーション理論は，Jones and Kierzkowski［1990］，Hanson［1997］，Deardorff［2001］などと，これらの理論を拡張させた木村［2003，2004，2006，］，木村・安藤［2006］，若杉［2003a，2003b，2007］などがある。最近の議論では，日系企業を中心とした生産の国際分業が，東アジアの国際貿易を急拡大させた大きな原因の一つであるとされる。すなわち中国など東アジア各国の部品産業が中心となりコストの高い日本製の代替供給拠点として成長したこと，加えて新興国におけるインフラ整備や経済成長により現地消費マーケットが急激に拡大したこと，さらには地域統合の枠組みによる貿易・投資の自由化が広がっていることなどが背景となりフラグメンテーションに関する議論を活発化させている。

　本書の中核的な課題は，進出日系グローバル企業の実証的な分析を踏まえた考察から，①GMS における企業の集中と分散の要因の整理，②GMS 域内日系グローバル企業の工程間分業の状況と可能性，③フラグメンテーションの 2 類型（市場開拓型，コスト削減型）に対する日系グローバル企業の志向，④業種別の産業集積と距離の GMS 域内における基準，という 4 つに整理することができる。

この議論に大きな関連のあるアグロメレーション論は，空間経済学，経済地理学からのアプローチとして Krugman［1998］，Fujita, Krugman and Venables［1999］，藤田［2005］などがあり，このほか主に経営学からのアプローチとして地域クラスター論がある。

また上記の議論の前提として，ASEAN 各国で大規模な外資導入と輸出志向政策により工業化が大幅に進んだこと，さらに貿易自由化に関する交渉の遅延している GATT=WTO 体制を補完し，あるいは先行する形で，東アジアでは ASEAN が中核的な地域経済統合体となり，その域内自由貿易協定である AFTA が深化したことが挙げられる。これについては，Plummer［2009］，Nesadurai［2003］，石川［2006, 2009b, 2009c, 2009d, 2010a, 2010b］，清水［1998, 2009, 2010］，助川［2009］，馬田・浦田・木村［2005］，青木［2003, 2005］，Hew［2005, 2007］，Severino［2006］などに詳しい。

ASEAN の地域経済統合は AFTA の深化と共に本格化した。2015 年に予定されている ASEAN 経済共同体（AEC）の形成に向けて，ASEAN10 カ国は経済的一体化を図るためにより結びつきを強めており，ASEAN が東アジアにおける事実上の地域統合の中心的な存在になった歩みを明らかにしている。2010 年に ASEAN+1FTA 体制が確立した意義は大きく，ASEAN が「ハブ・アンド・スポーク」と言われる体制の中心に位置していることを意味している。これによって FTA 網は ASEAN 域内だけではなく，東アジア各国，オセアニア，さらにはインドのような南アジアまでの広がりをもってきている。企業立地行動の点から，こうした広域経済圏における最適立地に貿易・投資の自由化の要素は欠かせないものであることを示している。

一方，GMS 域内ではタイ，ベトナムを中心に日系企業の投資が集中しているが，GMS の構成から中国との地政学的な関係が注目されている。1992 年からの GMS プログラムと，中国 2 地域を含めた陸路越境交通システムの構築と運用，国境貿易と国境経済圏の形成については ADB［2001, 2004, 2007a, 2007b, 2007c, 2008a, 2008b］，石田［2005, 2010］，藤村［2006, 2010］などに詳しい。また人種，言語，文化などが多岐に渡ることから，この地域の人文学的研究と交通，経済などの学際的アプローチの視点からは末廣［2009, 2011］，白石［2006, 2007］などに詳しい。GMS および東アジアの国際分業の

研究としては経営学，多国籍企業論の見地から，藤本・天野・新宅［2007］，洞口［2002］，大木［2008］など多数がある。

　GMSではアジア開発銀行（Asian Development Bank：ADB）が推進しているGMSプログラムによって，特に経済回廊に代表される交通網を中心としたインフラ整備がおこなわれている。それ以外にもサブリージョナルの経済協力が数多く存在する。これらはメコン地域における地域一体化に寄与すべく進められており，また開発の遅れたCLMV（カンボジア，ラオス，ミャンマー，ベトナム）4カ国とASEAN先発国との経済格差解消の方向にも合致している。また貿易・投資の自由化などが先発国のみならず，後発国へのインパクトを考慮する必要があることは，ASEANの枠組みによる地域経済統合の推進とも共通している。こうした重複する重層的な地域経済協力，インフラ整備による物流の円滑化，企業による国際分業ネットワークの構築は不可分な要素であることを示す。

(2) 研究目的と研究手法

　このように，本書の研究目的は東アジアの中における生産拠点としても重要であるGMSにおいて，日系企業の進出による産業集積の形成がどのようになされ，また工程間分業を含めた拠点の分散がどのように具体的におこなわれているかの実証的な分析である。このテーマを実証的に確かめるためには，影響の大きい日系グローバル企業を分析対象としている。この分析においては，国家間の貿易・投資を中心とした多面的検討と企業レベルを中心とした検証をおこなっている。

　分析対象を取り巻く環境については，地域的な背景となるASEAN地域経済統合とGMS地域経済協力，GMS経済回廊の整備による越境交通の円滑化に関する分析，調査が必要であるが，ここでは文献研究に加えてGMS経済回廊の現地走行調査をおこなうことにより，道路網の整備状況およびそれを利用すると考えられる企業物流の状況と可能性について知見を得ることができた。

　次にGMSにおける貿易と投資の活性化については，ASEAN事務局，国連貿易統計，各国政府などの統計，文献研究を中心におこない，可能な限り一次資料による定量的分析を加えた。経済主体レベルの分析対象となる企業の立地

行動については，文献研究に加えて日系大手自動車および電機メーカーのグループに対する日本本社および生産拠点，現地生産会社，また現地情報入手のため，その他進出日系企業，総合商社，JETRO（日本貿易振興機構），JBIC（国際協力銀行），現地政府機関などにおいて，定性的ヒアリングを中心としたフィールドリサーチをおこなった。

　上記の枠組みで貿易・投資および企業経営を中心とした実証的な分析をおこない，さらに現在形成されている産業集積と企業立地の分散の事例も含めた検討により，これらの要因を整理，評価することを試みた。事例としてあげた自動車，電機電子産業という2大産業は日本，現地側の双方において主要な産業集積を形成している。GMSにおける産業集積の業種別の特性が「距離」という点から表され，産業集積と分散という相反する現象が，いくつかの条件下において実際には相互作用をもって機能していることを明らかにすることも目的の一つである。

2. 産業の集積・分散に関する理論

(1) フラグメンテーション理論

　Jones, R. W. and Kierzkowski, H.［1990］などによれば，フラグメンテーションとはもともと1カ所でおこなっていた生産工程を複数の生産ブロックに分解し，各生産ブロックをそれぞれに適した場所に分散・立地させることを指す（図表序-1）。フラグメンテーション（fragmentation）という言葉には同じ意味，似た意味でさまざまな用語が用いられている。例えばアウトソーシング（outsourcing）という用語もフラグメンテーションを表す場合もあれば，別の企業，工場に外注に出すことを指す場合もある。重要な点は従来の国内における分散立地，外注化ではなく，企業の国際化にともなって国境を越えたフラグメンテーションが起きていることである。

　フラグメンテーション理論の解説時に頻出する図表序-1によれば，(a)は，すべての生産活動が1つの場所でおこなわれている時の1つの生産ブロック（PB）を表している。しかし，その生産工程の中に熟練技術者を必要としない労働集

2. 産業の集積・分散に関する理論   5

図表序-1　フラグメンテーション生産工程分割

(a)フラグメンテーション前

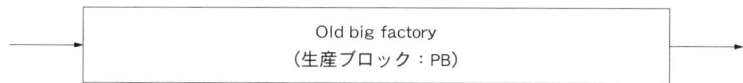

(b)フラグメンテーション後

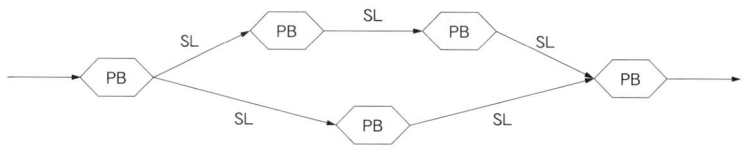

（出所）Jones, R. W. and Kierzkowski H.［1990］, p. 33.

約的なものがあるかも知れない。その場合には(b)のように垂直的な生産工程を組み，各工程をそれぞれに適した場所に立地させられれば総コストを低く抑えられる可能性がある。生産ブロックを分散立地すると各生産ブロックの間をつなぐサービス・リンク・コストが発生する。サービス・リンク・コストには輸送費，電気・通信費など，さまざまなコストがかかってくる。フラグメンテーションによって総コストが引き下げられるかどうかは，サービス・リンク・コストが十分低いかどうかにかかってくる[1]。国際分業する際には各国の貿易障壁の違いなどによる追加的なコストがかかることも多いと思われ，サービス・リンク・コストを押し上げる要因となる。関税についても当然サービス・リンク・コストにあたるが，直接投資に対するインセンティブとしての原材料，中間財の保税・免税措置，ならびに ASEAN においては AFTA のような自由貿易協定の実施はサービス・リンク・コストを引き下げる方向に働く。このような近年のグローバル化の進展や，AFTA の実効化によってサービス・リンク・コストが下がることで多国籍企業による生産ブロック（PB）の分散立地がさらに進んできていると主張されている。Jones and Kierzkowski［1990］によるフラグメンテーションの概念は，マキラドーラのようなアメリカ―メキシコ国境に存在する局地的国境経済圏における「企業内工程間分業」を念頭においていたものである[2]。このような単純な意味における製造工程の分割は，国境をは

1　安藤光代［2006］, 13頁。装置産業のような産業にはフラグメンテーションが起きにくく，部品点数の多い組立型の産業で起きやすいと考えられる。

さんだ安価なメキシコ人労働力を利用することを主たる目的とした生産方式が基本とされた。

同様のフラグメンテーションの定義と，既存の国際貿易理論との検討をおこなっている Deardorff［2001］は，フラグメンテーションを①ある製品の生産工程を複数のステップに分けて違った場所に立地させること，②フラグメンテーションは製品内特化（intra-product specialization）でありアウトソーシングである，③フラグメンテーションは国内および国際的なものの両方が起きる，と定義している。さらに，伝統的国際貿易理論であるリカード・モデル，ヘクシャー＝オリーン（H-O）・モデルにも当てはめて検討をおこなっている。そこでは小国開放経済（A small open economy）という限定をつけて，2国2財1要素を仮定したリカード・モデルと，2国2財2要素（2×2×2）および3財2要素のH-Oモデルのそれぞれを検証した結果，フラグメンテーションの有効性を指摘している。その1つが，生産要素価格の国際的な違いはフラグメンテーションによって平均化される，などである。

さらに距離の概念と取引の形態から理論の拡大をはかった木村・安藤［2006］は，特に東アジア経済における国際的生産・流通ネットワークのメカニズムを説明する枠組みとして，2次元のフラグメンテーションを提示している（図表序-2）。これは企業の分散度，非コントロール力（縦軸），距離（横軸）によって示されている。これはアメリカーメキシコあるいはドイツー中東欧諸国のような距離が近接した例ではなく，東アジアのようにある程度相互に距離がありかつ多くの国で大規模におこなわれているという，世界でも希なフラグメンテーションのケースの説明として適当であるという[3]。企業の分散度，距離によって4つの領域ができるが，特に「企業の境界」を超える場合においてのサービス・リンク・コストは大きくなる。そのため距離を短縮しコストを抑えるためには，中間財，部品などを供給しやすい，図左上（北西）の領域において集積がフラグメンテーションと共に起きる可能性がある，と主張されている[4]。

2　Hanson［1997］に詳細な説明があり，木村・安藤［2006］，86頁，Ando, M. and Kimura, F.［2009］，p. 8などに記述されている。Jones and Kierzkowski［2001］においては米国によるメキシコの労働力を活用した国際分業関係について触れられている。

3　木村福成・安藤光代［2006］，87頁。

4　同上，87頁。

2. 産業の集積・分散に関する理論

図表序-2　2次元のフラグメンテーション

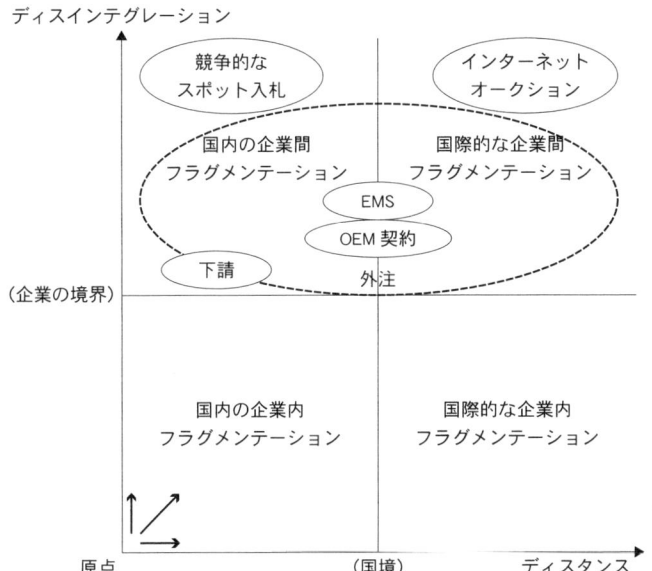

(出所) 木村・安藤 [2006], 86頁。

　問題は「2次元」の両軸のうち，企業の境界がフラグメンテーションの決定要因となるかどうかという点である。もし決定要因となるとすれば，Williamson [1985] の取引費用分析による，多国籍企業の内部化議論との整合性はどのように考えるべきなのかという疑問が残る。また経済主体である企業と，製品のアーキテクチャーなどの特性について考慮する必要はないのかという点がある。

　さらに Ando, M. and Kimura, F. [2009] によれば，東アジア全体を見た場合には，フラグメントされた拠点のネットワークが複雑に構築されている。Hanson [1997][5], Jones and Kierzkowski [1990] による概念の元になった，アメリカ-メキシコ間の分業の例が1：1で示されるとすれば，東アジアにおける国際分業ネットワークすなわちフラグメンテーションと進出先における集積 (Agglomeration) の形成とその関連はn：nに近いものとなり，その組み合わ

5　Hanson [1997]. アメリカ-メキシコ間の国境都市での製造業を精査している。p. 304 で "twin plant" という表現がある。

せの複雑さが大きく異なるものとして対比させている[6]。

若杉［2003a，2003b，2007］は、1980年代以降の東アジアの貿易拡大はフラグメンテーションが大きな理由であるとした上で、「産業内貿易（intra-industry trade）」の考え方に替わって「製品内貿易（intra-product trade）」が増大したため[7]、あるいは、「企業内取引（intra-firm transaction）」から「市場取引（arm's length transaction）」の工程間分業への発展のため、とも述べている[8]。企業は生産を国内から国際的な調達ネットワークへと移行させ、それが国際取引の増加などに貢献しているとする。グローバル化が広義の輸送費[9]を低下させ、それがさらにフラグメンテーションを促進している。つまり生産工程が細分化され、垂直的特化が進み、規模の経済が実現することになる。さらにFTAの推進は新しいタイプの国際貿易の拡大を助けることになる。若杉は特にASEANなどの地域経済統合はフラグメンテーションを促進することになるため、東アジアにおいてはフラグメンテーションの一大実験場になりつつあるという[10]。

企業内貿易という点ではHelpman and Krugman［1985］は、従来の伝統的貿易理論に独占的競争を導入した新しい貿易理論により、規模の経済の収穫逓増性による貿易の発生を説明し、そのなかで企業内貿易（Intrafirm Trade）発生のメカニズムについて述べている。企業内貿易は同一の企業内で工程間の国際分業をおこなうことにより発生する企業内部での貿易である。多国籍企業の活動が世界的に拡大するなか、多国籍企業内部での財の流れは世界経済において重要な役割を果たしているとする[11]。

また、メコン地域に限定した地域研究から石田［2010］では、GMSにおいては中進国－後発途上国間[12]でのインフラ、労働力の補完関係を前提とした国

---

6 Ando, M. amd Kimura, F.［2009］, p. 7.
7 若杉隆平［2003a］, 16頁。
8 若杉隆平［2007］, 193頁。
9 「広義の輸送費」は財を距離的に移動させる狭義の輸送コストだけではなく、流通経費や人や情報の移動に伴うコスト、関税や市場アクセスの容易さといった広い意味での輸送コストである。
10 若杉隆平［2003b］, 19頁。
11 Helpman and Krugman［1985］, Chapter 12, 13 および p. 263。Multinational Corporationsの章で企業内貿易の決定因を説明し、規模が大きくなった場合のホスト国への影響を指摘している。
12 タイ、ベトナムを中進国と考えた場合、CLM（カンボジア、ラオス、ミャンマー）、あるいは中↗

境経済圏説を提唱している。これはHanson[1997], Jones and Kierzkowski[1990]の基本的前提に近いものと言える。GMSにおける「国境経済圏」は，国境産業，国境貿易およびカジノのような産業で構成されており，発展段階における一時的なものであるとしている[13]。これらは限定的，かつ小規模なものであり，むしろグローバル企業にとっては企業立地条件の変化による国際的な生産移転が今日的な問題である。

(2) アグロメレーション理論

従来，産業集積の形成と産業の地理的集中は，19世紀のマーシャルによる比較優位の理論[14]で説明されてきた。企業立地論としてVernon [1966] は，多国籍企業研究に基づくプロダクト・サイクル（PC）理論により各製品が初期段階，成長段階，成熟段階，衰退段階を経ることを示した上，新製品は成熟とともに別の新製品に置き換えられるのと同時に，先進国で需要が満たされ人件費の安い途上国に生産移転されていくとした。その中で外部経済を必要とする産業は大都市中心地域（Core）に立地するが，輸送費や労務費のウェートの高い産業は周辺（Periphery）に立地するとしている。これは当初輸出をおこなっていた企業が，国境を越えた市場の確保に動くことでもあり企業の多国籍化の理解につながる。これは現代の状況に必ずしも完全にマッチしているとは言えないが，現在でも一定の適用性をもつと言える[15]。

国際経済学の考え方が変化してきた1980〜1990年以降，もともと都市計画や経済地理の分野で用いてこられた概念であった，集積・アグロメレーション（agglomeration）理論が，産業クラスターモデルなどを通じて「空間経済学」，「新しい経済地理学」と称されて一種の規模の経済学，すなわち「規模に関す

＼国（雲南省，広西チワン族自治区）との国境付近において経済圏が形成されるということが観察され始めている。
13 石田正美［2010］，22-25頁。国境経済圏は地域統合が進むことで消滅する可能性があるとしている。
14 A. マーシャル『経済学原理』（馬場啓之助訳，東洋経済新報社，1966年）255-256頁「マーシャル的外部性」すなわち4つの外部経済効果で各企業には規模の経済性がなくても，ある財を生産する企業が一つの地域に集中することによって産業全体に規模の利益が発生することが説明されている。
15 詳しくは後述のVernon論文についてを参照。

図表序-3　集積力と分散力に関する主要な要素

集積力（centripetal forces）	分散力（centrifugal forces）
市場連関効果	動かすことができない生産要素
厚みのある市場	地代，土地価格，通勤費の上昇
技術・知識のスピルオーバー効果	混雑，環境汚染
純粋な外部経済	その他純粋な外部不経済

（出所）Krugman［1998］, Fujita, Krugman and Venables［1999］（邦訳）藤田昌久，ポール・クルーグマン，アンソニー・J. ベナブルズ著［2000］『空間経済学：都市・地域・国際貿易の新しい分析』東洋経済新報社，344頁ほか。

る収穫逓増」（increasing returns to scale）を表すものとして国際貿易理論に組み込まれるようになった。Krugman［1991，1998］, Fujita, Krugman and Venables［1999］などの研究とともに現れ，経済活動の集積が利益をもたらすとしている。集積すなわちアグロメレーションの利益は，ある地理的境界内に経済活動が集中するほど生産コストは低下するというものである。この理論では「距離」が極めて重要な要素になっている。Krugmanらは集積力と分散力を以下のように整理している。（図表序-3）

　上記の要素のうち，前方連関効果と後方連関効果の相互作用によって図表序-4のように企業と消費者（＝労働者）が都市に集まり，相互・累積的に働くと強力な集積力が現れるというプロセスが示されている。各企業のイノベーションによる新しい技術，ノウハウなどは知識外部性として各都市，地域に蓄

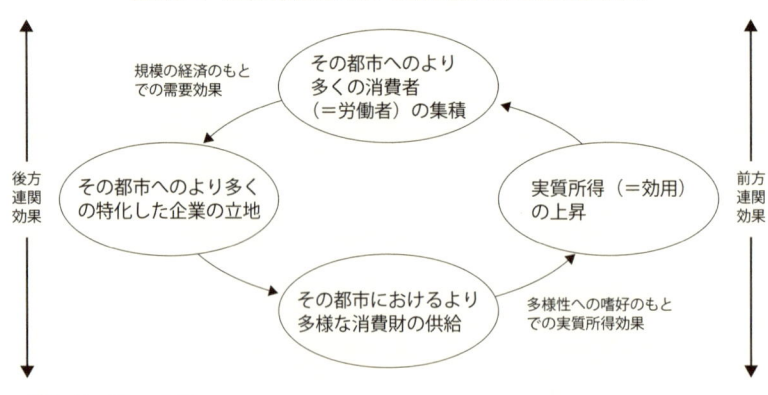

図表序-4　産業集積形成に関する前方連関効果と後方連関効果

藤田［2003］，218頁。

積される[16]。

ここでの前方連関効果とは，消費者（労働者）が財の種類が豊富で安価な立地を好む傾向のことを言い，後方連関効果とは，企業が需要の大きい地域に立地することを説明している。供給される消費財に対する多様性の嗜好に基づき消費者（労働者）の実質賃金（＝効用）が増加する。これによって循環的因果関係（ポジティブ・フィードバック・メカニズム）が形成され，企業レベルでの生産の規模の経済が発生し，都市全体の収穫逓増に転換し，集積力が生まれるとされる[17]。

さらにフラグメンテーション理論の言うサービス・リンク・コストにあたる，空間経済学の「輸送費」と集積度の関係は図表序-5になると考えられている。輸送費が徐々に下がって循環的因果関係が働き小規模な集積が数多く形成されるが，さらに輸送費が低下するとより少ない数の集積となり，一極集中になる可能性がある[18]。この状況はKrugman［1993］のレーストラック経済（The Racetrack Economy）のモデルにある，(σ) が極端に小さい，すなわち多様性選好（love of variety）が強い状況と言える[19]。しかしながら，この時点からさ

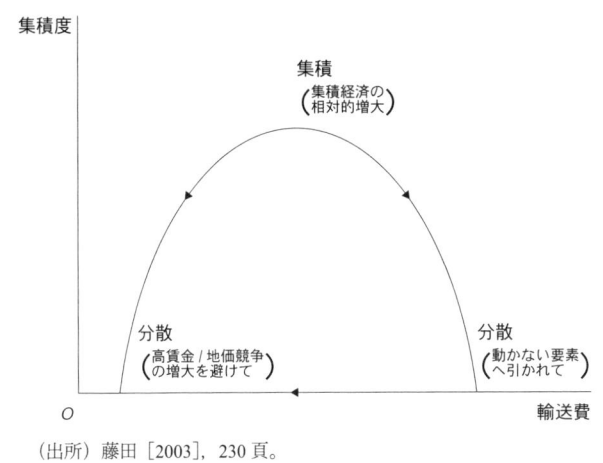

図表序-5　輸送費低減の経済集積に及ぼす非線形効果

（出所）藤田［2003］，230頁。

16　藤田昌久［2005］，19頁。
17　同上。
18　藤田昌久［2003］，230頁。

らに輸送費が低下すると今度は集積のデメリット，すなわち地価，人件費の上昇などに対応して周辺地域へ順次移転するという段階になり，輸送費の低下は集積度の分散→集積→分散のプロセスをもたらす非線形的なものになるとされている。

またフラグメンテーションとの関係では，安藤［2006］，木村・安藤［2006］によればフラグメンテーションとアグロメレーションは結合が可能であり，1企業レベルでは逆方向に働く現象のように思えるが，産業レベルで見ればこれらは同時に起こりうる[20]。第1に，サービス・リンク・コストには規模の経済性が存在するため，分割された生産ブロックはサービス・リンク・コストの十分低いところに集中する傾向があり，それが産業集積を形成する。第2に，標準品ではない顧客仕様の部品・中間財では供給者と需要者が綿密な連絡をとる必要があったり，納品に厳密なタイミング（リードタイム）が要求される場合には相互に近くに立地することが重要となるため産業集積が形成される，というものである。この点については，東アジアが産業集積と分散が同時進行的に起きている段階に達している唯一の発展途上地域[21]，とすれば一つの理論的な根拠となり得る。

また独特の視点からMcCann［1998］（邦訳：マッカン［2002］）では，産業立地論の立場から，西欧と日本の「産業的購入連繋」の比較をおこない，中でも日本型のJIT（Just in Time）システムに注目し，空間的集中の関係，取引頻度，ロジスティクス費用に着目した，という特異な分析をおこなっている。その中でMcCannは，A型，B型の2類型の企業を示している[22]。それによればA型では，短い投入物配達距離は一般に観察されず，B型では短い投入物配達距離がしばしば観察される。A型は，①投入物及び産出物の高い価値／重量比率，②規格化された生産物の大規模大量生産，③産出物の複雑性に起因する投入物

---

19 Krugman, P.［1993］, "On the number and location of cities," *European Economic Review*, Vol. 37 (2-3), pp. 293-298. 輸送費（T）の影響より，多様性選好（σ）の極端に小さい状況：消費者が多様性を非常に強く好む状態，において極端な一極集中が起きるようなモデルになっている。本書ではメコン地域におけるバンコク圏の状況がこれに近い。
20 前述の「2次元のフラグメンテーション」でこれを図式化した。
21 木村福成［2010］, 2頁。
22 P. マッカン［2002］, 9-10頁。

の多様性（異質性），④外部的な組織決定をおこなう大企業，という特徴をもつ。B型は，①投入物及び産出物の低い価値／重量比率，②非規格化産出物の少量生産，③産出物の非複雑性に起因する投入物の範囲の小ささ，④地方的で自律的な決定，という特徴をもつとしている。A型が現代の大企業の形態であり，B型は古い産業もしくは小企業・下請け産業の特性を示すとしている。日本企業におけるJITは空間的企業連繋の一群を生起し，価値／重量比率が増加するにつれ，平均搬送距離が低くなるという，伝統的な西欧の企業間連携とは逆向きである，としている[23]。

(3) 地域クラスター論

産業クラスターに関するアプローチは空間経済学，経済地理学からされているが，経営学からのものもある。クラスターそのものの考え方は古くからあったが，産業の地域的なクラスター状の形成という現象についてPorter［1980, 1986, 1990］では，競争理論の立場から様々な産業が相互に連結したものを「産業クラスター」（industrial clustering）として定義している。そして産業の競争優位は少数の産業で生まれるのではなく，さまざまな産業の相互作用によってクラスターが形成されると考える。しかしクラスターの形成によって，外部経済の発生，企業間・産業間の技術スピルオーバーなど，ポジティブな効果が発生するとし，最終的に産業集積がコストの引き下げだけでなく，「イノベーション」を持続的に生み出す役割を担っていると結論づけているのは妥当性がある。特に経営学の立場から，イノベーションが集積地において関連企業や各機関との協力関係ができる，例えばシリコンバレーのようなR&Dが促進されスピルオーバーする効果が期待されている。さらに言えばPorterの言うイノベーションは集積そのものよりも，その動態的な変化，すなわち米国製造業が汎用製品から高度なIT業種に変化を遂げたような産業転換の可能性を示唆していると考えて良いだろう。

朽木［2007］はアジア地域研究の視点から，各国のかつての産業政策すなわち産業保護がグローバル化によって難しくなったことを指摘し，むしろ地方政

23　同上，19-20頁。

府を中心とする産業クラスター政策への転換過程にあることを示している。最終的には，アジアにおける産業クラスター間の連携が進むことで，競争と協調によって地域経済統合への道筋が出来ると考えている。Porter 同様，産業クラスターの形成においては，産業集積にイノベーションが加わったものと考えている。第1段階の集積においては，工業団地，キャパシティ・ビルディング，アンカー企業の3つの条件が必要であり，第2段階のイノベーションにおいては，大学・研究機関，キャパシティ・ビルディング，アンカーパーソンの条件が揃ってクラスターとなる[24]。独特な点としては，Porter と異なり線形のフローチャート・アプローチを用いており，政策手段に優先順位を付けることであるとしている。

---

[24] 朽木昭文［2007］，46-47頁。

第1章
地域統合とサブリージョナル化

　第1章では，世界における主要な地域統合，経済協力体を鳥瞰した後，本書において主要な分析対象である ASEAN, GMS の歴史的な背景，枠組みの概要，地域における基礎的データを示す。その後，ASEAN については地域経済統合の第一段階と捉えられる域内自由貿易協定＝ AFTA の完成まで，さらに東アジアにおいては ASEAN をハブとした ASEAN+1FTA が形成されるに至った状況，さらに 2015 年に予定されている AEC への道のりを検討する。ASEAN とは重層的な枠組みでもある GMS については ADB 主導の GMS プログラムの歴史と現状，同プログラムの交通を中心としたインフラ整備が進んでいること，さらに同地域における政治経済学的な力学などについても触れておきたい。

1. 世界の地域経済統合と ASEAN, GMS

(1) ASEAN の世界における位置付け
　東アジアでは *de facto*（実質的，事実上の）経済統合が進んでいると言われてから久しい。地域統合が国際的な生産ネットワークの構築による「地域化」（regionalization）と，政府間の貿易協定などに基づく「地域主義」（regionalism）に分けられるとすれば，東アジアにおいては前者の地域化が先行した。これは EU, NAFTA のような制度が優先した地域経済統合に対して，東アジアでは市場が主導したことを意味する。その後東アジアにおいても FTA 網が進展し，その中心（ハブ）となっている ASEAN が自由貿易地域（AFTA）を深化させたことが，東アジアにおける実質的地域統合をより強化した。しかし ASEAN

を含む東アジアにおいては，欧州をモデルとしたバラッサの統合5段階理論[25]におけるような直線的な経済統合が適用できないことは確かである。

地域経済統合体としてのASEANは総人口が約6億人（2011年）であり，EUの総人口約5億人，NAFTAの約4億6000万人を上回っている（図表1-1）。ASEANの経済規模はEU，NAFTAとの比較で見れば，名目GDPで約9分の1である。しかしASEANの2011年名目GDP2兆1351億ドルに対して，購買力平価PPPベースでは3兆3164億ドルとなっている[26]。

同様にASEANの2011年一人当たりGDPについて3500ドル台は，PPPベースでみると5500ドル台になり，IMF，世銀の算出した世界平均約10000ドル強の約2分の1である。また経済成長率で見た場合，ASEAN主要国の2000～09年の平均実質GDP成長率は，マレーシアが4.3％，タイが3.9％，インドネシアが5.1％，フィリピンが4.4％，ベトナムが7.7％となっており[27]，主要先進国を大きくしのぐ成長センターでもある。

国別に見たASEAN10カ国の経済指標の特徴の1つは，インドネシアの占める比重の大きさである。ASEANの人口の約41％，名目GDPの約40％をイン

図表1-1　ASEANと他の主な地域経済統合体との比較（2011年）

	加盟国	人口（万人）	名目GDP（億ドル）	一人当たりGDP（ドル）	貿易量（輸出＋輸入）（億ドル）	域内貿易比率（％）
ASEAN	10カ国	60,223	21,460	3,563	21,209	24.7
欧州連合（EU）	27カ国	49,526	175,522	35,440	118,131	64.8
北米自由貿易協定（NAFTA）	3カ国（米国，カナダ，メキシコ）	46,087	179,854	39,025	53,800	40.3

（注）貿易量は域内貿易額を含む。EUは2013年7月以降は28カ国。
（出所）IMF Direction of Trade Statistics, World Bank World Development Indicators databaseなど。

25　Balassa, Bela [1961], *The Theory of Economic Integration*, Richard D. Irwin Inc. 「機能主義的」アプローチである。自由貿易協定に始まり，関税同盟，共同市場，通貨同盟／経済同盟，そして最終的に政治同盟へ発展するという，直線的，単線的モデルである。しかしながらバラッサの言う地域主義は経済的な側面のみによって類型化されており，現在の地域主義の政治・経済の複雑な状況を説明するものではないという批判は当然あり得る。
26　IMF World Economic Outlook Databaseより。
27　内閣府月例経済報告主要経済指標（各年度版）。

ドネシア一国で占めている。第2は ASEAN Devide とも呼ばれる大きな格差である。一人当たり GDP の最も高いシンガポールが5万ドル近く，日本のそれをしのぐ額であるのに対して，所得の低い CLM3 カ国の中でも，最低のミャンマーは 830 ドル台という極めて大きな経済格差が存在する。これは ASEAN には 2015 年の AEC 形成に向けた，格差是正という大きな課題が依然存在することを意味する。

(2) ASEAN と GMS の構成国比較

地域経済統合体である ASEAN と，地域経済協力枠組みである GMS の構成国と各国の主要経済指標は図表 1-2 の通りである。GMS は，総人口が約3億

図表 1-2 ASEAN/GMS 各国における主要経済指標（2011 年）

ASEAN	GMS		人口（万人）	名目GDP（億ドル）	一人当たりGDP（ドル）	輸出額（億ドル）	輸入額（億ドル）	貿易依存度（％）
○		シンガポール	527	2,598	49,271	3,536	3,109	255.8
○		ブルネイ	43	155	36,584	83	31	73.5
○		インドネシア	24,103	8,457	3,509	1,578	1,357	34.7
○		マレーシア	2,873	2,787	9,700	2,412	1,899	154.7
○		フィリピン	9,586	2,131	2,223	591	776	64.1
○	○	タイ	6,408	3,456	5,394	1,954	1,846	110.0
○	○	カンボジア	1,510	129	852	46	98	111.6
○	○	ラオス	656	79	1,204	22	36	73.4
○	○	ミャンマー	6,242	519	832	64	98	31.2
○	○	ベトナム	8,932	1,227	1,374	712	1,019	141.1
	○	雲南省	4,631	1,355	2,926	95	66	11.8
	○	広西チワン族自治区	4,645	1,813	3,903	125	109	12.9
		ASEAN 全体	60,223	21,460	3,563	10,976	10,233	98.8
		GMS 全体	33,024	8,578	2,598	3,018	3,272	73.3

（注）シンガポール貿易額は再輸出含む。ミャンマーの人口は IMF 推定値。輸出額，輸入額は 2010 年データ。中国2地域 GDP は GRP（地域内総生産）を示す。2011 年レートで中国元を米ドル換算。
（資料）JETRO 統計データ，IMF Economic Outlook Database, IMF Direction of Trade Statistics, 中国統計年鑑 2012。

3000万人，名目GDPは約8600億ドル（いずれも2011年）と，ASEANの規模に比べて人口で約55％，GDPで約40％にとどまっている。GMSの中ではタイのGDPの比重が高くGMS全体の約40％を占めている。また一人当たりGDPもタイの約5400ドルが最高であり，中国2地域が3000ドル弱程度となっている。

　前述の経済格差の点からは，各国において経済発展段階が異なるのは，一つには「集団的外資依存輸出指向型工業化戦略」[28]の導入時期の差異によるものであると考えられる。電機・電子，機械，自動車などの製造業を中心に，1960年代からの外国投資による産業集積形成と輸出主導の経済成長を達成した工業化先行国と，内乱などで経済成長の遅れたCLMVの経緯の違いにより，大きな格差が生じている。その中でも日系企業を含めた外資企業の進出が当該国の経済発展に果たした役割は大きく，特にシンガポール，マレーシア，タイ，インドネシア，フィリピンにおいてその傾向は強い。それに対して後発であるCLMV4カ国は，外国投資と輸出による経済発展の始動が大幅に遅れASEAN，GMSの枠組みなどからも経済的後進性に配慮がされている。しかしCLMVの今後の成長モデルについては，先行加盟国における典型的な資本集約的工業化とは異なったシナリオ，例えば農業関連や観光，サービス産業による振興が考えられる可能性が高い。

(3) メコン地域における主な協力枠組み

　図表1-3はメコン地域におけるサブリージョナルな協力枠組みを時系列で示している。これに加えて，メコン―南アジアとの協力，あるいは支援の表明にとどまっているものを含めると10を優に超える枠組みが存在し，このメコン地域における協力枠組みの多さを称して「メコン・コンジェスチョン」などと呼ばれた。白石［2006］は，メコン地域協力の多くはインドシナ各国と中国南西部を心理的，政治的，経済的に連結し，一つのサブ地域もしくは「局地圏」を形成するものであるという。そして将来的にはメコン地域の位置から，東北アジア，東南アジア，南アジアの3地域を橋渡しする役割を担うだろう，とし

28　清水一史［2009］「世界経済の構造変化とASEAN経済統合」石川幸一・清水一史・助川成也編著［2009］，3頁。

ている[29]。

メコン地域における重層的な経済協力枠組みが始まる前段階としては，古くはメコン川の水資源開発をめぐって，国連が主導したメコン委員会（Mekong Committee)[30] が存在した。インドシナの混乱を経てカンボジア和平後，1995年

図表1-3 メコン地域における主なサブリージョナル協力の枠組み

枠組みの名称	設立年	参加国	主な出資国
メコン川委員会（MRC）	1957年メコン委員会として発足，1995年にメコン川委員会として再発足。	カンボジア，ラオス，タイ，ベトナム（中国，ミャンマーは対話メンバー国）	日本，米国，韓国，欧州各国，ADB，UNDP，世銀
大メコン圏経済協力プログラム（GMSプログラム）	1992年，ADBがイニシアティブ	カンボジア，ラオス，タイ，ベトナム，ミャンマー，中国	ADB，参加各国，二国間ドナー
黄金四角形経済構想	1993年，タイがイニシアティブ	ラオス，ミャンマー，タイ，中国雲南省	はっきりしていない
インドシナ総合開発フォーラム（FCDI）	1993年，日本（宮澤首相）がイニシアティブ	カンボジア，ラオス，ベトナム，タイ，日本	日本，UNESCAP
ASEANメコン川流域開発協力（AMBDC）	1995年，ASEANがイニシアティブ	ASEAN10各国，中国	主にASEAN各国
メコン―ガンガ協力（MGC）	2000年	インド，カンボジア，ラオス，ミャンマー，タイ	はっきりしていない
エメラルド三角形協力	2000年	カンボジア，ラオス，タイ	はっきりしていない
ASEAN統合イニシアティブ（IAI）	2000年，ASEANがイニシアティブ	ASEAN10カ国（裨益国はCLMV）	ASEAN6，日本，韓国，インド，EUなど
エーヤワディー・チャオプラヤー・メコン経済協力戦略（ACMECS）	2003年，タイがイニシアティブ	タイ，カンボジア，ラオス，ミャンマー，ベトナム	タイが中心となる

（注）NGOなど非政府組織による協力は除く。
（資料）UNESCAP [2008], pp. 3-11 など。

29 白石昌也［2006］，21頁。
30 正確には "Interim Committee for Co-ordination of Investigations of the Lower Mekong Basin"。

ADB のイニシアティブでメコン川委員会（Mekong River Commission：MRC）として再発足することになる。現在メコン川流域の水資源が重要視される中で，上流域国である中国が依然正式メンバーではなく対話メンバー（Dialog Partner）であることが，メコン川の環境保全を危惧させる一因にもなっている。

1992 年以降の GMS プログラムは，当初はインフラ整備を中心に展開し，その後貿易投資の促進による経済協力の推進がされるようになる。GMS プログラムはこの地域においては最大の経済協力の枠組みとなった。詳細については後述することにする。

ASEAN によるメコン地域開発の枠組みである，ASEAN メコン川流域開発協力（AMBDC：ASEAN Mekong Basin Development Cooperation）は 1995 年に始まった。主要プロジェクトとして全長 5500km のシンガポール・昆明間鉄道リンク計画（SKRL：Singapore-Kunming Rail Link）がある。他の枠組みにおいては道路整備を中心としているのに対して，AMBDC では事実上鉄道をフラッグシップ・プロジェクトとしていることが特徴である。

アセアン統合イニシアティブ（IAI：Initiative for ASEAN Integration）は，先行加盟国 6 カ国と新規加盟国（CLMV）の経済格差，開発ギャップの縮小を目的として 2000 年に提唱された。2001 年のハノイ宣言において，人材育成，情報通信技術，インフラ，地域経済統合の 4 分野を重点とする方針が出された[31]。但しこの ASEAN 主導の CLMV 格差是正の動きは，GMS プログラムに比べると 8 年以上遅れた。CLMV がカンボジア和平後，1990 年代後半に ASEAN に参加したというのがその理由であった。ASEAN にとって IAI は ASEAN の本格的な地域経済統合に踏み込むきっかけともなった。ASEAN 事務局内には IAI を進捗管理するために IAI ユニットが設けられている。

上記の枠組みのうち，活動状況には大きな差が見られる。UNESCAP［2008］などの資料から判断すると，活発に活動しているのはメコン川委員会（MRC），GMS プログラム，IAI などである。黄金四角形経済構想は郡部における活動以外は，GMS プログラムに大部分取り込まれている。インドシナ総合開発フォーラム（FCDI）は日本の宮澤首相（当時）によるイニシアティブであるが，現

---

31 "Ha Noi Declaration On Narrowing Development Gap For Closer ASEAN Integration, Hanoi, Vietnam, 23 July 2001" http://www.asean.org/934.htm　この時点における経済統合の目標年は 2020 年であった。

在では形を変えている[32]。ASEAN メコン川流域開発協力（AMBDC）は活動をしているが，頻繁に会合がおこなわれている形跡はない[33]。シンガポール－昆明間の SKRL には，その実現性とその他のインフラ推進プロジェクトとの整合性の問題がある。メコン－ガンガ協力（MGC）は，インドを含めた唯一の協力枠組みであるが，現状は目立った活動は見られない。タイと隣国ラオス，カンボジアによる観光に特化したエメラルド三角形協力も活動しているが大きな成果は上げていない。ASEAN 統合イニシアティブ（IAI）は ASEAN による CLMV 支援のイニシアティブの中核として，主に「ソフト・インフラ支援」を中心に活発に活動している[34]。エーヤワディー・チャオプラヤー・メコン経済協力戦略（ACMECS）はタイ・タクシン首相（当時）のイニシアティブで始まったが，タクシン氏失脚後も「中国抜きの GMS」として ADB などの支援を得てサミット，閣僚会合などを活発におこなっている[35]。さらに国際関係の力学の中では，メコン地域におけるタイの突出した影響力を嫌うことが背景にある枠組みもあるとされる。タイと地政学的に大きな関係のあるマレーシアおよびシンガポールが実質的に提唱した AMBDC はその一例と言える。

また GMS プログラムと ASEAN との関係では，GMS 第 1 回首脳会議が 2002 年 11 月に開催されたが，同会合の直前に開かれた ASEAN 首脳会合，ASEAN ＋日中韓（ASEAN+3）首脳会合においては，「ASEAN 統合のための GMS 計画との協調」が表明された。これによって GMS プログラムで進められた主にハード・インフラ整備が，ASEAN 統合のための要素として融合される流れになった。ここで ASEAN による IAI がソフト・インフラ支援，ADB による GMS プログラムがハード・インフラ整備という，特に CLMV との格差

---

32 UNESCAP[2008]，大泉啓一郎 [2008]，25 頁，野本啓介 [2002]，95 頁。1995 年の第 1 回会議（東京）以来，閣僚会議はおこなわれていない。各プロジェクトは ESCAP の管轄となり，予算が US500 万ドル計上されただけとなっている。この構想は 2008 年 1 月の日・メコン外相会議に引き継がれたとみることができる。
33 AMBDC の閣僚会議は 2009 年 8 月以来おこなわれていない。SKRL プロジェクトはマレーシアの強い意向で入れられたが，メコン鉄道網（特に東回り）の本格的整備は今後 ADB および中国による援助などが引き継ぐものと思われる。http://www.asean.org/JMS-11th+AMBDC.pdf
34 IAI によるワークプランは 2015 年の AEC 形成を目処に進められることを明確にしている。http://www.aseansec.org/14013.htm
35 新興ドナーとしてのタイが周辺国とのインフラ，産業政策に影響力を持つ枠組みとして機能している。http://www.acmecs.org/

是正の役割分担について大まかな棲み分けができたと言える。しかしながら，IAI については ASEAN の体制の規模などから不十分で，その効果は限定されているとも言われ[36]，後述の ASEAN 連結性マスタープランを含めた総合的な取り組みとなっている。

各主要協力枠組みの関与している分野については，重層的な運営がなされた場合には，調整の不備などで資金・技術の競合関係が発生するケースがあり得る（図表 1-4）。特にメコン地域では運輸（交通）分野への集中が見られるが，これは時期的に同地域の交通の整備が最優先されたことに関係がある。現在では次第に枠組みの当初の役割も整理・統合され始めている。また後述のカンボジアの例に見られる，2004 年前後からの運輸交通セクターにおける援助協調という方法によって，各国からの経済協力の効率化を図る動きがなされるようになってきている。

図表 1-4　メコン地域におけるサブリージョナル協力の枠組みの関与分野

枠組みの名称	農業	文化	教育	環境	エネルギー	人材育成	産業協力	情報通信	インフラ	運輸	貿易・投資	観光
メコン川委員会（MRC）				○						○		○
GMS プログラム	○			○	○		○	○	○	○	○	○
黄金四角形経済構想										○	△	△
インドシナ総合開発フォーラム（FCDI）						○			△	○	○	
ASEAN メコン河流域開発協力（AMBDC）				○								
メコン-ガンガ協力（MGC）		○	○							○		
エメラルド三角形協力												○
ASEAN 統合イニシアティブ（IAI）						○		○		○		
ACMECS	○											

（注）△は関与が不明確な分野。
（資料）UNESCAP ［2008］, pp. 3-11 などから筆者作成。

36　石川幸一［2013］「ASEAN の経済格差とその是正」『国際貿易と投資』Winter 2013/No. 94，国際貿易研究所，101 頁。

2. 地域統合をめざす ASEAN

(1) ASEAN の成立過程

　ASEAN 成立以前には，1961 年結成のタイ，フィリピン，マラヤ連邦による東南アジア連合（ASA）という機構が存在しており，ASA には ASEAN の原点とも言える多くの要素が含まれる。政治的視点からの ASA の分析は山影 [1980, 1981] に詳しい。山影によれば，ASA は米ソの冷戦構造と，ヨーロッパにおける EEC（欧州経済共同体）の成立，という 2 つの 1950 年代における国際環境が影響している。冷戦構造の影響は，ASA の結成に深く関わったマラヤ連邦初代首相のアブドゥル・ラーマンのマラヤ共産党ゲリラとの闘いに対する政策[37]などから見て取れる。さらにラーマンは EEC を手本とした東南アジアの地域協力機構の設立に傾いたと考えられる。しかし同時に西欧色，反共色を薄めるためには中立・非同盟諸国，特にインドネシアの参加が望ましかったが，当時のスカルノ政権の容共政策とは相容れなかった。またラーマンはフィリピン大統領のカルロス・ガルシアとも地域協力構想を協議しているが，「ガルシア構想」はより反共政策色が強く，ラーマンの経済を中心とした分野における協力構想と異なっていた[38]。

　中立・非同盟諸国の参加を待つことも選択肢だったが，これが変化したのは当時続いていたラオス内戦の情勢が原因とされる[39]。このため 1960 年の時点で「コミットメント」は弱から強に変わり，インドネシアの参加を待つことなく 3 カ国のみで結成することを決断したとされる。ASA はフィリピン－マラヤの領有権問題などで機能を停止し短命に終わる。しかしながら ASEAN につ

37　萩原宜之 [1996]「ラーマンとマハティール」85 頁。華人中心のマラヤ共産党との闘いでは，1960 年までの 12 年間で死者が 1 万人を超えた。これは華人が多いシンガポールの 1965 年の分離，独立への伏線ともなる。
38　山影進 [1980], 6 頁。1959 年 1 月，ラーマンがフィリピン訪問時，ガルシアと相互の案が協議された。
39　同上，19 頁。パテト・ラオとラオス政府軍の内戦が，ベトナム戦争と関連して東西の代理戦争になった。SEATO（東南アジア条約機構）はイギリス，フランスの圧力で介入できなかった。

ながる思想はすでにこの時点で芽生えており，後のアセアン・ウェイなどに代表される「コミットメントの弱い」，東南アジア的地域統合のスタイルがASA結成までの間にすでに構想されていた。

　また，この時点におけるマラヤ連合，後のマレーシアの役割は大きかったが，その後も同国の東南アジア地域統合に関する影響力には強いものがあった。ASEAN成立後も，1971年の東南アジア平和・自由・中立地帯（ZOPFAN）構想や，1976年の東南アジア友好協力条約（TAC），さらには1990年に始まる東アジア経済協議体（EAEC）構想へのマレーシアの関与は極めて強いものがある。

　ASAの実質的機能停止，「マレーシア連邦構想」へのインドネシアの反発などを経て，1963年9月にマレーシアが成立する。一方，対立していたインドネシアは1964年の国連脱退で国際的孤立を招き，1965年9月の共産党によるクーデターとされる「9・30事件」[40]が起き，これを鎮圧したスハルトに1966年3月にスカルノから権限委譲がおこなわれる。インドネシアの政権交代によってマレーシアとインドネシアは和解し，インドネシアはそれまでの容共姿勢を転換させた。そしてインドネシアの参加が可能になりASEAN成立への基本的な素地が整った。しかしながら各国の対立は多く，それ以降のASEAN成立の交渉過程について，山影［1981］はASA以上に正確なデータに乏しいとしている。

　ASAからASEANへの移行については，東南アジア一の大国インドネシアの参加という前提から，ASAの拡充ではなく新機構設立という方向で統一される[41]。またインドネシアの非同盟という立場に留意し，目的も本来の安全保障より実質的には経済協力に重点をおくものになる。その結果ASEANは，1967年8月バンコク郊外バンセンにおいてインドネシア，マレーシア，フィリピン，シンガポール，タイの5カ国の外相会議による協議を経て，通称バンコク宣言が採択されASEANが創設された。

40　インドネシア陸軍将軍6名が共産党勢力によって惨殺されたとされ，共産党に近かったスカルノはスハルトへの権力移譲を余儀なくされた。
41　山影進［1981］，229頁。当初マレーシア・ラーマンはASAの拡充を主張し，一方インドネシアは西側の組織として見られていたASAへの後発の参加という形を避けるため新機構を主張した。

ASEAN が成立してから 17 年後，1984 年 1 月にブルネイが加盟し，合計の 6 カ国を現在では「先行加盟国」としている。さらに 1995 年 7 月にはベトナムが加盟，1997 年 7 月にはラオス，ミャンマーが加盟，1999 年 4 月にはカンボジアが加盟したが，これら 4 カ国は「新規加盟国」あるいは「後発加盟国」または国名の頭文字で CLMV と呼ばれている。

(2) ASEAN 地域統合への動き

ASEAN が政治協力から域内経済協力に踏み出したのは，1976 年の「ASEAN 協和宣言」がきっかけになっている。それ以降 40 年以上が経過するが，主に「ASEAN 統合」が目的であることが明示された後は，産業政策など経済各方面における協力が具体化，強化されてきている。（図表 1-5 参照）

その中でも ASEAN 統合は地域経済統合が中核であり，2015 年に創設が予定されている ASEAN 経済共同体（ASEAN Economic Community：AEC）が主体になると考えられている。2007 年 11 月採択のブループリントは，ASEAN は自由貿易地域（FTA）から物品，サービス，投資，熟練労働者の自由な移動，資本のより自由な移動がおこなわれる地域に統合が深化し，「単一の市場と生産基地」(a single market and production base) となり，ダイナミックで競争力のある地域になるとともに発展の格差の是正に取り組むことが明示されている。そして ASEAN 経済共同体の 4 つの特徴として，①単一の市場と生産基地，②競争力のある地域，③公平な経済発展，④グローバルな経済への統合，をあげている[42]。

具体的には 2010 年に ASEAN 先行加盟国の域内関税が撤廃され，2012 年には新規加盟国の優先分野が先行加盟国に 5 年遅れで関税撤廃され，そして 2015 年には CLMV4 カ国の域内関税が一部を除いて撤廃される。さらに域内サービス貿易が自由化されるプロセスを経て ASEAN 経済共同体が創設されるスケジュールとなっている。

ASEAN 創設の主旨が当初政治協力にあったわけであるが，ASEAN 初期のあり方として山影［2009］によれば，ASEAN が設立されてしばらくの期間，

42　石川幸一［2009a］，4 頁，ASEAN 事務局。http://www.aseansec.org/5187-10.pdf

26   章1章 地域統合とサブリージョナル化

図表 1-5 ASEAN 統合への主な動き

項　目	年　月	概　要
ASEAN 協和宣言 (Declaration of ASEAN Concord)	1976 年 2 月	1976 年第 1 回 ASEAN 首脳会議（バリ）にて ASEAN 協力のための原則を記した「バリ・コンコード」を採択。ASEAN 事務局設立協定を採択した。
ASEAN ビジョン 2020 (ASEAN Vision 2020)	1997 年 12 月	1997 年第 2 回 ASEAN 首脳会議（クアラルンプール）にて、2020 年までに東南アジア全域が「ASEAN 共同体」となることを展望する目標が明記された。
ハノイ行動計画 (Hanoi Plan of Action：HPA)	1998 年 12 月	1998 年第 6 回 ASEAN 首脳会議（ハノイ）において「ASEAN ビジョン 2020」実現のための最初の行動計画（1999 年〜2004 年）である HPA を採択した。
ASEAN 統合イニシアティブ (Initiative for ASEAN Integration：IAI)	2000 年 11 月	2000 年第 4 回 ASEAN 首脳会議（シンガポール）において合意され議長声明に盛り込まれた。4 分野を重点項目として新旧加盟国間などの格差是正、競争力強化について記されている。
ASEAN 第二協和宣言 (Declaration of ASEAN Concord II)	2003 年 10 月	2003 年第 9 回 ASEAN 首脳会議（バリ）において、①ASEAN 安全保障共同体（ASC）、②ASEAN 経済共同体（AEC）、③ASEAN 社会文化共同体（ASCC）、の 3 つを ASEAN 共同体の柱として形成することを明記した「バリ・コンコード II」に署名した。
ビエンチャン行動計画 (Vientiane Action Programme：VAP)	2004 年 11 月	2004 年第 10 回 ASEAN 首脳会議（ビエンチャン）において、2020 年までに 3 つの ASEAN 共同体を形成するための計画を採択した。VAP は「ハノイ行動計画」後の第 2 次中期計画（2004-2010）。ASC、AEC、ASCC と開発格差の是正のための目標と戦略など。
ASEAN 憲章 (ASEAN Charter)	2007 年 11 月	2007 年第 13 回 ASEAN 首脳会議（シンガポール）にて「ASEAN 憲章」に署名した。ASEAN の諸原則の確認、ASEAN 共同体の創設を前提として ASEAN の組織・制度を整備することを目的とした基本文書となる。
ASEAN 経済共同体ブループリント (ASEAN Economic Community Blue Print)	2007 年 11 月	上記の首脳会議にて「ASEAN 経済共同体ブループリント」を採択した。AEC 形成のため、「4 つの特徴」と戦略スケジュール（2008 年〜2015 年）を明示した。
ASEAN 連結性マスタープラン (Master Plan on ASEAN Connectivity)	2010 年 10 月	2010 年第 17 回 ASEAN 首脳会議（ハノイ）において ASEAN 連結のマスタープランを採択した。①物理的連結性（ハード）、②制度的連結性（ソフト）、③人と人との連結性、の 3 つの柱からなる。2009 年の ERIA による「アジア総合開発計画」とも深く関連している。
ASEAN 経済共同体（AEC）の創設	2015 年 12 月末予定	ASEAN 共同体の 1 つの柱である AEC を創設することによって、AEC ブループリントの戦略目標と連結性マスタープランの行動計画の実現を促す。

（出所）ASEAN 事務局、ADB、外務省 Website などから筆者作成。

ASEAN を含めて東アジアの地域統合が論議されることはなかった。ASEAN 加盟国の相互関係を地域統合と結びつけて論じることは稀であり，ASEAN を地域統合の視点から論じようとする態度は圧倒的少数派であった。地域統合ないし地域共同体が単なる構想としてではなく，現実の制度的裏付けを伴って語られるようになったのは，1990 年代に入り ASEAN が AFTA の創設に向かって動き出したからであり，その意味では，地域統合は地域経済統合の文脈を中心に語られ始めたのである[43]。

一方，ASEAN 地域統合を欧州と比較する場合，青木［2005］は，1990 年代以降の ASEAN を代表する動きを「第 2 次地域統合」と呼び，1950 年代に始まった欧州における「第 1 次地域統合」と対比させている。第 2 次地域統合の特徴として，①発展格差，経済規模の異なる諸国同士の不均質な統合であること，②構成国が多数になってゆくこと，③南北問題の「内部化」が起こること，④地域統合体内部に小さな経済統合（協力）体ができる重複性が存在すること，などを指摘している。

既存の地域統合モデルの適用性については，Ballasa［1961］にあるような EU をモデルとした単線的な地域統合は，東アジアにおいては地域各国の不均質性ゆえに無条件で適用させることは難しいと考えられる。但し現実の経緯では，1997 年に始まるアジア金融危機が，東アジアが緊密に協力する必要があることを認識させたことが大きい。ASEAN では統合をこれまで以上に促進し「共同体」を形成する動きが活発化した。1997 年 12 月の第 2 回非公式首脳会議で採択された ASEAN ビジョン 2020（ASEAN Vision 2020）は，2020 年に向けて共同体として経済だけでなく安全保障，社会文化についても地域協力を推進してゆくという最初の宣言というべきものであった。2007 年 1 月には，第 12 回公式首脳会議で予定を 5 年前倒し，2015 年までに ASEAN 共同体を設立することが宣言された。また，ASEAN の法的，制度的枠組みを創設するため賢人会議による提言を通じて ASEAN 憲章が起草され，2008 年 12 月に発効した。ASEAN が経済統合のみならず，政治統合を含んだ「共同体」形成へ向けての合意ができ，「ASEAN Way」と呼ばれた意思決定方式を転換する画期的な

---

[43] 山影進［2009］，20 頁。山影の主張は ASEAN の「本質」が変容している，という立場であるが，その一方で ASEAN の本質は変わっていない，とする ASEAN 批判側に立つ主張も存在する。

内容であった[44]。とはいえ，現状においては AEC による経済統合が主になると思われ EU に一見類似した共同体への歩みも，ASEAN 憲章にもあるコンセンサス方式および内政不干渉の原則（non-interference in the internal affairs）から，EU のような部分的であっても主権移譲に進めないのは明らかである。しかし，統合への意思について Hew［2005］によれば，ASEAN 共同体に向けた政治的な意志はすでに強いものがあり，具体的な計画が始まっている ASEAN 経済共同体（AEC）の創設のためにも ASEAN 地域統合を脱線させない努力が必要であるとしている[45]。元 ASEAN 事務総長の Rodolfo C. Severino は，そうした取り組みに失敗した際には中国，インドなどの新興経済にも遅れをとり，ASEAN の役割は減衰するという強い危機感について述べている[46]。Severino のこのコメントは，特に中国が多くの外国投資を誘引していたことから，2000 年代に ASEAN が地盤沈下することを防ぐことが急務であったことを示唆している。

(3) ASEAN 経済共同体と ASEAN 連結性マスタープラン

前述のように，ASEAN 経済共同体（AEC）の目標と行動計画は 2007 年の AEC ブループリントで示されている。AEC ブループリントにある4つの特徴，①単一の市場と生産基地，②競争力のある地域，③公平な経済発展，④グローバルな経済への統合，は別の表現をすれば，①市場統合，②共通政策，③格差是正，④域外との FTA，と言い換えることができる[47]。単線的な地域統合とも言われる EU の例では，1993 年に関税同盟から共同市場（コモンマーケット）に発展させ，あるいは 2002 年に共通通貨ユーロを導入し，一部の主権委譲まで踏み込んでいる。この EU の地域経済統合に比較すると，AEC は経済連携協定（EPA）に類似した経済統合の水準であると言える[48]。

しかし，AEC は大規模な物流・輸送インフラ整備，エネルギー協力計画を含んでおり，これらについては ASEAN 連結性マスタープラン（Master Plan on

---

44 石川幸一［2007b］，77 頁。
45 D. Hew［2005］, p. 11.
46 R. C. Severino［2004］, "Is ASEAN serious about economic integration?," Straits Times, 9 Dec.
47 石川幸一［2013］「ASEAN 経済共同体はできるのか」石川・清水・助川編著［2013］，24 頁。
48 同上，24-25 頁。

図表 1-6　AEC, EU, EPA の対象範囲の比較

	EU	AEC	EPA
関税撤廃	○	○	○
共通対外政策	○	×	×
非関税障壁撤廃	○	△	△
サービス貿易自由化	○	△	△
規格・標準の統一，相互承認	○	△	△
人の移動	○	△	△
貿易円滑化	○	○	○
投資自由化	○	○	△
政府調達	○	×	△
知的所有権保護	○	△	○
競争政策	○	△	○
域内協力	○	○	○
共通通貨	○	×	×
主権移譲（市場統合における）	○	×	×

（出所）石川幸一［2013］「ASEAN 経済共同体はできるのか」石川・清水・助川編著［2013］，25 頁。

ASEAN Connectivity：MPAC）が策定され，連結性（Connectivity）の概念が提示されるようになった。ASEAN 連結性については，2010 年 10 月の ASEAN 首脳会議（ハノイ）で採択された ASEAN 連結性マスタープラン（MPAC）において示された。陸・海・空に関する 15 の優先プロジェクト・課題が合意されたが，連結性については ASEAN 統合を支えるための，①ハードインフラのような物理的な連結性（Physical connectivity），②ソフトインフラのような制度的な連結性（Institutional connectivity），③教育，文化といった人的な連結性（People-to-People connectivity）といった事柄をカバーした事項として分類，定義されている[49]。

2015 年の AEC 形成までの ASEAN 域内の交通協力に絞った，5 カ年計画を示した 2010 年のブルネイ行動計画（Brunei Action Plan 2011-2015：ASEAN Strategic Transport Plan）では，①陸上輸送，②航空，③海上輸送，④交通円滑化，

49　ASEAN Secretariat［2010］, *Master Plan on Asean Connectivity*, Asean Secretariat.

の4つのセクターに分け、それぞれ目標と戦略的な推進方法を明示している。各セクターにおける協力の枠組みや、ワーキンググループ会合による推進、2015年以降の見通しなどにも触れていることが特徴となっている。

具体的には、陸上交通ではアジア・ハイウェイ、GMS経済回廊とも重複する国際越境道路網整備が目指され、AECブループリントでは、こうした主要越境道路を「指定された越境交通路」（designated Transit Transport Routes：TTRs）と呼んでいる。また鉄道ではSKRL計画の推進が唱われている他、ミッシング・リンクの回復を中心に進められている。交通円滑化の分野でASEANでは、「通過貨物円滑化に関する枠組み協定（ASEAN Framework Agreement on the Facilitation of Goods in Transit：AFAFGIT）」が主要な協定となり最終化を進めている。海上輸送については、MPACに触れられているようにRoRo船と呼ばれる特殊船舶の活用が優先プロジェクトとなっており、「海運ハイウェイ・システム（Nautical Highway System）」による経済的に遅れた島嶼部との格差是正を目指している。航空については、ASEAN単一航空市場が目標であるが、多国間オープンスカイ協定に近いものとして各国の合意が進んでいる[50]。

こうした交通・運輸分野の改善がASEANの連結性を強化し、これがAECひいてはASEAN共同体を成功させるための鍵であるとも言われている。ASEANの2010年から2020年にかけてのインフラ投資は、年間600億USドルとなることが予測されている[51]。日本からは2008年に設立された東アジア・ASEAN経済研究センター（ERIA）が、関連した構想の具体化について大きな支援をおこなっている。

東アジア首脳会議（EAS）においてもASEAN連結性マスタープランが話し合われており、さらに2011年11月のASEAN首脳会議（バリ）においてはASEAN連結性マスタープランを「EASにおける鍵となる協力分野の一つに含める」などについての宣言が採択された[52]。これはASEAN共同体に向けた多分野における協力を域内の連結性によって促進しようとするものである。そ

50　春日尚雄［2013］「ASEAN連結性の強化と交通・運輸分野の改善」石川・清水・助川編著［2013］、90-91頁。
51　ADB, ADBI［2009］, *Infrastructure for a Seamless Asia*, ADB, ADBI.
52　外務省HP参照。http://www.mofa.go.jp/mofaj/area/eas/shuno_6th_asean.html

の中でもASEANにおける島嶼部と大陸部との物理的な連結が大きなテーマとなっている。そのたたき台として示されたのが，2009年にERIAによって作成されたアジア総合開発計画（Comprehensive Asia Development Plan：CADP）である。これによると25兆円と見積もられる陸海空を利用した大規模なインフラ整備をおこない，各地の産業集積の連結（リンケージ）をおこなってゆくことを主要な目的としている[53]。

地理的な概念としては，インドシナ半島をメコン（Mekong），マレー半島からスマトラ島をIMT+，ジャワ島，ボルネオ島からフィリピン諸島にかけてをBIMP+という3つの準地域（sub-regions）に分け，さらにインドとの連結性とその経済効果がシミュレーションされている。この構想の中では，GMSで推進された陸路の経済回廊をインドネシア，フィリピンにおいても建設し，海路を加えた総合的なネットワークの構築を目標としている。しかしながら優先順位としては，GMS経済回廊の完成とインド亜大陸との接続の経済効果が高いとされており，総合開発計画の完成は長期に渡るものになるであろう。

(4) ASEANによる通商産業政策

ASEAN各国の産業構造には大きな差異が見られ，ASEAN全体と加盟各国の通商産業政策は分けて考えるべきである。しかしASEAN共通の域内経済協力については，ASEAN統合への動き同様，1976年第1回ASEAN首脳会議における「ASEAN協和宣言」がその始まりである。当初は国連調査報告書に基づき，外資導入による「集団的輸入代替重化学工業化戦略」[54]が選択された。合弁資本比率に制限を加えながら重工業中心に技術・資本の導入を目指す，やや閉鎖的で（インドネシアの主張を中心に）民族主義的な手法であった。各産業を各国に割り振るASEAN工業化プロジェクト（ASEAN Industrial Project：AIP）や1981年から始まりASEANカー計画[55]などを目指したASEAN工業補

---

53 ERIA CADP 資料参照。http://www.adbi.org/files/2010.11.24.cpp.sess1.4.umezaki.cadp.innovation.growth.pdf
54 清水一史［1993］『ASEAN域内経済協力の論理—集団的輸入代替重化学工業化戦略の挫折と転換』アジア経済研究所。
55 インドネシアがディーゼルエンジン，マレーシアがスポーク，管継手，タイミングベルト，フィリピンが乗降用パネル，シンガポールが多用途ジョイント，タイが車体パネルを製造するという構

完協定（ASEAN Industrial Complementation：AIC）は結局失敗に終わった[56]。その後 1985 年のプラザ合意による世界経済の構造変化，特に日本からの生産移転の増加という環境の変化があった。これに対して 1987 年のマニラにおける首脳会議を機に，ASEAN は域内経済協力のあり方を「集団的外資依存輸出指向型工業化戦略」[57]に転換させた。それはオープンでより外資の導入を容易にしつつ外貨の獲得を目指すものであった。マニラ宣言（Manila Declaration of 1987）による外資誘致のための域内貿易拡大と工業化推進の方向は，工業化協力のあり方を初期の頃のそれとは全く異なるものへと変化させたと言える。

この時期の ASEAN の産業政策の特徴について，清水［1998，2009，2010］は，ASEAN の工業化という観点から日系自動車産業の ASEAN 進出過程について詳細で具体的な研究をおこなっている。日本の三菱自動車工業が ASEAN に提案して実現した AFTA の前身と言える自動車部品相互補完スキーム（1988年協定調印，Brand to Brand Complementation Scheme：BBC）や，その発展形である 1996 年の ASEAN 産業協力スキーム（ASEAN Industrial Cooperation Scheme：AICO）を利用した日系自動車産業のネットワーク拡大を実証研究に基づいて明らかにしている。また ASEAN 地域経済統合との関係，さらには 1997 年のアジア通貨危機との関連を，途上国による「新国際経済秩序」として重視している。結果としてタイに自動車産業が集積し，しかもその大多数を日系メーカーが占めタイは日本メーカーにとって中国と並ぶアジアの一大生産拠点となった。BBC，AICO，AFTA を巧みに利用した自動車産業は，ASEAN 各国間の部品生産特化，部品相互供給という，日本の自動車メーカー独特のシステムを発展させたと言える。

また ASEAN の Regionalism（地域主義）について，Nesadurai［2003］は，AFTA とその前身をとりあげグローバリゼーションと地域主義の関係についての分析をおこなっている。AFTA がグローバリゼーションの要請によって始まったものであることであるのと同時に，それによって得られる経済成長と分配の問題が国内政治における闘争でもあることを指摘している。また「開かれ

想であった。
56　Lim Chong-Yah［2003］, "Southeast Asia: the long road ahead," *World Scientific*, pp. 13-14.
57　清水一史［2010］, 4 頁など。

た地域主義」(Open Regionalism) に対して,「開発的地域主義」(Developmental Regionalism) の概念と原理を導入している。

この ASEAN の「開かれた地域主義」について, Plummer [2009] は, ASEAN と EU との比較において, 1950 年代の欧州の時代とは世界経済構造が大きく異なっており, 現在の ASEAN をとりまく環境ははるかにオープンであることから単純な比較は難しいとする。EU と異なり ASEAN の域内貿易比率は 20% 台と低く, 世界にマーケットを求めて外向きにならざるを得ない。そのため ASEAN が多国籍企業による輸出型の通商産業政策をとったことは必然である。EU はある程度閉ざされた経済統合であると言えるが, AEC が形成された段階では ASEAN が内向きの政策を取ることは困難になると指摘している[58]。

ASEAN による経済発展段階の進展と中国の台頭について, 青木 [2003] は, アジアにおいては一旦 ASEAN に向かった日本などの FDI が, 次に CLMV には向かわず 90 年代に中国に向かったという経緯を踏まえて論じている。日本を先頭として「雁行形態的」に進んできた経済発展が崩れたことを意味するという。ASEAN への FDI が減速し中国に膨大な FDI が向かったことへの対策とし産業政策の転換と AFTA は有効であるとする。そればかりではなく, ASEAN は中国が外資受け入れから外国投資に転じることを予期し, 中国からの FDI を取り込むための手段の一環として ACFTA を締結したことを指摘している。

3. ASEAN 自由貿易地域 (AFTA) の完成

(1) AFTA の歩みと進展状況

ASEAN における貿易・投資の自由化枠組みである AFTA 構想は, 1991 年 10 月の ASEAN 経済閣僚会議においてタイによって提唱されたのが最初である。ここで議長国であるマレーシアのマハティール首相(当時)によりタイ

---

58 M. G. Plummer [2009], "ASEAN Economic Integration," *World Scientific*, pp. 290-293.

提案への賛意を表明された。そして AFTA は 1992 年 1 月に共通効果特恵関税（CEPT）協定が署名されたことで始まる。しかし 1992 年 12 月の AFTA 評議会（the AFTA Ministerial Council for Implementation of CEPT）において大きな変更があり、関税引き下げプログラムはファースト・トラックとノーマル・トラックに分けられた。これは後述の適用品（IL）を 2 種類に分けることを意味するが、それは同時に各国の利害が完全に一致していなかったことを示している[59]。

この時点での AFTA の主要な目的は、助川 [2009] によれば、①水平分業体制を強化し地場産業の競争力を高めること、②市場規模を拡大し外資を呼び込むこと、③世界的な自由貿易体制への準備をすることであった。CEPT の品目の分類は、①適用品（IL）、②一時的除外品目（TEL）、③一般的除外品目（GEL）、④センシティブ品目（SL）、⑤高度センシティブ品目（HSL）となっており、IL の関税削減・撤廃を目指した。また TEL、SL、HSL も順次 IL に移行することが求められる。

AFTA は 1993 年から域内関税引き下げを開始し、2002 年に当初計画した FTA として完成した。しかし ASEAN は奇しくも CEPT の開始にほぼ機を同じくしておこなわれた、1992 年の鄧小平の南巡講話をきっかけとして外国投資が ASEAN から中国に向かうことに対して強い危機感をもっていた。そのため ASEAN は AFTA を通じて ASEAN を自由で一体化された市場にするという明確なビジョンを打ち出し、外国投資を積極的に誘引する戦略をとるようになった。それまでは、外国企業は ASEAN 各国に直接投資をするためには製造拠点の複数国への重複投資を強いられたり、関税によって域内の製品・部品の融通が制限されていたが、CEPT を用いた AFTA が進められたことでこの障壁が大きく下がった。1997 年のアジア通貨危機時にはハノイ行動計画により AFTA の加速化を決定したが、この一環として自由化対象品目である IL の 0〜5% 化を前倒しし、関税撤廃目標も先行加盟国 2010 年、後発加盟国 2015 年に前倒しされた。ASEAN 経済共同体（AEC）の形成が予定されている ASEAN では、域内で関税が削減・撤廃されるなどの政策によって、ASEAN が AEC ブ

59　吉野文雄 [2007]『ASEAN と APEC』鳳書房、1-4 頁。

ループリントの特徴の一つである「単一の市場と生産基地（a single market and production base）」へと変化することをめざしている。

企業による CEPT の利用に関して石川［2009b］は，AFTA の進展により日系企業の利用が進んでいるとし，多国間および二国間 FTA の使い分けなど，複雑さが懸念された事項についても企業側では大きな問題が起きていないことを指摘している。そして従来からあった ASEAN 域内の貿易比率の低さと手続きの煩雑さによる AFTA への悲観論を否定し，総合的に AFTA が成功しているとしている。

関税引き下げ状況をみると，図表 1-7 のように ASEAN10 カ国全体の関税率ゼロ品目は 2013 年時点で総品目数の 87.7% まで達し，先行加盟 6 カ国だけでみると 99.2% となっている。また後発加盟 4 カ国の中では，ミャンマーの関税率ゼロ品目が 79.7% と改善されつつあるのに対してカンボジアが依然 40.1% に

図表 1-7　ASEAN 各国の AFTA のもとでの関税削減状況（2013 年時点）

	総品目数	関税率 0%	総品目数に対する割合	0%超	0%超 5%以下	総品目数に対する割合	5%超	その他
ブルネイ	9,916	9,844	99.3%	72	0	0.0%	—	72
インドネシア	10,012	9,899	98.9%	113	0	0.0%	17	96
マレーシア	12,337	12,182	98.7%	155	60	0.5%	13	82
フィリピン	9,821	9,685	98.6%	136	74	0.8%	35	27
シンガポール	9,558	9,558	100.0%	0	0	0.0%	—	—
タイ	9,558	9,544	99.9%	14	14	0.1%	—	—
ASEAN6 合計	61,202	60,712	99.2%	490	148	0.2%	65	277
カンボジア	8,300	3,327	40.1%	4,973	4,833	58.2%	140	—
ラオス	9,558	7,525	78.7%	2,033	1,585	16.6%	361	87
ミャンマー	9,558	7,614	79.7%	1,944	1,884	19.7%	—	60
ベトナム	9,558	6,905	72.2%	2,653	2,365	24.7%	98	190
CLMV 合計	36,974	25,371	68.6%	11,603	10,667	28.9%	599	337
ASEAN 合計	98,176	86,083	87.7%	12,093	10,815	11.0%	664	614

（出所）助川成也「物品貿易の自由化・円滑化に向けた ASEAN の取り組み」石川・清水・助川［2013］，45 頁。
（原資料）ASEAN 事務局資料（2013 年 2 月）。

とどまり，約5000品目に関税があることは他の3カ国に比べても遅れているのが目立っている。

FTAの経済効果については，浦田・安藤［2010］がFTAの利用率の高まりを受けてCGE（Computable General Equilibrium：応用一般均衡）モデルを用いたシミュレーションをおこなっている。通商白書［2008］などの数字を補強する形でASEAN+3（ASEAN＋日中韓）とASEAN+6（ASEAN+3＋印豪NZ）に加えてASEANのみ，あるいはAPECも加えた試算をしているが，従来同様，参加国が多いほどGDP増加率が高いという結果が得られている。

JETROの調査によれば，ASEANにおけるFTA利用率は次第に高まっている。在ASEAN日系製造企業の輸出において，FTA/EPAを利用している割合は2012年で輸出40.7％，輸入38.9％となっている[60]。FTA利用は恩恵がコストを上回るかどうかにより決まるが，MFN税率と特恵マージンが原産地証明書取得に伴うコストなどを上回ることが条件になる。品目別にみると，MFN税率の低い電機電子製品などは利用されないが，高い税率が残る自動車などでは利用率が高い。ASEANの日系企業のFTAマージンは平均すると5.2％であるという[61]。このような中で，2008年にASEANは原産地規則を緩和し，この結果AFTAの特恵関税が使える可能性が高まった。すなわちAFTA利用の前提条件となる原産性の判断を「付加価値基準40％（RVC）」を「関税番号変更基準（4桁）（CTC）」との選択制を一般原則にした。この結果AFTAが使える可能性が高まったと言える。助川［2013］によれば，この「RVCとCTCの選択制」は東アジアにおいてデファクトになりつつあり，従来RVC40％であったACFTAも見直しの方向となっている[62]。

(2) ASEAN+1の完成

AFTAに加えて中国－ASEAN（ACFTA），韓国－ASEAN（AKFTA），日本－ASEAN（AJCEP）の順にASEANを中心としたFTAが結ばれた。これ

60　『在アジア・オセアニア日系企業活動実態調査（2012年度調査）』（各年版）。2012年の輸出の利用度が一時的に下がっているが，2011年のタイ大洪水の影響と考えられる。
61　ジェトロ［2009］『在アジア・オセアニア日系企業活動実態調査（2008年度調査）』28-29頁。
62　助川成也［2013］「物品貿易の自由化・円滑化に向けたASEANの取り組み」石川・清水・助川［2013］，52-53頁。

図表1-8　AFTAおよび「ASEAN+1」FTAの概要

	FTA目標年	自由化率	原産地規則
AFTA	2010年（2015年）	ほぼ100%	付加価値基準40%と関税番号変更基準（HS4桁）の選択
ACFTA（中国－ASEAN）	2010年（2015年）	90%	付加価値基準40%
AKFTA（韓国－ASEAN）	2010年（2015年）	90%	付加価値基準40%と関税番号変更基準（HS4桁）の選択
AJCEP（日本－ASEAN）	2018年－2026年	93%, 90%（ASEAN6, ベトナム）, 85%（CLM）	付加価値基準40%と関税番号変更基準の選択
AIFTA（印－ASEAN）	2013年, 2018年	80%	付加価値基準35%と関税番号変更基準（HS6桁）の選択
AANZFTA（豪NZ－ASEAN）	2020年－2025年	100%（豪, NZ）, 93-100%（ASEAN6）, 85-89%（CLMV）	付加価値基準40%と関税番号変更基準（HS4桁）の選択

(出所)　石川［2010］, 41頁。

に加えてASEAN－インド（AIFTA），ASEAN－豪州・ニュージーランド（AANZFTA）の各FTAが発効し，ASEANをハブとし，各国とのFTAをスポークとしたASEAN＋1FTAと言われるネットワークが完成段階になっている。

図表1-8にあるように各FTAの対象範囲，自由化レベル，ルールは一様ではない。AJCEP，AANZFTAを除くFTAは物品貿易協定を優先し，その後サービス貿易，投資協定に進むプロセスであり，AJCEP，AANZFTAは（日本の）EPA的な包括的協議を採用している。自由化レベルとしてはAFTA，AANZFTAが最も高く，AIFTAが最も低い。またサービス貿易と投資協定については，投資前の内国民待遇は認められておらず，パフォーマンス要求の禁止は全く規定されていないなど，ACFTAの自由化レベルは極めて低くなっている[63]。

ASEANを中心とした東アジアにおけるFTA網が完成しつつある中で課

63　石川幸一［2010］, 41頁，およびJETRO［2009］「完成目前，ASEAN+1FTAの影響」（調査レポート）43頁。

題となっている広域経済圏構想としては，数年前までは日本が主導する東アジア包括的経済連携（Comprehensive Economic Partnership in East Asia：CEPEA=ASEAN+6）構想，中国が推進する東アジア自由貿易地域（East Asia Free Trade Area：EAFTA=ASEAN+3）があった。しかし現在では両構想の統合の動きとなり，2011年にASEANが提唱した東アジア地域包括的経済連携（Regional Comprehensive Economic Partnership：RCEP）が軸として動いている。RCEP交渉会合は2013年5月より開始されており，ASEAN10カ国に日中韓，豪NZ印を加えた計16カ国の経済連携交渉が進められている。

東アジアではASEAN中心の枠組みが進んでいる一方，APECメンバーで構成される環太平洋パートナーシップ協定（Trans-Pacific Partnership：TPP）の交渉がおこなわれており，将来のアジア太平洋自由貿易圏（Free Trade Area of the Asia-Pacific：FTAAP）を見据えた包括的広域FTAの構想が進んでいる。2006年の「P4」メンバーであるシンガポール，NZ，チリ，ブルネイに，2010年アメリカ，オーストラリア，ペルー，ベトナム，マレーシアが加わった。その後交渉参加をしたカナダ，メキシコ，日本を加えて現在計12カ国となっている。AFTA，ASEAN+1にさらに重層的かつEUを超える大規模なFTAができることになり，アジア全域への影響も大きいことが予想される。日本にとって現在の状況は，TPP，RCEPとASEAN＋3などの複数の広域経済連携枠組みへの参加と交渉を自国に有利に展開させることで，成長戦略を軌道に乗せるための選択をすべき重要な場面であると言える。

4．経済格差是正問題と老齢化問題

(1) ASEANにとってのCLMV

1990年代のCLMVのASEAN加盟によって，CLMV4カ国への対応はASEANにとって大きな課題となった。特に軍政を維持していたミャンマーの扱いは，ASEANの内政不干渉の原則から難しかった。ASEAN統合イニシアティブ（IAI）によるCLMVとの格差是正の動きや，AFTAにおけるCLMVの自由化猶予などの措置はCLMV加盟からやや遅れて始められている。時系列

図表 1-9　CLMV の発展段階を示す各指標

	一人当たり GDP PPPベース 2010年 (ドル)	一人当たり ODA 受取 (ドル)	農業の占める割合	工業の占める割合	国連人間開発指数 (HDI)	人間開発指数 世界順位	CIA ジニ指数
カンボジア	2,112	51	35%	27%	0.593	137	43.0(2007)
ラオス	2,436	80	35%	31%	0.619	133	34.6(2002)
ミャンマー	1,250	11	n.a	n.a.	0.586	138	n.a.
ベトナム	3,134	30	22%	42%	0.725	116	37.0(2004)
(参考) タイ	9,187	－9	12%	46%	0.783	87	43.0(2006)

(注) 1　ODA 受取：OECD 開発援助委員会（DAC）と DAC 以外を含む（2008 年）。タイは返済額が受取額を上回ったことを示す。
　　 2　農業，工業の占める割合：農業，工業セクター生産額（付加価値ベース）／ GDP
　　　　カンボジア，ラオスは 2008 年，その他は 2009 年データ。
　　 3　国連人間開発指数（HDI）：平均寿命指数，教育指数，GDP 指数（PPP ベース）を平均したもの。
　　 4　ジニ指数：ジニ係数 ×100 とし，0－100 で表している。括弧内は調査年号。
(資料) JETRO 統計データ，World Bank Key Development Data & Statistics，UN Human Development Report 2009，CIA 統計。

的には「CLMV 格差問題」は 1992 年からの GMS プログラムの方が，ASEAN の IAI よりかなり早く取り組まれている。両枠組みにおける同問題へのアプローチには極めて近いものがあるが，ASEAN は地域経済統合を目指しており CLMV の存在はより大きな意味を持っている。

ASEAN 経済における CLMV4 カ国の占める比重は低く，人口においては ASEAN の約 30％を占めるのに対して，名目 GDP 合計では約 10％にすぎない。2011 年の一人当たり GDP についても，ASEAN6 平均が約 4500 ドルであるのに対して CLMV 平均は約 1100 ドルにとどまっている。この経済格差は ASEAN，経済協力枠組みによるさまざまな取り組みにも関わらず，成長の著しい地域の中では短期的に解消するものではない。

CLMV が低所得国である理由としては，かつての戦争・内戦，政治的要因の影響が大きい。1975 年まで続いたベトナム戦争，1991 年の和平会議をもって終結したカンボジア内戦や，さらには社会主義体制による非効率などが重なった。その後，カンボジアは社会主義体制そのものを放棄し，ベトナム，

ラオスは中国同様，市場経済化を指向するようになったが，ミャンマーでは軍事政権への国際的制裁が長引いたことで経済発展には大きな遅れを生じた。このような原因が重なって，製造業などの多国籍企業の進出がインドシナ半島ではタイに集中することになり，ASEAN の最大の成長戦略となった外資誘致に CLMV は乗り遅れ，海外直接投資（FDI）の流入が極めて乏しい時期が続いた。

しかし，ベトナムが「チャイナ・プラスワン」近年では「タイ・プラスワン」の対象として見られたことから FDI が大きな増加を見せている。従来の軽工業品だけでなく電機電子などの工業品の輸出が伸びていることで，CLMV の中からは一足早く中進国にキャッチアップする兆しを見せ。事実 2010 年 12 月にベトナムは中進国として認定されている。

CLMV の一人当たり GDP を PPP ベースで見ると，ミャンマーを除き 2000 ドルから 3000 ドルになる。これを数百ドルのアフリカ諸国が「低所得均衡（貧困）の罠」に陥っている状況に比較すると，CLMV は「豊かな低所得国」と言えるだろう。またジニ係数もタイ並み，あるいはタイより低く，所得再分配による格差は大きいとは言えない（図表 1-6）。とはいえ CLMV と ASEAN，GMS 諸国との格差を是正するためには，多額の ODA を必要とする「ビッグプッシュ理論」よりも[64]，FDI および技術が投資主体にとって有利な隣接する投資先国へ次々と連続的に向かう地域における「雁行形態型発展」が起きることの方が有効であり，その場合メコン地域においては地理的にもタイが外国資本，地元資本を問わず有力な投資主体国になるであろう。

ASEAN，GMS においては GDP と貿易量の強い相関関係があるにも関わらず，CLMV のうちベトナムについては GDP が過小とされる傾向にある。2011 年のベトナムの一人当たり名目 GDP は 1227 ドルであるが，ベトナム戦争後，旧南ベトナムから移住した「越僑」からの送金，地下送金および地下経済がかなりの規模で存在していると言われ，実態としては遙かに多いのではないかと推測され[65]，1000 ドルを 2005 年以前に超えていた可能性が高い。この一人

64　W. Easterly［2006］参照。ニューヨーク大教授 Easterly は，国連アドバイザー Sachs らの主張する大量 ODA（Big Push）による貧困削減説に懐疑的である。次節人口構成についても参照。

65　中臣久「ベトナムの地下経済規模」政策研究大学院大学。www.grips.ac.jp/vietnam/JVEC/pdf/WS040221MrNakatomiJ.doc 参照。

当たり GDP の点からは，ベトナムは早くから実質的にタイに次ぐ「中進国」の位置付けがされていたと言える。現にベトナムは外資輸出型産業の主導による ASEAN 型経済成長が始まりつつある。逆にミャンマー，ラオスへの FDI は 2012 ～ 2013 年の段階ではいまだに限定的で，典型的な外資主導による経済のテイク・オフは難しい状況にある。カンボジアについては，タイとベトナムに挟まれているという地理的条件も重なり，日本など外国資本の投資がこの数年で本格的に始まりつつある。しかし一方，国連による生活の質的な面も考慮した「貧困指標」が複数公表されているが，それによるとベトナムと CLM の間にはすでに大きな格差が存在している。CLMV 経済の発展段階に関しては，ベトナムと CLM の間には公表数字以上の大きな差があることが推測されることから，かつての「CLMV 問題」は「CLM 問題」に絞られていると言って良い。

(2) **人口構成からみた ASEAN の状況**

人口構成が消費および労働力供給に与える影響は大きい。ASEAN の人口の平均年齢は若く人口構成も途上国型と考えられてきたが，大泉［2007］が東アジアにおける少子高齢化の問題で指摘しているように ASEAN 各国でも一部ですでに高齢化が進んでいる。65 歳以上の老齢人口比率 7％以上は「高齢化社会」といわれ，シンガポール，タイはすでにその水準に達している。老齢人口比率 14％以上は「高齢社会」といわれ，これら 2 カ国はそれぞれ 2016 年，2024 年にはその段階に入る。この「高齢化社会」から「高齢社会」へ移行する期間を「倍加年数」と呼ぶが，日本の倍加年数が 1970 年から 1994 年にかけての 24 年であり，それまでの欧米諸国に比べて早かったとされてきたが，アジアの各国は日本と同等，あるいはそれ以上のスピードで高齢化が進むことになる[66]。

これによる社会経済的な影響として Lee, Mason and Park［2011］は，アジアにおける高齢化への急速な人口転換（demographic transition）がもたらす影響を検討している。各国の政策課題として，①増え続ける老齢人口へ経済的な保障を与える社会経済システムを作ること，②老齢化の進む時期にどのように経済成長を維持するか，といった基本的な問題に直面しており，アジアの中長期

66　大泉啓一郎［2007］,36 頁。欧米諸国では「倍加年数」が 40 から 100 年間かかったと指摘している。

図表 1-10　ASEAN 各国の人口統計指標と老齢化の比較

	就労者人口 100万人	就労者人口 %	14歳以下（%）	人口増加率（%）	老齢人口比率 >7%	老齢人口比率 >14%
シンガポール	3.3	68.4	15.6	0.90	2000年	2016年
ブルネイ	0.3	67.9	26.3	1.66	2022年	2046年
インドネシア	149.7	64.4	26.6	0.98	2018年	2039年
マレーシア	17.6	63.2	29.1	1.47	2020年	2043年
フィリピン	56.0	59.9	33.4	1.66	2028年	2050年以降
タイ	45.6	67.0	21.5	0.52	2002年	2024年
カンボジア	9.3	61.6	32.6	1.70	2036年	2050年以降
ラオス	3.7	57.6	36.8	1.76	2040年	2050年以降
ミャンマー	33.0	65.3	26.6	1.00	2020年	2041年
ベトナム	58.9	66.2	25.1	1.01	2020年	2038年
（参考）日本	71.5	56.3	13.2	−0.19	1970年	1994年
中国	918.2	67.8	19.9	0.61	2002年	2026年
韓国	15.5	64.5	16.2	0.34	2000年	2018年
アジア全体	2,661.5	63.9	26.2	1.05	2012年	2038年

（注）Medium variant を選択。就労者人口，14歳以下：2010年予測，人口増加率：2010-15年予測。就労者人口は15歳から59歳とする，%は総人口に占める割合。老齢人口とは65歳以上を指す。年号は老齢人口が総人口のそれぞれ7%，14%を超える年を示す。2050年以降の予測データはない。

（資料）UN World Population Prospects: The 2008 Revision Population Database.

的な経済の成功にはこの問題の解決が必須であるとしている[67]。

またシンガポール，タイ以外の ASEAN 各国では比較的高齢化社会，高齢社会に達する年は先になるが，人口動態（人口ピラミッド）によって状況はやや異なる。

今後労働生産人口の世代が増え，逆に扶養人口による負担が減るという，いわゆる「人口ボーナス」[68] の時期が ASEAN にとって重要である。タイなどの

67　S. H. Lee, A. Mason and D. Park［2011］, Why Does Population Aging Matter So Much for Asia? Population Aging, Economic Security and Economic Growth in Asia, ERIA Discussion Paper, August 2011.
68　1997年のメイソンによる「人口とアジア経済の奇跡」"Population and the Asia Economic Miracle" における "Demographic bonus" の訳語。

例からも高度成長がスタートしたのは人口ボーナス期半ばであり，労働集約的産業と資本集約的産業が同時に成長した[69]。それは人口ボーナス期後半の高貯蓄による，旺盛な消費・投資と外資導入が相俟った結果であると言える。

　ASEANで最も人口の多いインドネシアは，2010年で14歳以下の人口が26.6％を占める途上国型の人口構成になっている。人口動態的にもこれから人口ボーナスの時期を迎えることから，一人当たりの所得の増加にともなって，消費面でASEANの中で最も大きなプラスの影響が期待できる。

　フィリピンは出生率がインドネシアより高めであり，14歳以下の人口が33.4％を占める。人口動態も裾野の綺麗に広がった，典型的途上国型となっている。そのためインドネシアに比較すると人口ボーナス期はやや遅れるものと考えられる。しかしフィリピンは長い政局不安などの結果，人口ボーナスの効果を逸した可能性があるとの指摘もある[70]。

　ベトナムはベトナム戦争の結果，老齢人口が少なく，かつ80年代後半のドイモイ政策後に生まれたベビーブーマーが多く，さらにその後反動で出生率が下がるという特殊な人口構成になっている。しかし最初のベビーブーマーが20歳代後半となり，労働人口の増大，消費の増大につながると考えられる。

　カンボジアは，内戦の結果から30－40歳代の人口が少ないという人口動態的に特殊な形状をしており，かつ出生率も低下している。しかし14歳以下の比率は高く，一時的にせよ人口ボーナス期に入るのは間違いない。

　ラオスは10－20歳代の人口が突出しており，出生率の低下傾向が見られるが人口ボーナスを享受できる時期を迎えることになる。カンボジア，ラオスは合計人口が約2000万人と少ないため，今後の経済発展に与える影響はインドネシアなどに比較すると限定されたものにならざるを得ない。

　タイにおいては前述のようにすでに高齢化が進み始めており，人口増加率の低下と共に若年層の比率も下がってきており，すでに先進国的な人口構成に変化しつつある。今後，労働人口の高齢化に伴い，タイにおける労働人口供給は減少に転じることになる。これは産業集積の進んだタイにおいて，労働人口の供給が限定されることにつながり，経済成長制約要件の一つになる問題になる

69　大泉啓一郎［2007］，87-88頁。
70　同上，89頁。

可能性が高い。

「人口ボーナス」効果の活用については，その時期に最適化された産業政策が経済成長を促進すると考えられ，人口ボーナス前半期においては労働集約的産業が向いており，人口ボーナス後半期においては資本集約的産業に転換すべきであり，人口ボーナス期には知的集約型産業を中心とすべきであるという見方もある[71]。ASEANにおいては特に労働集約的な製造業の外資導入によって経済発展を加速させてきた背景がある。人口の老齢化にともない，ASEAN域内の人口動態の状況と経済格差から考えると，産業集積が進みかつ老齢化の進行の速いタイから，CLMVなどへの労働集約的な産業を中心とした生産の移動が中長期的に起きてくることが予測される。

71　同上，65-90頁。人口ボーナスの活用の巧拙でアジア各国に経済成長の差が出た，との考え方を示している。

第2章
加速されたメコン地域開発

1. GMS プログラムの貢献

(1) GMS プログラムの発足

　第二次世界大戦後の約半世紀，タイをのぞく GMS 各国は社会主義的政権のもとで自給自足的な農業開発と輸入代替を目的とした工業化をおこなっていた。メコン地域の中核に地理的にも位置するタイとその周辺国は，経済運営，政治体制に関してタイとその他の国が対峙するという，東西冷戦体制の縮図を形成していた。従ってタイとその周辺国であるミャンマー，ラオス，カンボジアとの国境は基本的に閉ざされ，共通の交通インフラ整備や連携，統合の動きは極力避けられていた。この地域に変化が訪れたのは，東西冷戦構造が崩壊したこと，そしてカンボジア内戦が 1991 年に国連のパリ和平調停で最終的に終結した時であった。タイのチャチャイ首相が「インドシナを戦場から市場へ」と呼びかけた[72]ことに代表されるように，民主主義と市場改革開放政策を選択するという，インドシナ各国の共通の価値観が出来上がったことが GMS プログラムに繋がる大きな転機となった[73]。これは ADB の言うように「平和の配当（Peace Dividend）」であった。

　GMS プログラムの ADB 関与について，小笠原［2005］は，ADB 幹部であった森田徳忠氏の回想として，1991 年に完成したラオス・セセット水力発電所

---

[72] チャチャイは文民でありこれは 1988 年のことであったが，当時すでにタイ経済は活況を呈していた。しかしタイの政治状況は不安定で，軍によるクーデターも頻発した。

[73] この時点でインドシナ各国に共通したのは①市場経済化，②開放政策，の 2 点であった。しかしミャンマー，カンボジアは社会主義を放棄したが，ベトナム，ラオスは社会主義，一党独裁を維持したままであり，「共通の価値観」は極端な不均質性の上に成り立っていた。

46　章2章　加速されたメコン地域開発

図表 2-1　GMS 参加国・地域の範囲

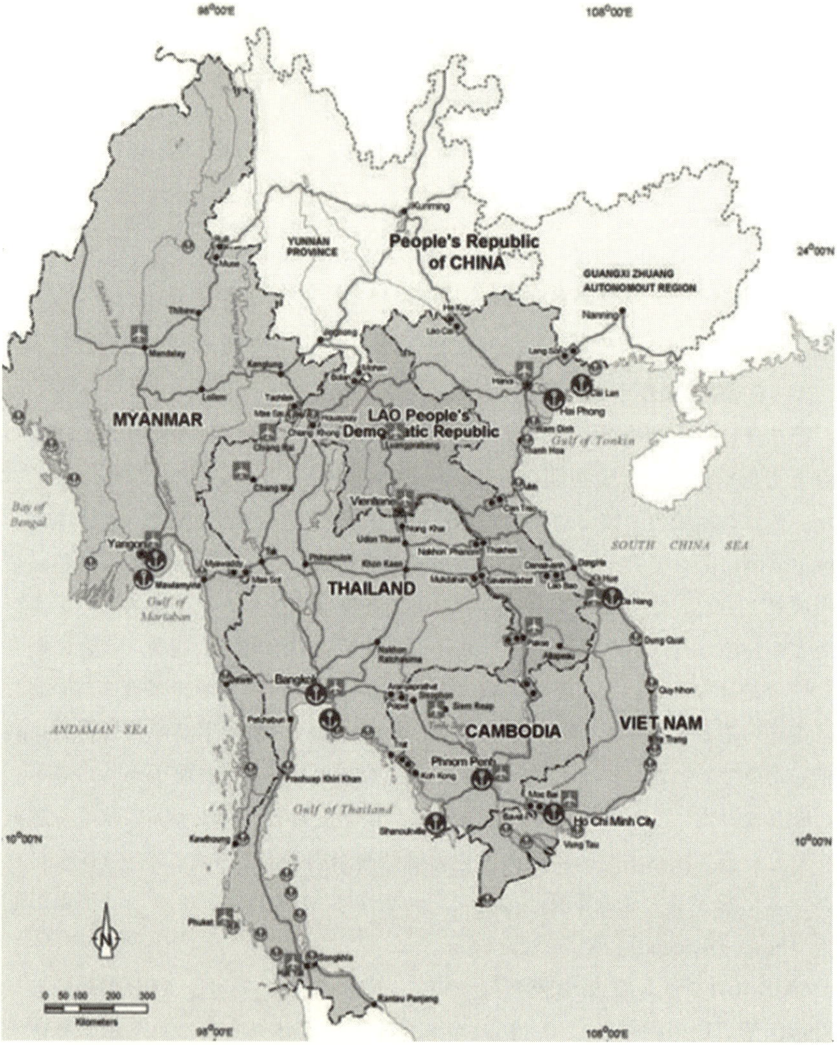

（出所）国際協力機構［2007］「ひとびとに国境をひらく道」5 頁。
http://www.jica.go.jp/activities/issues/transport/pdf/cbti_02.pdf

がその起源であるという。東側諸国でもあったラオスと，電力を購入する側になるタイとの橋渡しをしたことが成功事例となり，メコン地域全体へのADBによるメコン地域開発への関与が積極的になるようになった[74]。

正式にはGMSプログラムは1992年10月にADBマニラ本部で開催された，タイ，カンボジア，ラオス，ミャンマー，ベトナム，中国の地域6カ国からなる経済閣僚会議からスタートした。同プログラムの特徴は，中国の南部（雲南省や広西チワン族自治区[75]）やミャンマー全土を加えた広範囲な地域を対象としたこと，「ツー・プラス原則[76]」と呼ばれる具体的プロジェクトを少なくとも2カ国が関与する越境プロジェクトとしたこと，そしてADBはあくまでも事務局としてメンバー間の対話を促し，必要に応じて技術・資金支援をおこなう立場に徹していることなどである。

GMSプログラムは，加盟国の自主性（オーナーシップ）の下に運営されている。組織的には，図表2-2のように首脳会議（Summit）を頂点に，閣僚会議（Ministerial-level Conference），高級事務レベル会議（Senior Officials' Meeting），フォーラム・ワーキンググループ（Forums/Working groups in Nine Sectors）の4つから構成される。また，GMSプログラムと各国の調整をはかるため各国に機関（National Coordinating Committee in Each Country）が配置されている[77]。

「各国の国家レベル調整機関」はそれぞれの国によって異なる。カンボジアにおいては開発評議会（Council for the Development of Cambodia），中国においては国際部（International Department）または財務省（Ministry of Finance），ラオスにおいては外務部（Department of Foreign Affairs），ミャンマーにおいては海外経済関係部（Foreign Economic Relations Department）または国家計画経済発展省（Ministry of National Planning and Economic Development），タイにおいては国家経済社会開発委員会（National Economic and Social Development Board），ベトナムにおいては海外経済関係部（Foreign Economic Relations Department）

---

74 小笠原高雪［2005］「メコン地域における開発協力と国際関係」石田正美編『メコン地域開発』アジア経済研究所，42-44頁。
75 広西チワン族自治区のGMS加入は，雲南省より遅れ2005年におこなわれた。
76 "two plus principle" と訳される。石田正美編［2008］『メコン地域開発研究—動き出す国境経済圏』調査研究報告書，アジア経済研究所，45頁。
77 ADB Websiteより。http://www.adb.org/Documents/Others/GMS/GMS-Brochure2010.pdf

図表 2-2　GMS プログラム組織図

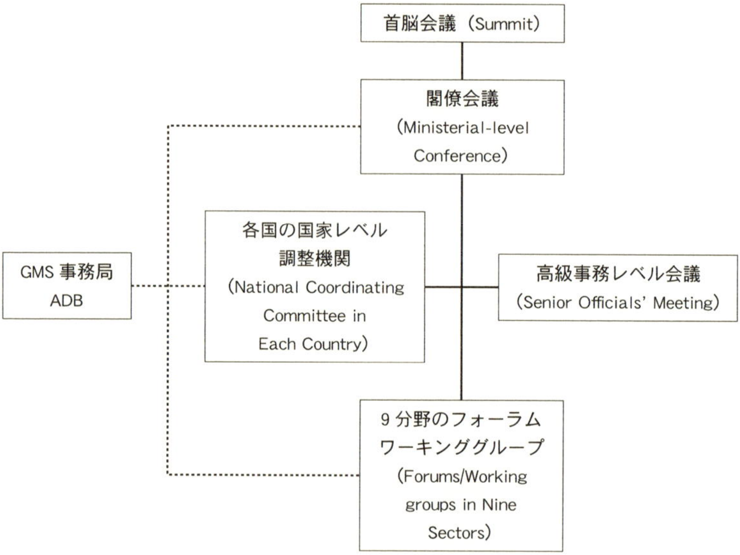

```
                    首脳会議（Summit）
                          │
                    閣僚会議
                    (Ministerial-level
                     Conference)
                          │
         ┌────────────────┼────────────────┐
         │                │                │
   各国の国家レベル              高級事務レベル会議
   調整機関                  (Senior Officials' Meeting)
GMS 事務局   (National Coordinating
   ADB    Committee in
         Each Country)
                          │
                    9 分野のフォーラム
                    ワーキンググループ
                    (Forums/Working
                     groups in Nine
                     Sectors)
```

（出所）ADB［2007c］, p. 36.

または計画投資省（Ministry of Planning and Investment）がそれにあたる[78]。

　GMS プログラムにおいて ADB の果たしている役割は極めて大きい。ADB の機能としてはインフラ整備に関して技術面でのノウハウをもつばかりでなく，GMS 経済回廊の企画をはじめ資金調達，当事国との調整能力のあるスタッフの存在，などがあげられるが，ここでは後ろ盾となっている日本の存在も大きい。歴代 ADB 総裁が日本人であるということだけではなく，ADB 日本人スタッフ，ドナーとなる日本の政府援助機関（JBIC，現在は JICA）などを通じた日本政府の支援，あるいは日本企業の関わりなど官民一体の取り組みである[79]。また，前述の「ツー・プラス原則」や「アセアン・ウェイ」と同様にアジア的曖昧さを加味し，厳格な協定の締結からスタートしなかったことが各国

78　ADB［2007c］, p. 36.
79　嘉数啓・吉田恒昭［1997］『アジア型開発の課題と展望：アジア開発銀行 30 年の経験と教訓』名古屋大学出版会。1966 年の ADB 設立当時の大来佐武郎氏らの発言などから，ADB の表に出ない控えめな態度の要因の一つであったと解釈することができる。

との円滑な運営につながった。さらにGMS6カ国が「オーナーシップ」意識をもち，なおかつ多くの民間企業を巻き込んだこと，さらにはそのような中でADBは終始参加国とドナーの間を仲介する「オネスト・ブローカー（honest broker：誠実な仲介者）」に徹したことがGMSプログラムを短期間で成功に導いた要因と言える[80]。

ADBによるGMSプログラムの「成功要因」として，多田羅［2006］は以下のように総括している。①非政治的であることを原則とし，政治的なイシューには関与しなかったこと，②結果重視のスキームであり，実務的で柔軟なアプローチをとった，③条約ベースではなく，プロジェクトベースであった，④大きな枠組みとマスタープランを作り，その後事業計画のための各国の同意をとった，⑤中立機関（オネスト・ブローカー）が小国と大国の利害調整の役割を果たした，⑥各国のリーダーが強いオーナーシップを発揮した，⑦道路と同時に総合的な開発をおこなうマルチ・セクター方式であった，⑧リーダーシップの強化のため，閣僚会議が首脳会議に格上げされた，などを指摘している[81]。

1992年からのADBのGMS経済協力の実施は，吉田・金［2005］および石田［2007］によれば3つの段階に分けられる。

(1.1) GMSプログラムの第1段階：案件発掘段階

第1段階（1992年－1996年）：メコン地域内の開発プロジェクトの案件を発掘する段階と言える。ADBのスタッフは各国にアイデアを提示，意見交換がおこなわれるなかで地域協力が可能な領域と機会の確認作業をおこない，プロジェクトが審議された。これによって当初6つの重点部門として，①交通（Transport）②通信（Telecommunications）③エネルギー（Energy）④環境（Environment）⑤人的資源開発（Human Resource Development）⑥貿易・投資（Trade and Investment）を取り上げた。各部門調査報告書は各国の部門ごとの現況，国を超えての協力可能性の検討，そして地域統合に資する具体的なプロ

80　同時にADBは金融機関であり，技術アドバイザーでもあり，GMSプログラム事務局であり，複数の参加者をまとめる触媒でもある，と言っている。http://www.adb.org/Documents/Others/GMS/GMS-Brochure2010.pdf

81　多田羅徹［2006］「拡大メコン地域（GMS）のインフラ整備の現状と物流」白石［2006］，60-61頁。

ジェクトについての当該国との密接な調整合意に基づいての提案から成っている。これを第2フェーズの着手すべき課題と第1フェーズの所見としてまとめられた。第2フェーズでは優先プロジェクトが選定され，各部門別に最終報告が提出された。この間に必要とされた膨大な調査費用は日本政府が技術協力のためにADBに設置している信託基金が利用された[82]。

(1.2) GMS プログラムの第2段階：プロジェクト実施段階

第2段階（1994年－2002年）[83]：第1段階で準備された個別のプロジェクトの実施段階へ入る。部門ごとに担当者ベースの作業グループやフォーラムが設置され，また当初6部門でスタートしたが，現在では9部門となっている。追加変更された部門として，観光（Tourism）が1994年に追加され，1998年に貿易・投資部門が貿易円滑化（Trade Facilitation）と投資（Investment）の2部門に分割，2001年に農業（Agriculture）が追加されている。また，1999年にはタイ・ラオス・ベトナム3国間越境交通協定（CBTA：Cross-border Transport Agreement）調印がおこなわれた。そしてGMSプログラムが始まって10周年となる2002年のGMSサミット開催とGMSの10年長期戦略[84]の発表に至る。この段階では地域協力プロジェクト実行のための明確なビジョンが打ち出され，プロジェクト案件の承認と建設が開始された。

(1.3) GMS プログラムの第3段階：戦略的枠組みの設定

第3段階（2002年－）：2002年に中国が越境交通協定に加入した影響が広がり，越境交通協定実効化のための具体的交渉が開始される。また次の10年に向けて経済回廊の建設を最優先した10のフラッグシップ・プロジェクトが採択され，越境回廊形成などをめざすことを明示した。10のフラッグシップ・プロジェクトとは，①南北経済回廊，②東西経済回廊，③南部経済回廊，④基幹通信回線，⑤地域電力系統接続と電力取引調整，⑥越境貿易・投資の促進，⑦民間部門参加と競争力の強化，⑧人的資源と技能開発，⑨戦略的環境枠組み，⑩洪水制御と水資源管理，であり，2002年首脳会議で追加されたGMS観光開

---

[82] 森田徳忠［2004］「アジア開発銀行（ADB）による大メコン河地域経済協力プログラム（GMSプログラム）の現状と課題」海外投融資情報財団。

[83] セクター（部門）によっては第1段階と重なる期間が生じる。

[84] ADB［2007c］, p. 6. "Strategic Framework 2002-2012"により，10年間の，戦略，（9つの）優先分野，目標，ビジョンが示されている。

発を加えると実際には 11 プロジェクトである。

　首脳会議（Summit）は第 1 回首脳会議が，GMS プログラム発足 10 周年の 2002 年 11 月にプノンペンで開催され共同でプログラムに関与することを確認した。また同会合の直前に開かれた ASEAN 首脳会合，ASEAN ＋日中韓（ASEAN ＋ 3）首脳会合においては，「ASEAN 統合のための GMS 計画との協調」が表明されたのは前述した通りである。2005 年 7 月には第 2 回首脳会議が昆明で開催され，「インフラ建設の強化」「貿易及び投資環境の改善」などを内容とした昆明宣言が採択された[85]。第 3 回首脳会議は 2008 年 3 月にビエンチャンで開催された。ここではビエンチャン・プランすなわち GMS プログラム第二次中期計画を追認すると共に，本来 AMBDC の主要プロジェクトであるシンガポール・昆明間鉄道（SKRL）の推進が盛り込まれている[86]。

　またビエンチャン・プラン以降，ADB は新しい開発マトリックス（GMS Development Matrix）を採用している[87]。これは各支援プロジェクトの基本情報を 12 項目に要約して示している。目的としては，GMS プロジェクトと枠組みの異なるサブリージョナルの各協力，支援との無駄な重複を避け，シナジー効果を出すためのものであるとされている。

(2) 最優先分野となった交通部門

　GMS プログラムのフラッグシップ・プロジェクトには，3 つの経済回廊という越境道路網建設が入っている。GMS プログラムが開始された 1992 年頃の状況としては，インドシナ半島における長期に渡る戦争，紛争によりダメージを受けている交通網を，優先的に改善しなくてはならないとの考え方が ADB 側にあったとされる。

　図表 2-3 のように，投資金額的にもプロジェクトの中に運輸・交通の占める割合は極めて高く，1994 － 2007 年を第一次中期計画，2008 － 2012 年（ビエンチャン・プラン）を第二次中期計画と考えると，第一次中期計画投資額 98.7

85　http://www.adb.org/projects/gms-biodiversity/kunming-declaration.pdf を参照。
86　NESDB レポート［2011］，ประชาคมอาเซียน: ดำเนินโครงการเส้นทางรถไฟสิงคโปร์-คุนหมิงให้แล้วเสร็จ などによれば，中国の要望により，シンガポール－昆明鉄道ルート（SKRL）は 7 案あるが，東回りになるとの見通しで，2013 年までに戦略計画化されるとしている。
87　詳細は http://www.adb.org/GMS/devt-matrix.asp を参照。

図表 2-3　GMS 第一次・第二次中期計画内訳

プロジェクト分野	1994－2007 年			2008－2012 年			投資額伸び率
	件数	投資額 百万米ドル	%	件数	投資額 百万米ドル	%	%
運輸・交通	24	8,057	81.6%	26	11,315	73.2%	140.4%
エネルギー・電力	4	1,728	17.5%	19	3,181	20.6%	184.1%
観光	3	47	0.5%	19	268	1.7%	570.2%
人的資源開発	3	39	0.4%	10	103	0.7%	264.1%
電気通信				14	332	2.1%	―
農業開発				9	60	0.4%	―
環境保全				7	185	1.2%	―
投資円滑化				6	6	0.0%	―
合計	34	9,871	100.0%	110	15,450	100.0%	156.5%

（出所）ADB［2008b］，末廣昭［2009］より筆者作成。

億ドルのうち運輸・交通が 80.6 億ドルで実に 81.6％を占めており，第二次中期計画投資予定額 154.5 億ドルのうち運輸・交通が 113.2 億ドルで，やや減ったものの 73.2％を占める見込みである。また，さらにエネルギー・電力を加えると投資額のほとんどが，このインフラ関連 2 分野で占められていることが明らかである。

　この交通インフラ整備重視の計画の中でも「道路偏重」とも言える内容となっているが，ハード面の整備の進展と共に次第に方向を変えてゆくであろうと思われる。すでに ADB により老朽化した鉄道網の修復などのプロジェクトが着手されており，今後 GMS プロジェクトに占める道路整備に関する予算の比率は，以前より相対的に減少することが予想される。

　また第三次中期計画にあたる「GMS プログラム戦略枠組み 2012-2022」[88] によれば，（道路）インフラのハード整備については一定の成果をみている。しかし今後はソフト面などに注力すべきであり，CBTA 実施の遅れを認めた上で，ASEAN 同様，域内の連結性（Connectivity）を重視する方向であるとしている。

88　"The Greater Mekong Subregion Economic Cooperation Program Strategic Framework 2012-2022," http://www.adb.org/sites/default/files/gms-ec-framework-2012-2022.pdf

但し，交通，貿易の円滑化を図る上で部門横断的な課題が増えていることを強調しており，こうした問題の解決を経て投資の円滑化と ASEAN 統合への貢献をすべきとしている。また鉄道網については域内ネットワークを 2020 年までに完成させるとしており，これは SKRL の路線整備を念頭においたものと思われる。そのために 2015 年以降に，GMS に鉄道の専門部署（GMS Railway Coordination Office など）を設置することを示している。

(2.1) 経済回廊の整備

経済回廊の本来の目的は，途上国への開発プロジェクトや融資の選定において単一のセクターへの投資はインパクトが小さいことから，主要幹線道路が通る地域を「経済回廊」と捉えて，同時並行して送電，通信，上下水道，空港，観光，経済特区・工業団地への民間投資を含めて集中的に活用することにある[89]。経済回廊構想に基づいた道路建設が本来の経済回廊として機能するための段階については，次のようなステージが示されている（図表 2-4）。しかし表記されているスケジュールは大幅に遅れていると言わざるを得ない。

現在の ADB の定義によれば，経済回廊は 9 路線が確定している（図表 2-5）。しかしながら，現時点では未開発の貧弱な路線も含まれており，日本に

図表 2-4　ADB の考える輸送ルートの発展段階

ステージ	回廊のタイプ	構成
1	輸送回廊	ハードインフラ
2（2011 年までに）	輸送と貿易円滑化回廊	越境貨物輸送と効率的な国境手続きの実施
3（2014 年までに）	物流回廊	より広範囲の国境以外の貿易円滑化と発展した越境物流サービス
4（2016 年までに）	都市開発回廊	進歩した経済インフラとルート沿いの都市における官民共同による発展
5（2018 年までに）	経済回廊	民間投資の増加と完成された生産ネットワーク構築

（出所）JICA・パデコ［2011］『メコン地域における物流促進のための通関業務の改善にかかる調査』JICA, chapter 2, 17 頁。
（原資料）ADB, Arjun Goswami 氏のプレゼンテーション資料。

---

[89] 多田羅徹［2006］「拡大メコン地域（GMS）のインフラ整備の現状と物流」白石［2006］, 59-60 頁。

おいては，東西経済回廊，南北経済回廊，南部経済回廊（以前は第二東西回廊とも呼ばれた）の3ルートが一般的に認知されている。このうち2006年に全線開通した東西経済回廊は，特にフラッグシップ・プロジェクトと呼ばれている。第2メコン国際橋やハイヴァン・トンネルが円借款でまかなわれ，主に日本企業が建設にあたったことからも大きく報道された。また現地に進出した日系製造業の集積の観点から，東西経済回廊を一部利用するバンコク－ハノイ間の輸送によるサプライチェーン構築が戦略上重要であると日本政府は考えており，実証走行実験なども積極的におこなっている[90]。また2011年11月に完成した第3メコン国際橋が，バンコク－ハノイ間をさらに約200km短縮することから，日メコン産業政府対話でもこの促進が求められていた[91]。

　全般にGMS開発事業は，沿海部の開発も含まれてはいるが基本的には内陸部の開発に主眼をおいている。そして参加国の積み出し港につながる3大経済回廊は支線，サブ回廊を入れると計12のルートをもち，概要は以下のようになっている[92]。

　A．東西経済回廊（East-West Economic Corridor：EWEC）：1502km
　・ベトナム，ティエンサ港→ダナン→ラオバオ＝デンサワン（ラオス国境）→サワンナケート＝ムックダーハーン（タイ国境）→ピッサヌローク→メーソット＝ミャワディ（ミャンマー国境）→モーラミャイン
　・支線1：タイ，ムックダーハーン→ナコンラーチャシーマー→バンコク港
　・支線2：タイ，ムックダーハーン→国道304号線経由でレームチャバン港
　・支線3：ダナンから国道1号線経由でハノイまたはホーチミン
　B．南北経済回廊（North-South Economic Corridor：NSEC）：1805km（R3Aルート）
　・バンコク→国道11号線ピッサヌローク経由でチェンラーイ，もしくは国道1号線ターク経由でチェンラーイ
　・本線その1：〈ミャンマールート：R3B〉チェンラーイ→メーサーイ＝ター

90　経産省・国交省『メコン地域陸路実用化実証走行試験実証実験 結果報告』2008年など。
91　第2メコン橋経由（サワナケットルート）に比べ，第3メコン橋経由（タケルート）は距離的にメリットがあるが，通関手続きなどに問題があるとされている。
92　末廣昭［2009］，15-16頁。

チレック（ミャンマー国境）→ケントゥン→マインラー＝打洛（タールオ）（中国国境）→景洪（チェンルン）→昆明（クンミン）
- 本線その2：〈ラオスルート：R3A〉チェンラーイ→チェンコン＝フアイサーイ（ラオス国境）→ボーテン＝モーハン（中国国境）→景洪→昆明
- 支線：昆明→開遠→河口＝ラオカイ（ベトナム国境）→トゥエンクアン→ハノイ→ハイフォン港

C．南部経済回廊（Southern Economic Corridor：SEC）：本線（南部中央回廊）1024km
- バンコク→アランヤプラテート＝ポイペト（カンボジア国境）→バッタンバン→プノンペン→バベット＝モクバー（ベトナム国境）→ホーチミン→ブンタウ港
- 北部サブ回廊：プノンペン→ストゥントラエン→ラッタナキリー＝プレイク（ベトナム国境）→クイニョン港
- 南部サブ回廊：バンコク→トラート→ハートヤイ＝コッコン（カンボジア国境）→コンポート＝ハティエン（ベトナム国境）→ナムカン港（ベトナム）
- 南ラオス・シハヌークビル・サブ回廊：ブンカム（ラオス国境）→クロチェ→プノンペン→シハヌークビル港（カンボジア）[93]

3大経済回廊のうち，「東西経済回廊」はインドシナ半島を河川と山岳地帯を越えて東西を結ぶ，歴史的に見ても新規性のある回廊であると言って良い[94]。これによりラオスやタイ東北部（イサーン）の内陸都市はベトナムのダナン・ティエンサ港を経て海へとつながる。さらに東西経済回廊の最も西側の地点であるミャンマー・モーラミャインはインドへの結節点になるとも考えられている。しかしこの経済回廊には主要な都市が見あたらず，所得の少ない地域を通っていることから構想段階から「貧困回廊」とも呼ばれていた[95]。東西経済回廊は日本でも日本のODAの成果として大きく報道された。タイとラオスを結ぶ第2メコン国際橋が開通したことでタイーラオスーベトナム間が2006年12月に全面開通し，3大経済回廊の中では最も早く整備が進んでいる。

---
93 同上。一部筆者修正。
94 吉田恒昭・金広文［2005］，80頁。
95 元アジア開発銀行メコン開発室長，多田羅徹氏へのインタビューより。

図表 2-5　経済回廊ネットワーク図と主な道路整備テーマ

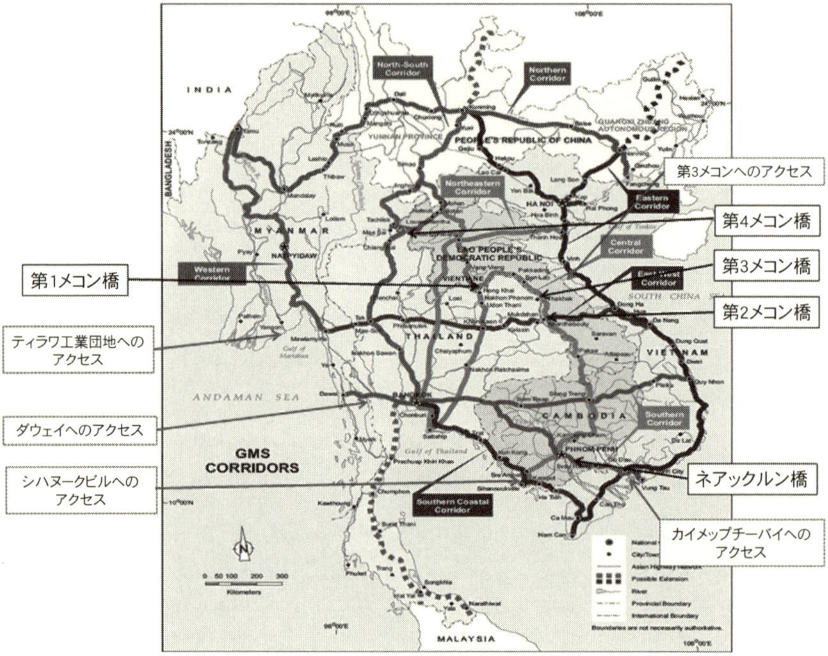

(出所) ADB [2007] に筆者加筆。

　しかし，前述の「サワナケットルート」と「タケクルート」の使い分けがはっきりしていない。またサワナケットルートではラオス区間において，鉱物資源の過積載の影響などにより，道路，橋桁の損傷がすでに進んでいる。

　「南北経済回廊」はインドシナ半島を南北に縦走する回廊であり，タイ・バンコクからチェンラーイまで達するルートに加えて，チェンラーイからミャンマー国境を越え中国雲南省昆明に北上するルート，チェンラーイからラオス国境を越えて昆明に達する3本の本線，また昆明とベトナム・ハノイを結ぶ支線によって構成されている。この中で，ラオスを経由する「R3A」とミャンマーを経由する「R3B」のうち，「R3A」は，ADBと中国，タイ政府がそれぞれ全体の3分の1を出資したラオス国内の道路整備が完了し，2013年12月に完成したタイ・チェンコン―ラオス・フェーサイを結ぶ第4メコン友好橋の架橋整備によって全面開通した。また昆明とハノイを結ぶ経済回廊は，昆明とハノイ

を直接結ぶもの以外に，広西チワン族自治区・南寧を経てハノイを結ぶ中越陸路とも呼ばれるものがあるが，これは今後中国政府とベトナム政府が巨額の資金を投じて整備する計画である。2005年10月の中国胡錦涛主席ベトナム訪問時の共同宣言にあった，中越の「ふたつの経済回廊，ひとつのベルト」構想に沿ったものと言える[96]。

「南部経済回廊」のうち，南部中央回廊はタイ・バンコクからカンボジア・プノンペンを経て，ベトナム・ホーチミンに至る。プノンペンからはベトナム・クイニョン港に至る北部サブ回廊があり，またバンコクから海岸線に沿って進む南部沿岸回廊，南ラオスからカンボジア・シハヌークビル港に通じるルートもある。この経済回廊は，基本的にタイ・バンコク，カンボジア・プノンペン，ベトナム・ホーチミンの大都市を結ぶ路線であり，状況としては近年整備が急速に進んでおりその経済効果が期待される。

インドシナにおける交通の連結性を妨げてきたのは，1つにはメコン川への架橋の問題であり，これは図表2-5のごとく順次整備されてきているが，南部経済回廊におけるカンボジア・プノンペン郊外でありながら渡河にフェリーが利用されている地点のネアックルン橋建設や，東西経済回廊においてのミャンマー国内の未整備区間の完成が待たれている。またバンコク－ダウェーの延伸は，開発主体などについて混乱しているが，インド洋への出口となるという大きな意味を持っている。内陸部の開発という目的を離れた場合，インドシナにおける都市間交通は，産業集積を結びつける「産業ベルト」として次第に機能し始めており，都市との相互の結び付きがフラグメンテーション理論で言うサービス・リンク・コストを下げることに繋がり重視されるべきものとなっている。

また2009年10月の東アジアサミット（EAS）において日本が提唱したアジア総合開発計画（CADP）の中では，メコン・インド産業大動脈の構想が打ち出された[97]。これによってメコン総合開発，すなわちGMSプログラムなどと

---

96 「ひとつのベルト」とは北海港とハイフォン港の整備，油田の共同開発を指す。
97 東アジアサミットでは鳩山首相（当時）が提唱し，メコン・インド産業大動脈だけではなく，インドネシア経済回廊，IMT成長三角形などを含む，所得倍増，インフラ整備，産業振興策を目的とする総合的な計画となっている。ERIA，ADB，ASEAN事務局が共同で策定し推進する予定。

インド亜大陸開発を海路を使って地理的連結を図るというアイデアも具体化し始めている。しかしその際には，経済回廊の延伸によってミャンマー西岸の積み出し港（モーラミャインまたはダウェー）が整備されることが前提となるのは自明の理であろう。

(2.2) ソフトインフラの整備

道路整備というハード面の充実が進められている一方，CBTI の性格上越境におけるロス，すなわち越境抵抗をいかに減らすかということが極めて重要である。そのためにソフト面ではこの地域において結ばれた越境交通協定[98]（CBTA：Cross-Border Transport Agreement）の実効化が待たれている。GMS においては，従来の二国間合意に加え多国間合意である CBTA が交通・税関・出入国・検疫について規定しており，①越境手続きの簡素化，②越境旅客交通制度，③国際通過貨物の取り扱い，④越境交通に資する道路車両基準，⑤商業運送権の交換，⑥インフラ基準，を包括したものになっている[99]。

このうち CBTA 実現における課題の一つである越境手続きの簡素化の取り組みについては，出国時・入国時と 2 回必要であった手続きを 2 カ国が共同で検査をおこなうことで入国側での 1 回の手続き，すなわちシングルストップで通過することができる。さらに出入国・税関・検疫（CIQ）の手続きを複数の窓口から一つの窓口に集約するシングルウィンドウ化も進められている。ASEAN の枠組みによる ASEAN シングルウィンドウ（ASW）は，ASEAN 各国で実施するナショナル・シングルウィンドウ（NSW）を接続することにより，通関手続を含む貿易関係書類の標準化・共通化，電子化を推進することで，域内の貿易円滑化，迅速化を目指している。輸出入の際に，複数の行政機関にまたがる申請や許認可を一つの電子申告フォームで提出，一括して承認を受けることで，輸出入通関のための提出データ，データ処理，判断の一元化を実現することができる。先行加盟 6 カ国の NSW 完成後 CLMV への展開を目指しているが，当初の完成予定であった 2012 年より大幅に遅れると思われる。しか

98　CBTA は 1999 年にタイ，ベトナム，ラオスが署名し，2001 年にカンボジア，2002 年に中国，2003 年にミャンマーが署名した。

99　1999 年 11 月 26 日調印の協定内容。http://www.adb.org/Documents/Others/GMS-Agreement/gms_final_agreement.pdf

し昨今，CLM3 カ国を除く ASEAN7 カ国による ASW 接続のパイロット・テストがおこなわれ，成功したと伝えられている[100]。

従来この地域における陸路による越境交通は極めて限られていた。欧州の越境交通協定を基礎としたとされる，越境交通にかかわる協定（CBTA）には長期に渡る交渉を要し，407 箇条もの条文に添付資料が加わった膨大な協定書は 2007 年 3 月に署名された。しかし各国とも CBTA に合わせた国内法整備や運用組織づくりには時間がかかると思われ，法規定が末端の職員に徹底されるまでにはさらに猶予が必要であることが予想される。現状では比較的状況が良いタイにおいてすら，国境税関が開庁時間を遵守せずトラブルになるなどの例がみられるという[101]。GMS 域内での国境地点は多数あり，第 1 級越境地点が 40 カ所，第 2 級越境地点が 36 カ所あるが[102]，このうち重要な越境地点で CBTA 実施地点として CBTA Protocol 1 に記載されているのは 15 地点である[103]。ASEAN シングルウィンドウ技術ガイドラインによれば，この地点で輸出入手続きを平均 30 分で実施することを目標としている[104]。しかし前述の実証走行実験結果報告（第 2 メコン橋経由）ではバンコク－ハノイ間で通関に 5 ～ 6 時間，開庁待機時間で 24 時間かかっており，シンガポール－マレーシア国境の状況に比較するとその差は極めて大きいと言わざるを得ない。

しかしながら，現実には CBTA による国境のシングルストップ化は種々の問題を抱えており，現時点ではおこなわれていない。特に国境勤務の公務員が他国において業務をおこなうことに対する国内法の問題が各国ともクリアされていない。また国境特有の既得権益があり，これを失いかねない改革には積極的ではないと言われる。その中でムクダハン（タイ）－サワナケット（ラオス）国境において，2014 年中にワンストップ通関・検疫をおこなうとされているが，これが実現すれば最初のケースとなる。

---

100 ASEAN 事務局 HP より。
101 日本アセアンセンター主催メコン地域投資セミナー（2009 年 12 月 21 日）における，各国外国投資誘致機関担当者との質疑応答による。
102 国際協力機構［2007］，part 2，23 頁。
103 GMS Website, http://www.adb.org/Documents/Others/GMS-Agreement/Protocol1-Attachment.pdf
104 若松勇［2009］，133 頁。

(3) UNESCAP によるアジア・ハイウェイ構想

　GMS 経済回廊構想は，アジア・ハイウェイ・プロジェクト（AHP）に源流があることからこれについて触れておきたい。GMS プログラム発足を 30 年以上遡る 1959 年に国連アジア極東経済委員会（ECAFE）にて AHP は採択され 15 カ国でスタートした。その後，1968 年に国連アジア太平洋経済社会委員会（ESCAP）に引き継がれ，アジアにおける紛争，内戦による計画の停滞を経た後，アジア諸国の改革開放・市場経済化などにも伴い参加国は増加し現在では 32 カ国に達している。

　計画が発足当時のままであったことから，1992 年から 1993 年の 2 年間，日本政府からの資金援助によりネットワークの見直し，設計基準の改訂，国際道路交通の促進のための方策の検討などを内容とした，アジア・ハイウェイ・ネットワーク整備のための調査が実施された[105]。現在ではアジア・ハイウェイ・プロジェクト参加国は，2003 年 11 月に参加表明した日本も含めアジア地

アジア・ハイウェイ標識[106]（AH2），タイチェンライ付近（2010 年 5 月筆者撮影）

105　この時点で日本はまだ AHP の参加国ではなかった。
106　青地に白の文字で 1 ケタから 3 ケタまでが見られる。注意すべきは ASEAN ハイウェイ（AHN）も同じデザインを用いていることである。（UNESCAP におけるヒアリングより）

域のほとんどの国が加入し，総延長約14万2000kmの国際道路網が形成されている。

アジア・ハイウェイ路線は当初AH1とAH2のみで，バンコクとテヘランを結ぶものであった。現在ではAH1からAH87の87路線が確定しており，AH1の起点は東京，終点はトルコとなっている。アジア・ハイウェイの主要路線はアジアの内陸部を通過している。歴史的に見ると中世以降西欧諸国の影響はアジアへ海上を経て渡来している。アジア・ハイウェイの本来的な意義はその影響があまり浸透していないアジア内陸部を通ることにあると言える。

同プロジェクトはESCAPが事務局となり推進されているが，現状では各国の協力が十分得られず，道路情報データベースの更新もままならない状況にある[107]。大きな問題点としては，参加国の中に北朝鮮のような政治体制や経済状況の問題あるいは国際社会における親和性に欠ける国が含まれているため，道路網としての連続性が保てないことも含まれる。さらに元来AHPは対象地域があまりに広大であることから，関係各国からその実利に関して十分理解が得られていないこと，ESCAPが果たしている役割がGMSプログラムにおけるADBのような企画から資金調達までの「オールラウンド」的なものでないこと，資金調達の難しい内陸のLDC国へのケアが十分でないこと，などが考えられる。課題としては，ESCAPあるいは地域開発金融機関による資金調達を含めたイニシアティブが発揮されることが必要であるのは当然であるが，参加国がAHPに対する長期的な実利を認識し実行できるビジネスプランを構築することが成功するための前提になろう。

加えて，アジア・ハイウェイにおける国境通過に関する取り決めについては，GMSプログラムにおける越境交通協定（CBTA）のような協定化されたものはなく，ESCAPは国際物流に関する国際条約の批准を各国に求めている。この中では，特にコンテナのトランジットの扱いの条約と一時輸入車両の取扱に関する条約（他国の車両の入国，通過を認める内容）の批准が重要だと考えられている[108]。

---

107 Nishimura, Hikaru [2008], Present Status and Problems of Asian Highway Database and Trans-Asian Railway Data Prepared by UN ESCAP, Workshop on "Data Platform of International Statistics of Asian Traffic and Transportation," 国土交通省, p. 8, および筆者UNESCAPにおけるヒアリング調査による。

国際幹線道路網計画関連調査報告書（平成 15 年国土交通省）によると ESCAP 決議 48/11 の求める国際条約の内容と日本における批准状況は以下の通りとなっている。

① 道路交通に関する条約（1968）締結国数：57，日本は未批准。
　条約の内容，未批准の理由：1949 年の同名の条約（我が国批准）に代わる条約。締約国はこの条約に定める統一道路規則を国内法化する義務を負う。

② 道路標識と信号に関する条約（1968）締結国数：46，日本は未批准。
　条約の内容，未批准の理由：道路標識の国際統一のための条約。締約国はこの条約に定める標識を国内で採用しなければならない。

③ TIR カルネ（国際道路運送手帳）による担保の下でおこなう貨物の国際輸送に関する通関条約（1975）締結国数：62，日本は未批准。
　条約の内容，未批准の理由：1959 年の同名の条約（我が国批准）に代わる条約。運送輸出入違反の課徴金や反則金を保証する団体が発行した国際運送手帳（TIR カルネ）の担保の下で運送されるコンテナについては，経由地で輸出入税や税関検査を免除される。

④ 自家用自動車の一時輸入に関する通関条約（1956）締結国数：26，日本は自家用自動車の一時輸入に関して批准。
　条約の内容，未批准の理由：自家用飛行機またはボートを一時滞在のために持ち込む場合は，輸入税の徴収や輸入禁止・制限の適用を受けないことを定める。我が国は自家用自動車の一時輸入に関する通関条約については批准している。

⑤ コンテナに関する通関条約（1972）締結国数：27，日本は未批准。
　条約の内容，未批准の理由：1956 年の同名の条約（我が国批准）に代わる条約。運送に使われるコンテナについて 3 か月以内に再輸出される場合，輸入税，輸入禁止および輸入制限の免除を受ける一時輸入を認めることを規定する。

⑥ 物の国境における通関の統一に関する国際条約（1982），適用外（島国

108　セントラルコンサルタント株式会社，西村光氏からの情報提供による。

のため）

　条約の内容：国際輸送における国境通過手続きの簡素化，関税検査場所の共有化，関税検査の調整に関する法的な体制に関わる国際条約について。これらの条約は 1949 年締結の「道路交通に関する条約」（Convention on Road Traffic, Geneva, 1949）が元になっているが，1968 年の「道路交通に関する条約」（Convention on Road Traffic, Vienna, 1968）は 1949 年条約の改正ではなく新規に作成されたものである[109]。アジア・ハイウェイはこれらの欧州における条約を援用するアプローチであるのに対して，GMS においての CBTA は欧州方式を基本にしながらも多国間の協定を作成し，具体的な方法論はさらに二国間の覚書に従う，となった経緯がある。日本に関しては 1968 年条約と日本国内規格との違いから，現時点で批准に対して消極的である。

2. GMS と中国南進の力学

(1) 中国とメコン流域諸国との地政学的な関係

　GMS に参加している中国 2 地域（雲南省，広西チワン族自治区）と国境を接しているのは，ベトナム，ラオス，ミャンマーの 3 カ国である。国境線の距離は，雲南省＝ミャンマーの国境線が 1997km，雲南省＝ラオスが 710km，雲南省＝ベトナムが 1353km，広西チワン族自治区＝ベトナムが 1020km となっている[110]。このうち沿海部を除き，ほとんどの国境線が山岳地帯になっている。

　しかしながらこの国境地帯は中国にとって戦略的な意味をもっている。中国側のこの地域における「南進」の政治経済的な意図の主なものは，①インド洋への進出，②周辺国との安全保障問題，③西部大開発による中国国内の格差是正問題，④天然資源と中国製品市場の確保，などである。また経済面，環境面から，メコン川流域国との関係は河川利用の問題を含めて避けられないものがある。

　雲南省に比較すると遅れて 2005 年に GMS に参加した広西チワン族自治区

109　道路交通関係条約集（http://members.jcom.home.ne.jp/kinmokusei/index.html）などを参考。
110　各種資料から。

図表 2-6　中国とベトナム，ラオス，ミャンマー国境線図

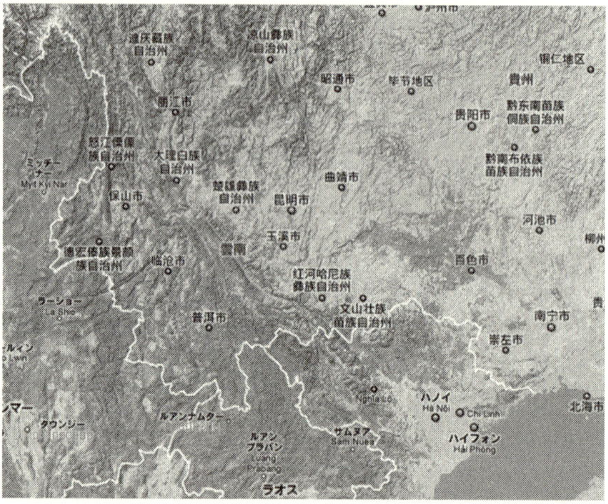

（出所）Google Earth.

は，沿岸部でベトナムと国境を接し，ACFTA と北部湾（トンキン湾）を中心とした「(汎) 北部湾経済協力」[111] によって局地経済圏を形成し始めている。重要な拠点である北海港はベトナム国境からわずか 100km の距離にある。前述の 2 ルートある中越陸路はベトナム北部と一大産業集積地である広東省との接続を可能にし，また昆明，南寧，ハノイの 3 都市のトライアングルによって，中国内陸部を沿海部とつなぐ狙いがある。西部大開発対象地域[112] で唯一海洋に面している広西チワン族自治区は，中国と ASEAN を結ぶ中継地を目指している。対 ASEAN 貿易は，雲南省がミャンマー，タイ，ベトナム，ラオスに分散しているのに対して，広西チワン族自治区の貿易の約 70％が対ベトナムとなっている。この広東省からベトナムにかけて形成されつつあるベルト工業地帯を，池部［2013］は「華越経済圏」と呼び特に IT 関連製品の国際分業が進

111　細川大輔［2011］および久我由美［2009］「中国-ASEAN 自由貿易協定（CAFTA）と北部湾経済協力」『九州経済学会年報』47，61-66 頁など。
112　「西部大開発」計画は 1996 年 6 月江沢民によって打ち出された。当初対象にされたのは西南五省区市（重慶市，四川省，貴州省雲南省，チベット自治区）と西北五省区（陝西省，甘粛省，青海省，新疆ウイグル自治区，寧夏回族自治区）だったが，2001 年 10 月に内モンゴル自治区，広西チワン族自治区が追加された。このうち海洋に面しているのは広西のみ。広西が湖北省，湖南省を差し置いて西部大開発に加われたのは，チワン族という最大の少数民族がいたことが大きいと言われる。細川［2011］ほか。

んでいるとしている[113]。

経済面で中国と密接な関係を築く一方，政治面においてはベトナムとの西沙諸島問題および中国，ベトナム，フィリピン，マレーシア，ブルネイが領有権を主張している南沙諸島問題については，中国の強硬姿勢に対するASEANの反発と結束の動きが見られ，伝統的な中国脅威論はベトナムを中心に依然根強いことが示されている。

(2) 中国による対外経済戦略

中国は1997年のアジア通貨・経済危機後も高い経済成長を維持した。ASEAN各国にとって，中国は外資誘致の大きなライバルになったのと同時に，中国と自国との経済関係を強化することの利益が明らかになってきたのが2000年頃であった。それ以降は伝統的な中国脅威論が薄れ，中国の成長が自国にプラスになるとの経済優先論が展開されてきた。一方，1998年発表の中国の「走出去」（海外進出）政策[114]は極めて急速でアグレッシブに進められている。

末廣［2009, 2011］は，中国の対外経済戦略を貿易・援助・投資の「三位一体型」[115]から，対外経済合作を加えた「四位一体体制」と表現を改めている[116]。従来の手法に加えたこの対外経済合作は海外生産，海外企業の買収，提携から，資源開発，インフラ整備への参加を含んでいる。特に中国巨大国営石油企業3社の海外における積極的な事業展開や同じく政府系の投資ファンドの海外企業への投資の拡大に注目しており，2兆ドルを超える「過剰資金」をバックに資源確保という目的に向けて国家投資機関が支え始めている[117]。

小林［2007, 2008, 2009］は，「走出去」は金融，税制，保険などの優遇措置が講じられ，本格化したのは2002年以降としている。業種別にみると鉱業が投資の50%近くを占め，対外投資の主目的は鉱物資源開発にあることは明らかである，としている[118]。また中国の外資誘致も選択的になってきており，

113　池部亮［2013］『東アジアの国際分業と「華越経済圏」』新評論。
114　2006年3月全人代「第11次5カ年規画」において，「走出去戦略」の実施計画綱要が明記された。
115　末廣昭［2009］, 42頁。
116　末廣昭［2011］, 55頁。
117　同上, 64-71頁。

2004年以降その傾向は顕著になる。2006年11月の「外資利用第11次5カ年規画」は外資導入のマイナス面への批判に対する中国の姿勢が出ているとする[119]。内容的には外資が85％を占める加工貿易の制限や輸出増値税還付の調整，法人所得税の減免の縮小などの，外資に対する優遇措置の削減である[120]。

「北部湾開発」は2006年7月南寧における第1回汎北部湾経済協力フォーラム以来，毎年開催され関係国の間で協議されている。2010年8月の第5回フォーラムにおいては「ACFTAと汎北部湾経済協力」のテーマで南寧（および昆明）ーシンガポール経済回廊の建設，すなわち道路とSKRL同様の鉄道計画の東回りルートが話し合われた[121]。細川［2011］は，GMSがインドシナ半島のインフラを中心とした「陸の協力」であるとすれば，汎北部湾経済協力はフィリピン，インドネシアの島嶼部を巻き込んだASEAN10+1とも言える「海の協力」である，としている[122]。GMSプログラムとの比較においては，日本は北部湾開発には全くと言って良いほど関与しておらず中国に比して不利な立場にある。中国は積極的にメコン地域，ASEANへのアプローチをしており，同地域における重層的な協力枠組みで個々の推進が手薄になった各プロジェクトに対して，中国は資金援助をテコに強力な関与を始めている。

商業ベースの取り組みとしても，2004年11月第1回中国ーASEAN博覧会が南寧で開催され，その後規模を拡大しながら毎年開かれている。また昆明における中国昆明輸出入商品交易会なども併せて，中国の存在をメコン地域，ASEANにアピールするのに十分利用されている。

(3) 中国ーASEAN自由貿易地域（ACFTA）の締結とその背景

中国はFTAに関しても非常に速い動きをおこなった。ACFTAは中国からASEANに提案され2002年包括的経済協力枠組協定が調印，2004年には物品貿易協定の調印，ASEAN中国自由貿易圏形成という目標が設定され，2005年

118　小林熙直［2007］，37-38頁。
119　小林熙直［2009］，165-167頁。
120　小林熙直［2008］，12-16頁。
121　細川大輔［2011］，91頁。東回りルートとは，マレー半島からバンコク，カンボジア，ベトナム経由，昆明，南寧に達するルートを言う。
122　同上，80-84頁。

から関税引き下げ開始，2007年サービス貿易協定発効，2010年1月投資協定が発効し，FTAが正式に実現した。ASEANとのFTA交渉が急速に進展したのは中国側の譲歩によるものが大きく，アーリーハーベスト措置などで当初警戒心をもっていたASEAN側を引きつけることに成功したと言える。

アーリーハーベストとは，一部品目の関税撤廃をFTAの全体スケジュールに先行し実施する措置である。ACFTAに先立ち2004年1月よりアーリーハーベスト措置（EHP）が実施され[123]，対象品目である農水産品（HS01-08類）の関税が中国とASEAN6に関しては2006年はじめより撤廃された。このEH品目輸出入のうち，野菜類（HS07類），果実類（HS08類），水産品（HS03類）の割合が高く，この3品目でEH品目の中国からASEANへの輸出の92％，同輸入の98％を占めている。中国商務部資料（2005）によれば，EHPが実施された2004年EHP対象品について中国の対ASEAN輸出は8.2億ドル（前年比31.2％増），輸入は11.5億ドル（前年比46.6％増）といずれも急増している。これらの品目の中国のMFN税率は10－20％であり，ASEAN諸国に対してEHPに基づいて関税を引き下げたことが輸入急増の原因と考えることができる。但し，EHP品目の貿易は中国の対ASEAN輸出の1.8％，対ASEAN輸入の1.3％と小さく，全体に与える影響は大きなものではなかった。しかしEHPの設定が，ACFTA締結の呼び水となったことは確かである。

トラン・松本編［2005］は，ACFTAの中国とASEAN双方の政治経済学的背景，狙いについて次のように述べている。中国がACFTAを進めた理由としては，①将来の東アジアの経済統合に対する主導権を確保すること，すなわち日本，韓国に先行すること，②ASEANにおける中国脅威論を和らげること，③中国西南部開発の促進，がある。一方，ASEANにとってのACFTAとは，①シンガポールなどによる域外有力国との二国間FTAでASEAN内部が揺れていたこと，②中国経済の躍進に乗り遅れないためのもの，③ASEANによる日本への（FTA締結などの）催促，などがあるとしている。

末廣・宮島編［2009］は，ACFTA締結の経緯に触れ，2001年11月に中国とASEANが10年以内のFTA設置に合意したことに日本は衝撃を受けたとし

---

123 フィリピンのみ遅れて参加した。石川幸一［2009d］，11頁。

ている。中国が FTA 締結を推進する意図としては，①貿易・投資促進による経済的利益の享受，②東アジアでの FTA における主導権の確保，③ ASEAN における中国脅威論の解消，④包括的な協力関係の構築，⑤台湾の南向政策に対する牽制，をあげている。

石川［2009d］は，ACFTA の多角的側面からの検討に加えて，中国－ASEAN の包括的な関係への進行を示している。2005 年の中国 ASEAN 首脳会議以降，両者の優先協力分野が増やされ農業，情報技術，双方向の投資，人的資源開発，メコン川流域開発，エネルギー，輸送，文化，公衆衛生，観光の 10 分野に拡大されたことをあげている。中国と ASEAN の協力は，安全保障，経済，社会文化の 3 分野で，中国が ASEAN 側の意向，要望に積極的に応えており，中国の ASEAN 外交の成功である，としている。

また Severino ［2006］は，「ASEAN －中国自由貿易圏」構想の経済的利益が大方の関心を引き付けたが，政治的な要因が大きかったという。ASEAN の日米との関係はどうあれ，ASEAN －中国の地政学的関係の重要性は避けられないことを強調している。台湾海峡や南シナ海における微妙で複雑な紛争に見られるように，ASEAN の連帯は最終的には ASEAN －中国の安全保障関係に依存している，としている。また同時に，ASEAN10 カ国により中国が WTO の規定による「市場経済国」としての認定をされたということが，中国にとって大きなメリットになっているという[124]。

この ACFTA に対する中国の複数の意図のうち政治的側面が強かったことは，朱鎔基首相が「花銭買安全」，つまり「ASEAN 側に利益を譲って中国は安全を確保する」と発言したことにも表れている。しかしこの「安全」についての解釈は，中国の「安全保障」に関することを示しているのと同時に，中国の持続的な経済発展を担保するということにも解釈できる[125]。

ASEAN との交渉において中国は AFTA をベースにして ACFTA の交渉をおこなった。日本は先進国として GATT24 条に制約されるのに対して，中国と

---

[124] R. C. Severino ［2006］, pp. 284-286. 中国は WTO 全加盟国から 2016 年までに市場経済国として認定される必要があり，非市場経済国とされている間はアンチ・ダンピング調査の際不利な扱いを受ける可能性がある。

[125] 「FTA は経済国際化の環境作り」『人民中国』2004 年 11 月 5 日。

ASEANは高度なFTAを目指していると言いながらも，最終的にはACFTAはWTOに対してはGATT授権条項（enabling clause）[126]に基づくFTAと通報されている。ACFTAの実効性には問題視される面も多いとされてきたが，ASEANの2010年輸出入総額シェアで対日本が11.0％，対EUが10.3％，対米国が9.2％，これに対して対中国が12.1％となっている（域内貿易は24.6％）[127]。これはACFTA締結の効果だけではなく，ASEANと中国の経済的結びつきが想像以上に速く伸びていることを示している。

---

[126] FTAは域外に対しては貿易障壁を残すので，WTO加盟国が他の加盟国の同種の産品に最恵国待遇を供与することを定めているGATT第1条1項（一般最恵国待遇）に違反するが，WTOは最恵国待遇原則の例外的規定としてGATT第24条（地域統合）でFTAを一定の要件の下で認めている。東京ラウンド多角的貿易交渉において，開発途上国優遇のための締結国団が採択され，一般に授権条項として知られる。よってAFTAのような途上国間のFTAについては授権条項が適用され，GATT第24条が適用されることはないが，先進国と途上国との間では授権条項の適用は認められず，途上国もGATT第24条の義務を果たさなければならない。

[127] ASEANセンター［2013］『ASEAN情報マップ』（原資料）IMF World Economic Outlook Database.

第3章
貿易面からみた ASEAN と GMS のダイナミズム

　第3章では，ASEAN 各国の貿易について分析をおこなう。第2章において検討した AFTA の実効化と ASEAN 経済共同体（AEC）に向けての動きは，多国籍企業による国際生産ネットワークの形成を促進し，各国の貿易・投資に具現化している。ここでは貿易統計を用い，かつ時系列的な分析をおこなうことで，各国の輸出品目の国際競争力さらには経済発展段階について分析を試みる。

1. ASEAN における貿易に関する分析
　　　―比較優位指数による国際競争力

(1) ASEAN 各国における比較優位指数分析
　ASEAN による「集団的外資依存輸出指向型工業化戦略」の結果，ASEAN 各国には電機電子，機械，自動車などの製造業を中心に外国投資による裾野産業を含めた産業集積ができ，輸出主導の経済成長がもたらされた。これは質の面で差別化された，すなわち価格の大きな乖離をともなった垂直的な産業内貿易（Vertical Intra-industry Trade）が急速に重要度を増したということでもある[128]。その主たるアクターは大企業を中心とした多国籍企業である。その中でも 1985 年のプラザ合意以降の円高を契機として，ASEAN 地域に進出した日系企業のプレゼンスは依然大きく，各国の輸出増加に貢献をしてきている。
　日系を中心とした多国籍企業あるいはグローバル企業が主導してきた輸出が

128　石戸光・伊藤恵子・深尾京司・吉池喜政［2003］, 18 頁。

各国の産業構造の変化に大きな影響を与えていることについて，バラッサによる顕示比較優位指数（RCA：Revealed Comparative Advantage Index）の手法によって，工業製品を中心とした6品目を例として算出をおこなう。バラッサの顕示比較優位指数は次のように定義される。

RCA 指数 $= (X_i^k / X_i) / (X_w^k / X_w) \times 100$

ここで (X_i^k / X_i) は，i 国の総輸出に占める k 財の割合，(X_w^k / X_w) は，総世界輸出に占める k 財の割合を示す。この指数が 100 より大きいほど，その国のその財は世界における貿易の中で輸出比率が大きく，比較優位のある財であるということがいえる。但し，RCA 指数は現在でも国際経済学で広く使われている代表的な比較優位指標の一つではあるが，実用上ではいくつかの問題を抱えていることも考えられるため，同指数への過度の信頼とその解釈については注意を要する[129]。

図表 3-1 主な ASEAN 各国の産業別顕示比較優位（RCA）指数―2005 年，2012 年

	一般機械		電気機器		IT 機器		自動車		自動車部品		繊維類	
	2005	2012	2005	2012	2005	2012	2005	2012	2005	2012	2005	2012
シンガポール	143	119	268	235	297	255	53	7	26	31	23	12
タイ	124	139	137	103	150	134	79	159	83	128	127	77
マレーシア	137	95	244	212	281	241	2	3	11	18	38	35
フィリピン	140	n.a.	350	n.a.	372	n.a.	8	n.a.	135	n.a.	122	n.a.
インドネシア	37	27	58	46	57	37	6	29	46	38	199	159
ベトナム	24	44	38	159	20	185	0	1	0	20	332	317
（参考）日本	145	170	147	129	137	123	260	319	193	247	27	29
中国	141	157	162	194	198	220	5	14	36	53	282	290

（注）RCA 指数は数値が 100 を超えるものに一般的には比較優位があるとみなされる。
　　シンガポールについては再輸出分を除いてある。
　　フィリピンについては政府統計分類の変更（2006 年より HS98 委託加工が追加）により算出が不能となった。
（出所）ITI 財別国際貿易マトリックス（2006 年版），UNCOMTRADE より作成。

---

[129] RCA 指数が「非対称」であること，あるいは資源輸出国において，資源輸出価格の大きな変動などが発生した場合，財別 RCA 指数は不自然な影響を受ける，などの問題がある。

近年の工業化が広がりつつある ASEAN 域内においては，図表 3-1 のように一般機械についてはシンガポール，タイ，電気機器についてはシンガポール，タイ，マレーシア，ベトナム，IT 機器についてはシンガポール，タイ，マレーシア，ベトナムに比較優位があることがわかる。中でも特にベトナムの電気機器，IT 機器の伸びが著しい。自動車は生産国が限られ，かつ AFTA における高度センシティブ品目であり貿易が限られているが，自動車部品と共にタイの比較優位が大幅に高まっている。繊維・繊維製品についてはインドネシア，ベトナムが比較優位をもっているが，この分野においてタイは急速に競争力を失ってきている。

このように，一般的に見られる RCA の静的な分析によって，輸出競争力を概要として理解することは可能である。しかし，各国の経済発展と産業構造の変化と並行して比較優位の推移を分析することが難しいため，本書ではさらに長期の時系列，輸出額の要素を加えて検討をおこなうことにする。

(2) ASEAN 各国における比較優位分析―時系列的，輸出額との観点から

各国における品目別の RCA 指数，輸出額を時系列的に表したグラフを作成すると以下のようになる。分析は長期の貿易統計が整備されている国が望ましいため，国別分析はデータの整っているタイ，ベトナム，インドネシア，マレーシアの 4 カ国についておこなう。輸出額を X 軸に示すことにより RCA 指数に加えて，当該品目の時系列的な成長，衰退の傾向を同時に表し，視覚的に捉えることができるメリットがある。

(2.1) 産業別比較優位の時系列的変化：タイにおける事例

図表 3-2 は 2000 年以降のタイにおける産業別の RCA 指数―輸出額の推移を示している。タイは外資系製造業による FDI を活用した輸出指向の工業化に成功しており，かつ「チャイナ・プラスワン」の投資先として ASEAN 内で FDI が集中し産業集積を形成した中心国と言える。タイの輸出依存度（輸出額／GDP）は 62.7％（2012 年）となっている。工業製品の輸出額をいずれも伸ばしており，自動車，一般機械は比較優位が上昇傾向にある。IT 機器については，2012 年 406 億ドルと総輸出額の 17.8％を占めている。

このうち一般機械（HS84）には，本来家電に分類されるエアコン（HS8415），

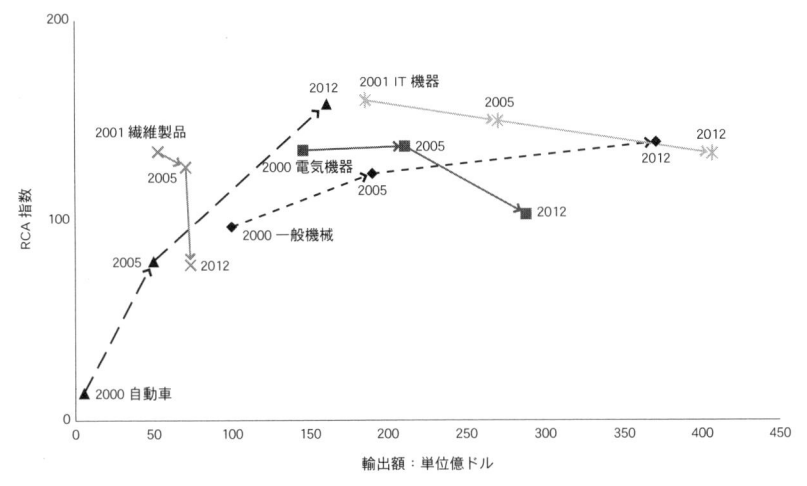

1. ASEAN における貿易に関する分析―比較優位指数による国際競争力　73

図表 3-2　タイにおける産業別 RCA 指数―輸出額の時系列的変化

[図：横軸 輸出額:単位億ドル（0〜450）、縦軸 RCA指数（0〜200）。プロット点：2001 IT機器、2005、2012／2001繊維製品、2005、2012／2000電気機器、2005、2012／2000一般機械、2005、2012／2000自動車、2005、2012]

（出所）ITI 財別国際貿易マトリックス（2001 年版〜 2009 年版），UNCOMTRADE より作成。

　冷蔵庫（HS8418），洗濯機（HS8450）あるいは情報・IT 機器に近いインクジェットプリンター（HS8443），コピー機（HS8469 など）を含んでいる。また輸出量の多い IT 機器については，ハードディスクを含むコンピュータ周辺機器（HS8471），ビデオ，DVD（HS8521 など），部品であるコンピュータ周辺機器（HS8473），半導体（HS8540-42）などと幅広い。これらの製品は地場メーカーに加えて，他国からの移転生産も含めてタイに集積した外資系家電・電機メーカーや情報機器メーカーが，第三国への輸出を増やしながら生産を急速に拡大したことが推測できる。但し，電気機器，IT 機器の RCA 指数は漸減傾向にあり，中国，ベトナムなどにおける拡大がタイを上回っていることを示唆している。

　またタイでは外資系自動車完成品および自動車部品メーカーによる，一大産業集積が形成されている。2012 年の自動車総生産台数は 2011 年のタイ大洪水後の減産から大きく回復し，245 万台に達しており，うち完成車輸出は初めて 100 万台を超え，タイ国内販売は 143 万台に達した[130]。タイは ASEAN で最大

130　タイ国内販売の増加は，インラック政権による景気刺激策としての自動車物品税緩和が潜在需要を掘り起こした。2000CC 以下の車種で通常 30％の物品税が，エコカーで 17％，1 トンピック↗

の自動車生産国となり，世界でも第10位（2012年）の生産台数になった。輸出先に関しては，オーストラリア向けが1位になっている。タイ・オーストラリアFTA発効前に比較すると乗用車，商用車（ピックアップトラックなど）のタイからの輸入は急増しており[131]，関税削減・撤廃などによりタイは貿易創出効果を享受している。また同時に日本からの輸入が減少していることから，このFTAは日本からタイへの貿易転換効果をもたらしていると言える。ちなみにタイにおける自動車完成車メーカーによる生産台数は日系企業（フォード・マツダを含む）によるものが90％以上を占めている。このことからも日本企業がASEANにおけるFTAの最大の受益者であると言える。

一方，タイにおける繊維製品については，工業製品の伸びと共に比較優位を失いつつある。輸出額は2012年の輸出額は73億ドルであり，RCA指数は急速に下がっているが輸出額は横ばいが続いている。

(2.2) 産業別比較優位の時系列的変化：ベトナムにおける事例

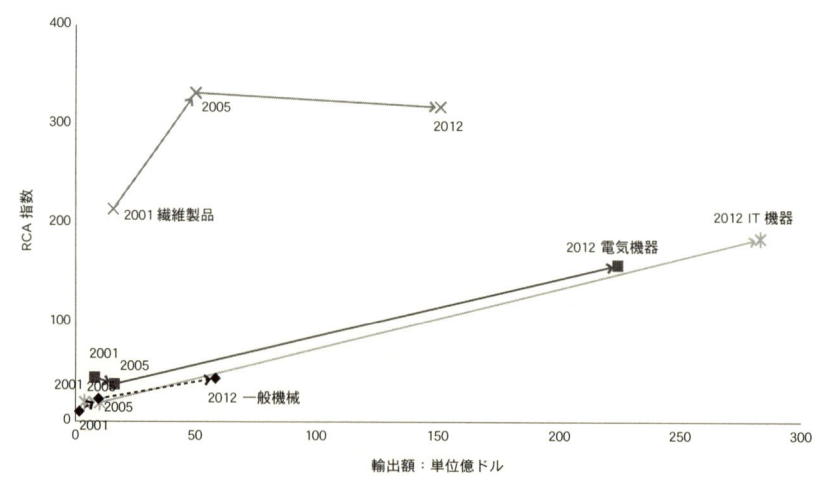

図表3-3　ベトナムにおける産業別RCA指数―輸出額の時系列的変化

(出所) ITI財別国際貿易マトリックス（2001年版～2009年版），UNCOMTRADEより作成。

――――――――――――――――
＼アップで3％に下げられた。
131　2004年における豪州のタイからの輸入比率は，乗用車1.1％，商用車25.3％であったものが，2009年には乗用車5.5％，商用車50.4％となった。椎野幸平・水野亮［2010］，90頁。

ベトナムは「チャイナ・プラスワン」,「タイ・プラスワン」の受け入れ国として注目を集めベトナムへの外国直接投資も急増している。輸出依存度は2005年の61.3％から2012年は80.9％に大幅上昇しており,輸出主導の経済体質が加速している。輸出額で目立つのは,電気機器とIT機器で2012年実績がそれぞれ224億ドル,283億ドルで近年驚異的とも言える伸びが見られる（注：分類上,電気機器とIT機器は重複して計上される）。これは2010年から生産が始まった,韓国サムスン電子による携帯電話・スマートフォンが大きく寄与しており,同品目の輸出額（2012年）は215億ドルに達し,繊維製品を抜いてベトナムの最大輸出品目となった[132]。これは朽木［2007］における「アンカー企業」効果が鮮明に出た例であろう。

一方,繊維製品（主に縫製品）は2012年の輸出額は151億ドルである。RCA指数は317で横ばいもしくは漸減傾向にあるが,他の工業製品より依然大きな比較優位をもっている。繊維製品の輸出先は米国向けが約2分の1を占め,続いてEU,日本となっている[133]。また縫製品の中国向け輸出も以前に比べ急速に増えつつある。これはACFTAによる関税撤廃と,中国の人件費上昇で縫製業がベトナムへシフトしていることが理由とされる。

ベトナム当局は外国投資に関して,今後ハイテク産業,「クリーンな」工業を誘致する方向とのことである[134]。しかし,サムスン電子による特定製品の輸出を除けば,貿易構造としては繊維,縫製品などの軽工業品に依存しているのが実態である。今後電機電子を中心とした外資系製造業をさらに誘致し産業を高度化するには,タイにおけるような裾野産業の厚みを増すことができるかどうかが,ベトナムが「中所得国の罠」に陥らないための重要な課題となってくるであろう。

(2.3) 産業別比較優位の時系列的変化：インドネシアにおける事例

図表3-4が示すように,インドネシアにおいては対象品目全般にRCA指数は低下の方向にあるが,これはインドネシアの主要輸出品目である石炭,パー

---

[132] 日本経済新聞（2013年12月24日付）による。
[133] 2009年度より,日本向けはJVEPA（日本ーベトナムEPA）の発効により大幅に伸びている。
[134] 日本アセアンセンター主催メコン地域投資セミナー（2009年12月21日）におけるディン・ラム・タン計画投資省国内経済局副局長の発言などより。

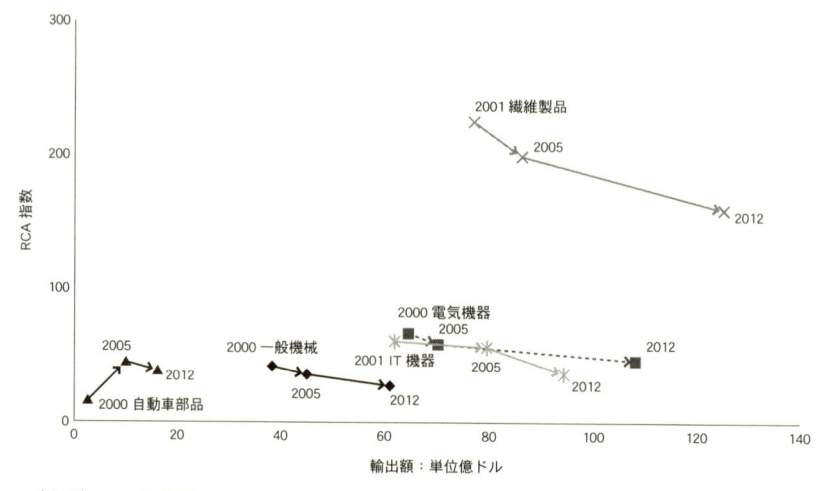

図表 3-4　インドネシアにおける産業別 RCA 指数―輸出額の時系列的変化

(出所) ITI 財別国際貿易マトリックス (2001 年版～2009 年版), UNCOMTRADE より作成。

ム油, 原油・ガスなどの資源が総輸出に占める割合が約 45％ (2012 年) と大きく, かつ世界的な資源, 素材価格高騰があり, これらの品目の輸出に占める構成比も上昇していることが影響している[135]。一方, 工業製品の輸出額は, 電気機器と IT 機器が 2012 年実績でそれぞれ 108 億ドル, 97 億ドルとなり, 他の ASEAN 諸国に比べて伸び悩んでいる。これは ASEAN 域内の企業生産拠点の集約化などにより, 輸出型外資企業が AFTA の進展などの理由からインドネシアにおける工業品生産に消極的であったことを示唆している[136]。また繊維製品は工業製品に比べると比較優位があり, 2012 年で 125 億ドルとベトナムの繊維製品輸出額に近い水準にある。貿易相手国としては, 輸出は日本が最大の相手国であるが, 輸入はシンガポールを抜き中国が最大の輸入先となった。中国からの輸入が拡大した理由としては, 2010 年 1 月に発効した ACFTA の影響

---

[135] 2012 年の動植物性油脂, 鉱物性燃料, 原油・ガス輸出合計は 847 億ドル, 総輸出に占める構成比は 44.6％である。2005 年は, 同 287 億ドル, 構成比は 33.5％であった。(ジェトロ統計資料より)
[136] しかしながら, 国際協力銀行「わが国製造業企業の海外事業展開に関する調査報告」2013 年において, 中期的有望事業展開先国・地域でインドネシアが初めて首位になるなど, 日系企業の潜在的な有望投資先となっている。実際 2013 年においては, 世界からの対インドネシア直接投資が約 2 兆円と大幅に増加している。

が大きい。

インドネシアの輸出依存度は資源価格の高騰にもかかわらず，2005年の30.0％から2012年には21.6％に低下しており，輸出指向型の他のASEAN諸国に比べて外需への依存度が大幅に低い。これは2000年代以降のASEANにおける外資主導の工業化と輸出拡大という，典型的な経済成長シナリオの流れからインドネシアは乖離しつつあり，より内需に依存した経済に転換していることを意味する。しかし内需に依存した結果，輸入も大幅に拡大し2012年には242億ドルの経常赤字を計上するに至っている。これは資源輸出に大きく依存していたインドネシアにとっては盲点であり，今後外資企業誘致を含めた輸出拡大策を並行して導入してゆかないと，アジア通貨危機時のような為替の不安定を再度招く可能性もある。

(2.4) 産業別比較優位の時系列的変化：マレーシアにおける事例

マレーシアにおいては，パーム油，液化天然ガス，原油など天然資源の輸出比率が20％以上あり，これらの価格高騰の影響からインドネシア同様，工業製品のRCA指数が低下する影響があると考えられる[137]。しかし輸出主導の工

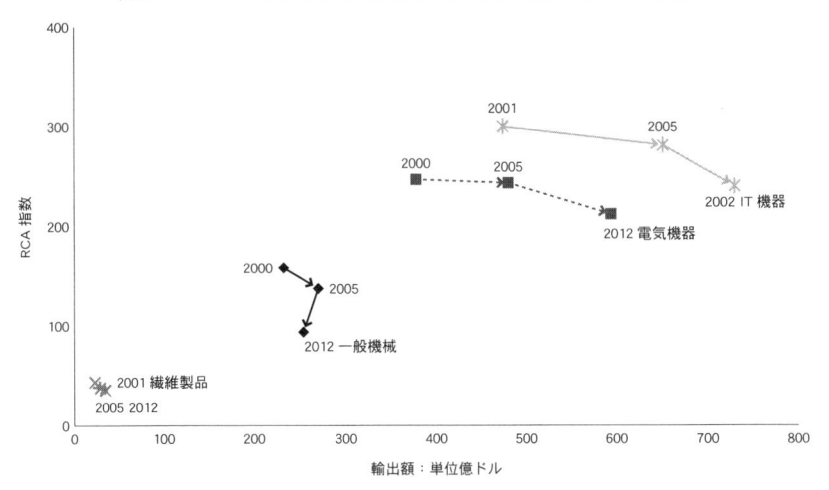

図表3-5 マレーシアにおける産業別RCA指数―輸出額の時系列的変化

(出所) ITI財別国際貿易マトリックス（2001年版〜2009年版），UNCOMTRADEより作成。

---

137 2012年の，パーム油，液化天然ガス，原油の3品目が総輸出に占める構成比は22.9％％であ↗

業化が他のASEAN諸国に比べて早い時期から進んだ結果，工業製品の比較優位も高い。マレーシアの輸出依存度は，1990年66.8％，2000年104.7％と大幅に高まり，輸出が経済成長を押し上げる大きな要因になったと考えられる[138]。しかし2008年には94.7％，2012年には74.9％まで低下し，外需依存から内需依存へとシフトしつつある。工業製品が輸出に占める比率は高く，その中でもIT機器は730億ドルと輸出全体の32％を占めている。これはタイのIT機器輸出額の約1.8倍にあたる。しかしIT機器輸出の世界シェアで見ると2001年の4.4％，2005年の3.9％，2012年の3.1％と，中国の台頭などの理由からマレーシアのシェアには漸減傾向が見られる。

　また，一般機械（HS84）には，冷蔵庫（HS8418），洗濯機（HS8450）などの家電類が含まれるが，これらの品目の比較優位は失われつつあり，輸出額はすでに減少しつつある。一般機械の輸出額はマレーシアが253億ドルで，タイの370億ドル（2012年）に大きく逆転されている。これは2000年代以降の，マレーシアからタイ，中国などへの（主に日系）家電メーカーの生産シフトとも関連があると考えられる。

　マレーシアでは，一般機械，電気機器が2000年前後にすでに強い輸出競争力を持っていたが，半導体（HS8540-42）を含むIT機器がより伸びたのは，欧米系半導体メーカーの進出の影響が大きかった。これによってマレーシアは電機電子系産業をより高度化させたと言える。繊維製品は，輸出に占める工業製品の割合が高いことから目立たないが，輸出額は33億ドル（2012年）あり，輸出額は大きく変化していない。

　補足的な考察として，ASEAN域内の経済発展段階の違いと産業構造の変化，そして多国籍企業を中心とした生産移動の一端を示すため，タイ，マレーシアの例をあげる。しかしその現象は二国間のみで起きているわけではない。また半導体の例では，詳細に見るとタイ，マレーシアの棲み分けが見られるようになり，進出企業との関連が深く，東アジア大における中国などとのフラグメンテーションという単純な図式ではないことを示す。

\る。（ジェトロ統計資料より）
138　ジェトロ統計などから計算。

（補論）

(1) HS84, 85類の4桁分類から見た動向―マレーシア，タイにおける事例

前節では貿易品目の動向を大分類であるHS2桁分類から見ていた。その後，成長著しいIT機器はHS84（一般機械），HS85（電気機器），HS90の一部から抽出した品目を便宜的にIT機器というカテゴリーでまとめた[139]。そのため詳細に検討するためにはHS4桁分類（中分類）以上で品目を見る必要がある。ここではHS84, HS85から主な4桁分類品目を選び，マレーシア，タイの2カ国について時系列に示すことで，前節の貿易動向を補足することを試みる。

図表3-6からマレーシアの白物家電生産のうち冷蔵庫，洗濯機については輸出がもともと少ない上，日系電機メーカーなどによる輸入代替的な生産が主であったが，最近では海外からの製品輸入に転換しつつある。家電製品でもエアコン，電子レンジのような製品については輸出が継続されているが，前述のようにマレーシアのエアコンの輸出額はタイの3分の1程度となっている。これに比べてオーディオ，AV製品の輸出指向は強く，輸出金額も大きい。テレビはブラウン管型から液晶・プラズマ型に技術転換されたことが，CRT部品の輸出入の激減からも裏付けられる。しかし2010年のTVの輸出が急増していることから液晶型TVの生産拠点としてマレーシアが見直されていることがわかる[140]。またマレーシアの電機電子産業の高度化につながった，半導体産業の集積による半導体の生産と輸出は際立ったものがある。特に集積回路（HS8542）がHS84, HS85の4桁品目の輸出額に占める割合が大きくなっている[141]。HDDなどPC周辺機器などは，早い時期から主要な輸出品目になっていたが，2005年以降ではむしろ頭打ち傾向が明らかになっている。

タイの輸出統計からは，白物家電の冷蔵庫，洗濯機，エアコンなどが，すでにマレーシアより大きい産業規模となっていることが見て取れる。これらの製

---

139 「IT機器」のHS分類定義は，ITI財別国際貿易マトリックス，JETRO世界貿易投資報告に沿ったものである。
140 大木博巳［2010］「家電産業（デジタル家電）：事業再構築が進む日本のデジタル家電企業」『世界経済危機後のアジア生産ネットワーク』JETRO海外調査部，90頁。2009年ソニーが液晶TVをマレーシアに集約すること，2010年パナソニックが同じく生産を倍増させる方針であることが報道されている。
141 HS84, HS85品目輸出のうち，HS8542が占める割合は26.8％（2010年）である。UNComtradeより。

章3章　貿易面からみた ASEAN と GMS のダイナミズム

図表 3-6　マレーシア，タイの HS84, HS85 類 4 桁品目貿易動向

(百万ドル)

品目名	HS 分類		マレーシア			タイ		
			2000	2005	2010	2000	2005	2010
冷蔵庫	HS8418	輸出	39	97	144	147	822	1,589
		輸入	48	115	246	72	148	223
洗濯機	HS8450	輸出	11	20	10	119	441	900
		輸入	31	53	109	37	60	115
エアコン	HS8415	輸出	464	773	1,047	1,050	2,169	3,403
		輸入	71	164	191	45	145	242
湯沸器，電子レンジ	HS8516	輸出	184	388	533	366	635	767
		輸入	84	130	156	77	149	237
コードレス機器 FAX	HS8517	輸出	1,570	1,604	1,354	884	1,039	1,619
		輸入	391	509	1,240	380	571	1,050
オーディオ機器	HS8518	輸出	639	613	430	147	602	251
		輸入	261	321	263	112	161	224
ビデオ，DVD	HS8521	輸出	1,178	872	869	226	213	51
		輸入	13	43	41	55	84	134
ビデオカメラ，デジタルカメラ	HS8525	輸出	2,090	3,853	1,486	171	602	1,866
		輸入	620	1,451	1,528	677	1,792	1,606
ラジオ，オーディオ機器	HS8527	輸出	2,702	1,958	1,740	419	734	1,091
		輸入	78	85	71	125	80	93
テレビ（液晶型含む）	HS8528	輸出	2,009	1,861	4,895	1,092	1,658	1,311
		輸入	76	86	130	42	320	506
CRT 部品（ブラウン管など）	HS8540	輸出	1,182	803	413	411	441	80
		輸入	1,548	679	107	1,193	60	94
半導体デバイス	HS8541	輸出	2,507	3,353	7,202	1,008	817	1,086
		輸入	1,964	2,267	3,246	732	826	1,156
集積回路	HS8542	輸出	15,040	19,704	22,859	4,458	5,496	8,218
		輸入	21,001	24,985	28,499	6,441	7,983	10,806
HDD など PC 周辺機器	HS8471	輸出	7,181	14,021	11,407	1,997	8,343	13,026
		輸入	920	2,720	2,851	618	1,855	2,474
コンピュータ周辺機器	HS8473	輸出	13,262	8,729	10,787	6,435	3,137	3,634
		輸入	3,460	6,805	5,311	3,061	3,717	4,051
上記 15 品目合計	①	輸出	50,056	58,648	65,176	18,930	27,152	38,892
		輸入	30,566	40,414	43,989	13,667	17,951	23,011
HS84, HS85 の総合計額	②	輸出	60,710	75,429	85,702	27,296	40,019	62,524
		輸入	48,658	60,612	72,505	25,050	40,423	57,309
①／②		輸出	82.5%	77.8%	76.0%	69.4%	67.8%	62.2%
		輸入	62.8%	66.7%	60.7%	54.6%	44.4%	40.2%

（資料）UNCOMTRADE データベースから筆者作成。

品の輸出指向型の多国籍企業はマレーシアよりタイに経営資源を集中したと言える。一方，AV機器については両国とも大きな輸出額となってきているが，この製品群についてはマレーシアの方が規模も大きく比較優位がある。半導体系品目については，一般的なデバイスはマレーシアに集中し，タイへの展開は限られていることがわかる。しかし集積回路（IC, CPU, MPU）はマレーシア，タイ共に大きな貿易額を占めている。マレーシアの方が輸出入額が大きく，マレーシア，タイ共に入超（2010年）である。

(2) 集積回路（HS8542）の6桁分類から見た動向―マレーシア，タイにおける事例

マレーシア，タイの電機電子製品で特徴的に見られた，貿易量の多い集積回路（HS8542）について，さらに分類を掘り下げ，主な6桁分類の品目について仕向地，輸入元を含めて貿易動向の検討を試みる。これによって特定製品のフラグメンテーションの状況を検討する。尚，データは2009年を使用する。

図表3-7のように集積回路（HS8542）を6桁品目別に見た場合，マレーシア，タイの貿易構造がかなり違うことが見て取れる。2009年のマレーシアはHS8542は出超であり，タイは入超である。演算，制御の機能を持った集積回路（HS854231），つまりPCに使われる中央演算装置（CPU）のようなタイプのICについてはマレーシアは輸出入ともにタイと比較して金額が多く，その相手国はいずれも中国である。つまりこのようなタイプの集積回路についてはマレーシアは中国との水平分業が成立していると考えられる。また注目すべきは，マレーシアのHS854231の輸入元の2番目にアメリカがあることから，このような高機能なICを使った機械装置，PCなどへの組み込み需要が高いことが分かる。しかしタイについてはHS854231の生産額はマレーシアほど多くなく，中国との水平分業はおこなわれていない。むしろ日本からの輸入がトップということは，主に日系企業の生産する機械装置へのコア部品として使われる需要が高いと言える。

集積回路構成部品（HS854290）については，両国とも輸出より輸入が圧倒的に大きい。マレーシアの輸入先はアメリカがトップであり，米系の半導体メーカーが自国からダイスなどの主要構成部品を持ち込み，マレーシアで最終財まで加工していることが見て取れる。これに対してタイにおいては日本から

82 章 3 章 貿易面からみた ASEAN と GMS のダイナミズム

図表 3-7 マレーシア, タイの集積回路 6 桁品目貿易動向 (2009 年)

(百万ドル)

品目名	HS 分類			マレーシア			タイ		
				相手国	金額	比率	相手国	金額	比率
集積回路 演算, 制御用 IC	HS854231	輸出	総額		12,040	56.7%	総額	2,674	41.5%
			1	中国	4,454		香港	502	
			2	シンガポール	2,290		シンガポール	466	
			3	香港	2,129		日本	404	
		輸入	総額		7,506	37.7%	総額	2,391	29.5%
			1	中国	1,590		日本	422	
			2	アメリカ	1,317		マレーシア	252	
			3	シンガポール	1,062		韓国	188	
集積回路 演算, 制御機能 なし IC	HS854239	輸出	総額		4,992	23.5%	総額	2,258	35.0%
			1	中国	2,215		香港	398	
			2	香港	1,275		日本	373	
			3	シンガポール	455		シンガポール	285	
		輸入	総額		2,269	11.4%	総額	2,103	26.0%
			1	韓国	463		タイ	427	
			2	シンガポール	437		日本	356	
			3	アメリカ	231		シンガポール	342	
集積回路 構成部品類	HS854290	輸出	総額		2,150	10.1%	総額	477	7.4%
			1	シンガポール	542		マレーシア	111	
			2	中国	263		中国	58	
			3	アメリカ	261		香港	57	
		輸入	総額		9,164	46.0%	総額	3,506	43.2%
			1	アメリカ	3,269		日本	1,603	
			2	日本	1,339		アメリカ	775	
			3	ドイツ	1,248		シンガポール	176	
集積回路 総額	HS8542	輸出	総額		21,219	100%	総額	6,445	100%
			1	シンガポール	1,561		香港	1,249	
			2	中国	855		日本	889	
			3	香港	761		中国	844	
		輸入	総額		19,932	100%	総額	8,104	100%
			1	アメリカ	5,501		日本	2,401	
			2	ドイツ	2,009		アメリカ	995	
			3	日本	1,992		シンガポール	681	

(注) 比率は当該国の輸出総額, 輸入総額それぞれに対する割合。3 品目の合計は集積回路総額には
ならない。
(資料) UNCOMTRADE データベースから筆者作成。

の輸入がトップであり，日系半導体メーカーの日本からの中間財的部品調達である。総じて集積回路について，マレーシアについては欧米系企業のプレゼンスが大きく，タイにおいては日系進出企業の影響が大きいことが比較検討から分かる。

類似した経済発展段階を辿っているタイとマレーシアであるが，このような分析，比較から分かることは，電機電子産業における産業高度化でも2カ国で差異があることがわかる。同時に，国籍の違う外資系多国籍企業による国際分業構造も，HS分類が2桁であれば産業内貿易であると考えられるものが，6桁のように分類を詳細にすることによりフラグメンテーションとしての性格が明らかになる[142]。

2. ASEANにおける貿易に関する分析 ―貿易特化指数と経済発展段階

(1) 貿易特化指数から見たASEAN工業化の発展段階

貿易に関する基本的な分析では，比較優位分析のほかにもいくつかの手法が開発されており，貿易特化指数（係数）（Trade Specialization Index）により各国経済における工業化の発展段階を比較検討することが可能である。

Vernon [1966] は，多国籍企業研究によるプロダクト・サイクル論の提唱者として知られ，製品のライフ・サイクルによって結果的に生産立地が途上国に移転されることを説明した[143]。製品の開発から普及までの段階を，①製品導入の段階（New Product），②成熟段階（Maturing Product），③標準化段階（Standardized Product）の3つに分け，それぞれの段階において市場，生産資源，生産地がどのように決定されるかを示している。特に標準化段階では生産拠点が発展途上国へ移転されるが，それによって製品価格が下がるかどうかによっ

---

142 小黒啓一 [2010]「東アジア諸国の開発戦略の転換～要因と展望～」『東南アジアのグローバル化とリージョナル化』亜細亜大学アジア研究所，25-26頁。
143 Raymond Vernon [1966], "International Investment and International Trade in the Product Cycle," *The Quarterly of Economics*, pp. 190-207.

て移転するかどうかが決まるとしている[144]。

　日本においては，赤松要は早くから輸入代替から輸出への段階的な移行を産業発展の雁行形態として提唱し[145]，この説は小島清による雁行型経済発展論に継承された[146]。

　小島［1998，2003］は，東アジアは主として輸出主導の経済発展をしてきたが，その経済発展は雁行形態的であるとしている。各国は，①輸入→輸入代替→輸出成長→後発国から逆輸入というライフ・サイクルをおこないながら，②労働集約型→資本集約型→知識技術集約型へと産業構造を高度化させ，③この過程が海外直接投資を媒介にして日本→NIEs→ASEAN→中国へと広がることで，域内には比較優位に基づいた重層的かつ相互補完的な生産・貿易構造が成立する，としている[147]。

　このような先行研究があり，現在でも強い妥当性を持ちながらも，近年の中国のように先端の資本集約的産業が大規模に投資，移転される例については既存の説では説明が困難でもある。これが東アジアにおける雁行型経済発展論の終わりを意味するかは，議論が現時点では集約されていない。ここではASEAN各国における標準的な工業化発展段階を示すことを目的とする。1980年以降の各国における工業製品の競争力向上を，①輸入，②輸入代替，③輸入＝輸出，④輸出といったプロセスを貿易特化指数と貿易量から時系列的に分析し，主要各国の工業発展段階の推移を示すことを試みる[148]。一方で，Baldwin［2011］は，「第2のアンバンドリング」(the 2nd unbundling) によって，近年

144　Ibid., p. 202. その結果，発展途上国からは労働集約的製品が輸出される傾向となるとしている。
145　1935年に「我国羊毛工業品の貿易趨勢」『商業経済論叢』を発表し，初めて雁行形態発展論を提唱した。
146　小島清はVernonを始めとした，企業が寡占化・独占化することを当然と見なす従来の多国籍企業論には国際間の摩擦を生み出すものとして断固として反対していた。伊田昌弘［2011］「小島理論vsレディング学派」『世界経済評論』2011年5/6月号など。
147　小島清［1998］「東アジア経済の再出発：直接投資主導型発展戦略の評価」『世界経済評論』1998年1月号。
148　長期にわたる各国の財別貿易統計については，SITC，HSの各バージョンが混在し，極めて複雑になるため，SITC（Rev.3）をベースに統一作成された経済産業研究所のRIETI-TIDを使用する。http://www.rieti-tid.com/trade.php　貿易データベース分類表，08一般機械，09電気機械，10家庭用電気機械，11輸送機械，12精密機械，の5品目を工業品とする。http://www.meti.go.jp/report/tsuhaku2010/2010honbun/pdf/i5100000.pdf

の例では輸入代替ステージは経済発展段階から消えたことなどを主張している。

一般に貿易特化指数は概念的に示されているが，この手法を使って東アジア諸国のキャッチアップ過程を具体的に示したものとしては平塚［2006, 2010］がある。平塚は消費財，中間財，資本財を国連 BEC 分類に従い，日本，中国，台湾の超長期の時系列分析をおこなっている。しかしながら，ASEAN 各国については Comtrade 統計を使用しているため 1995 年以降のデータに限られ，各国の工業化に関しては 10 年間の短期的な動きのみを示すにとどまっている[149]。また輸出入額の時系列的明示がされないため，成長産業と衰退産業を同列に扱うことになり，経済発展段階を一覧的に示すには貿易特化指数の推移のみでは困難である。下記の分析においては貿易量を X 軸に示すことでその改善をはかっている。

貿易特化指数は以下のように定義される。

貿易特化指数 $= (X_i - M_i) / (X_i + M_i)$

X_i は i 財の輸出であり，M_i は i 財の輸入である。貿易特化指数は−1 から 1 の間となる。ここにおいては，ASEAN で比較的工業化が早く始まったマレーシア，タイ，インドネシア，および現在開発投資が進んでいるベトナムについて，貿易特化指数と輸出額の 1980 年以降の長期の時系列的な推移という点から検討をおこなう。

(1.1) 貿易特化指数―貿易量の時系列的変化：マレーシアにおける事例

マレーシアでは，1980 年には一次産品（ゴム，錫，材木，パーム油，原油）が輸出に占める割合は 6 割を超えていた。しかし 1985 年のコモディティ価格の下落[150]と経済成長率のマイナスの経験から，投資関連法制度改正などにより急速に輸出工業化に向かったという経緯がある。

図表 3-8 はマレーシアにおける品目別の貿易特化指数と貿易額の推移を示している。工業品目のうち，一般機械については 1980 年頃輸入代替が開始され，1995 年前後に輸出＝輸入の段階となり，その後輸出＞輸入という段階に進み，

149　平塚大祐［2010］「東アジアにおける産業キャッチアップ過程」平塚大祐編『東アジアの経済統合―理論と実際』アジア経済研究所，103-130 頁。
150　パーム油価格は，1984 年に 700 ドル台/Ton から 1986 年の 200 ドル台まで低下した。

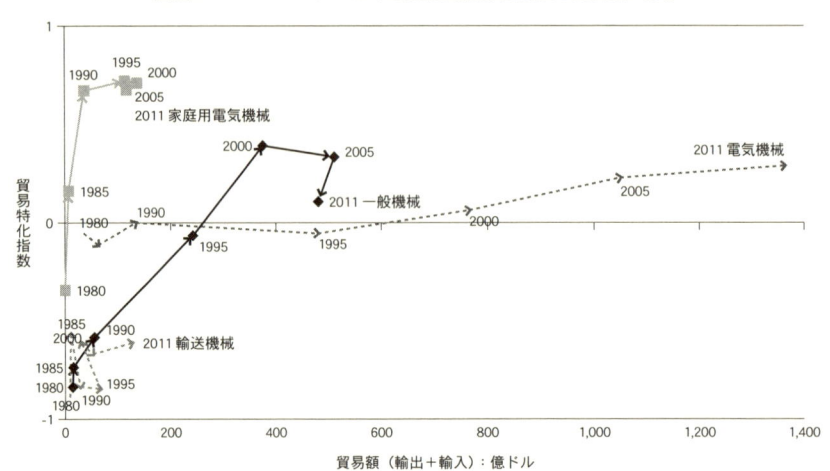

図表 3-8　マレーシアにおける財別貿易特化指数と貿易額の推移

（資料）RIETI-TID2012 より作成，原資料は UNCOMTRADE，SITC（Rev.3）。

さらに貿易特化指数が 0 に近づくという典型的な発展段階をたどっている。

しかし対照的に電気機械は，1980 年よりかなり以前に輸入代替が開始されており，かつ貿易額の伸びも非常に大きいにもかかわらず，輸入＝輸出の状態が長期に渡り続いている。この原因について輸入の生産段階（Production Stage）別の品目の内訳を分析すると[151]，1995 年において電気機械の輸入額に占める資本財比率は 15.3％，構成部品類比率が 82.3％である。同様に一般機械の資本財比率は 61.8％，構成部品類比率は 37.7％となっており，両品目の構成は明らかに異なる。すなわち電気機器は輸入部品（材料）の比率が非常に高く，出荷額に対して国内付加価値が低い状態と言える。

一方，一般機械については資本財の輸入が先行している状態で，この輸入額が大きいことが原因で入超となっているが輸入部品比率は低い。その後，電気機器の 2005 年の輸入に占める輸入構成部品類比率は 83.1％と低下していないが，輸出額が 10 年間で約 2.8 倍に伸びたことから，輸出においての付加価値額が輸入額を超え出超になったと考えられる。また一般機械の 2000 年の輸入

151　国連 BEC Code の Sub-category に相当し，①素材，②中間財（加工品）③中間財（部品）④最終財（資本財），⑤最終財（消費財）の 5 分類がある。データベースは RIETI-TID を使用した。

された資本財比率は46.1％と大きく減少し，これによって輸入の圧力が少なくなり出超に転じたと解釈できる。2011年時点で，一般機械の輸出はすでに減少傾向に転じている。一方，電気機器は構成部品の輸入は大きいが，マレーシアの中核工業製品として成長を続けている。

家庭用電気機械については，1984年に輸出＞輸入に転じ貿易特化指数も高い，すなわち現地調達比率も高いと考えられる。しかしながら1995年の114億ドルをピークに輸出額はほぼ横ばいであり，白物家電製品などがタイ，中国などへ生産移転がおこなわれたことが影響していると考えられる。

輸送機械については，1980年以来一貫して入超であり，輸入代替の段階が比較的長い間続いていたことがわかる。これは1980年代の国民車構想とその後のシェア低下が関連している[152]。1995年から貿易特化指数が徐々に上がってきており輸出入量も増加している。内訳的には2011年の輸送機械輸出に占める部品類の比率が約70％あり，完成車ではなく大部分は部品を輸出している構図である。これはAICOなどを利用した各自動車メーカーの国際生産分業の一環であると言える[153]。

(1.2) 貿易特化指数―貿易量の時系列的変化：タイにおける事例

図表3-9のように，タイは比較的マレーシアと類似したプロセスを辿っている。一般機械については1980年頃から輸入代替が始まっているが，1995年の時点では輸出額はマレーシアとほぼ同等（約100億ドル）であった。この1995年の一般機械として輸入された資本財の比率は61.0％を占めていた。これが2000年にはこの比率が45.5％と減少（金額では42億ドル減少）となり，設備投資のための資本財輸入の減少により輸出＞輸入となったと解釈できる。しかし，マレーシアにおいては一般機械は輸出の減少，輸入の増加に転じているのに対して，タイにおいては輸出指向型を維持している。

電気機械については，タイはマレーシアよりかなり遅れて輸入代替が始まったことが示されている。1995年において，電気機械の輸入額に占める資本

---

152 当初マハティール元首相の推進でプロトン社が三菱自工との資本・技術面の提携で設立され，2002年にはマレーシアの販売シェアの60％を占めていた。その後AFTAなどの影響でシェアは激減している。
153 後述の自動車産業ケーススダディなどを参照。

図表 3-9　タイにおける財別貿易特化指数と貿易額の推移

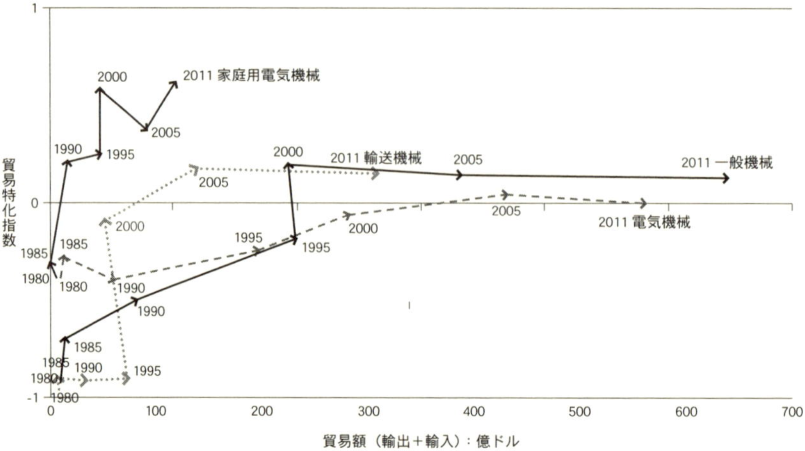

（資料）RIETI-TID2012 より作成，原資料は UNCOMTRADE，SITC（Rev.3）。

財比率は 28.4％，構成部品類比率が 67.6％である。これが輸出＞輸入となる 2005 年においては資本財比率は 30.9％，構成部品類比率が 65.4％とあまり変わらないが，この間輸出は約 3 倍に伸びている。この輸出額の拡大がマレーシア同様，電気機械が出超になった最大の理由である。

家庭用電気機械については，貿易特化指数も大きく，国内付加価値も大きい。マレーシアの輸出が伸びなくなった 1995 年以降もタイは伸び，2011 年の家庭用電気機器輸出はマレーシアとほぼ同額（約 100 億ドル）となっている。しかし輸出の伸び率は高くなく，タイからさらに他国へのシフトがおこなわれるなど，比較優位が相対的には低下しつつある。

輸送機械（自動車）は，1997 年から輸出が急拡大しており[154]，2004 年に 54 億ドル輸出することで輸出＞輸入となった。日系を中心とした各自動車メーカーが，タイを完成車の組立輸出基地として位置づけたことが大きい。2011 年において輸送機械の輸入のうち，部品類輸入が 66 億ドルで最大であるが，資本財輸入が 52 億ドルとなっており，ASEAN ではインドネシアの 73 億ドルに次いで大きい。ASEAN ではタイ，インドネシア 2 カ国で自動車生産能力が

154　1996 年の輸出額が 4 億 3100 万ドル，1997 年が 8 億 2500 万ドルとなり，以来増加傾向が続いている。

2. ASEANにおける貿易に関する分析―貿易特化指数と経済発展段階　89

(1.3)　貿易特化指数―貿易量の時系列的変化：ベトナムにおける事例

図表3-10から，ベトナムにおいては電気機器が前述の状況から貿易額が極めて急速に伸びており，2010年の時点で輸出＞輸入となっている。一般機械は伸びているが，未だに大幅入超の状態であることを示している。一般機械については，2010年の輸出が22億ドルにとどまるのに対して，資本財の輸入は70億ドルに達しており，このため大幅な入超で貿易特化指数は-0.66と低くなる。しかし，一般機械の輸出も増加しており，電気機器のような短期間における爆発的な改善ではないが，今後は輸入＝輸出，出超の段階に向かうことが予想される。

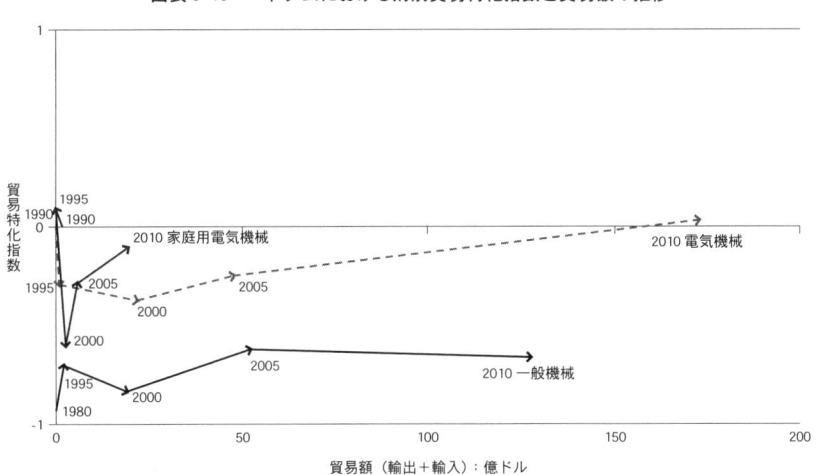

図表3-10　ベトナムにおける財別貿易特化指数と貿易額の推移

(注)　特定年に統計の不備があると思われ，最新年を2010年とした。
(資料)　RIETI-TID2012より作成，原資料はUNCOMTRADE，SITC (Rev.3)。

家庭用電気機械については，輸出は2010年が8.6億ドルと少ないが，資本財輸入も1.5億ドルと小さい。この傾向は，家電産業について本格的な輸出基地とするべく，多国籍企業などによる本格的な設備投資がマレーシア，タイとは異なりベトナムでは限られた動きであることを示している。

(1.4)　貿易特化指数―貿易量の時系列的変化：インドネシアにおける事例

図表 3-11　インドネシアにおける財別貿易特化指数と貿易額の推移

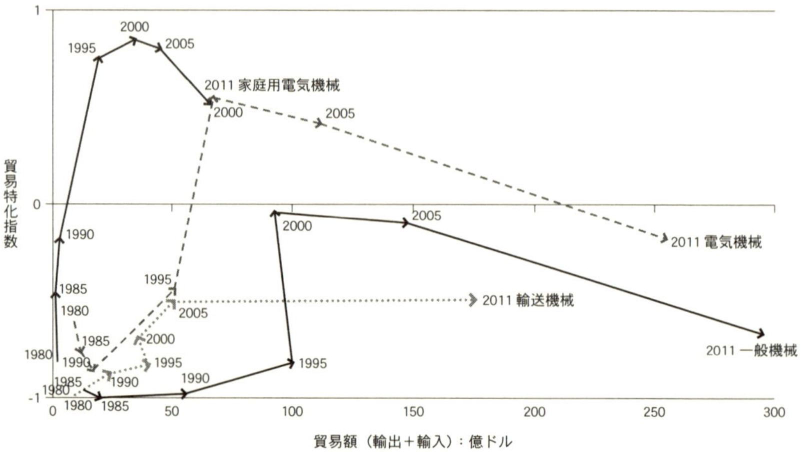

（資料）RIETI-TID2012 より作成，原資料は UNCOMTRADE，SITC（Rev.3）。

　図表 3-11 が示すように，インドネシアは ASEAN 諸国の工業化による発展段階パターンとしては特殊な例と言える。輸入代替と輸出指向政策により輸入＞輸出から輸出＞輸入へと向かった輸出指向工業化のプロセスが，輸入の拡大，輸出の停滞によって反転している。特徴的なのは，一般機械，電気機械が 2000 年以降輸入の拡大が著しいことで，最終財，資本財ともに輸入が増加している。2011 年の電気機械輸入に占める資本財の割合は 23.6％，一般機械は 49.4％であり，貿易特化指数は低下しつつある。これら資本財輸入の増加は，輸出向けだけでなくインドネシア国内需要向けの生産拠点の新設・増設が並行して進んでいることも示唆している。

　家庭用電気機器は早い時期に輸出＞輸入に転じているが，輸出は伸びておらず 2000 年以降は輸出以上に輸入が増加している。輸送機械は一貫して入超であるが，前述の資本財の輸入，および部品の輸出が伸びており，各自動車メーカーによるインドネシア国内需要，ASEAN 部品補完システムへの対応が表れている。

　貿易特化指数の動きは一般的な先進国型に類似しているが，インドネシアの一人当たり GDP 額の約 3500 ドル（2012 年）から考えて早すぎるのではないか。RCA 指数による分析同様，ASEAN 各国の外資導入と工業製品の輸出拡大とい

う経済成長シナリオからインドネシアは乖離しつつあると言える。前述のようにインドネシアは総輸出額の約40％を資源品目が占め，これまで工業品生産の拡大による経済への寄与は他のASEAN各国に比べて限定的であった。しかしこれは資源価格の高騰を背景とした安定した経済成長[155]と，ASEAN最大の人口規模という理由によって，内需の拡大と活発な投資がおこなわれる複合的な現象であったが，今後は経済政策が工業品の輸出指向に回帰する可能性がある。

(2) CLM3カ国の貿易から見た経済発展段階

カンボジア，ラオス，ミャンマーの貿易統計は不備，不整合が多く，この3カ国については長期にわたる品目別の分析は困難である。しかしながら入手可能な貿易データからCLM3カ国の近年の経済発展について考察を試みる。

(2.1) カンボジアにおける輸出入品目の状況

カンボジアの貿易依存度（輸出入合計）は，約90％（2012年，推定）と考えられるが，大幅な入超が続いている。図表3-12にある輸出の90％近くを占める衣類（縫製品）の輸出先はアメリカが大半を占めており，カナダ，オラン

図表3-12　カンボジアの主要輸出入品目

(百万ドル)

	2010年度	2011年度	2012年度	
	金額	金額	金額	構成比
輸出総額（FOB）	3,621	4,708	5,125	100.0％
縫製品	3,188	4,160	4,510	88.0％
天然ゴム	87	197	162	3.2％
木材	32	47	29	0.6％
輸入総額（CIF）	5,190	6,373	7,459	100.0％
織物（衣料原材料）	3,016	3,383	4,177	56.0％
石油製品	349	798	871	11.7％
車両	213	295	381	5.1％

(出所) ジェトロ世界貿易投資報告各年度版。
(原資料) カンボジア中央銀行。

155　2012年の実質GDP成長率は6.2％，2013年は5.3％を予測（IMF）。

ダが続いている。輸入においては主要な輸出品である衣類の原材料でもある織物が輸入品目のトップとなっており，大半は中国から輸入されている。貿易全体の相手国としては輸出が米国，中国，シンガポール，輸入は中国，タイ，ベトナムの順となっている。輸出は米国向けが 60％を占め大きな変化はないが，輸入は 2007 年において 3 位だった中国が 2010 年以降は首位になっている。

　輸出入品目から分かるように，カンボジアの貿易は軽工業品である衣料の加工に大きく依存しており，またこれが製造業の大半であると言えるほど産業構造が偏っている。1990 年代半ばからの韓国，中国などの外資による繊維縫製産業への進出が理由であるが，これは低開発国を対象とした GSP（Generalized System of Preference：一般特恵関税制度）により，MFN よりさらに低い税率がアメリカなどの輸入国で適用されることを利用したものである。しかしベトナムによる繊維製品の輸出額約 150 億ドル（2012 年）に比較すると，カンボジアはその 3 分の 1 以下の規模である。カンボジアにとって，縫製業に過度に依存した労働集約的産業の多角化，および資本集約的な工業化を図る取り組みと，農業，観光振興などの産業育成が求められる。

　矢倉［2011］は，カンボジアにおける縫製業中心の製造業への投資が外資依存になっている理由として，財政難と人材不足の他に，国内の資金が産業に回っていないことを指摘している。銀行による国内融資額の GDP に対する比率は 9 ％（2006 年，ベトナムは 75 ％）と，発展途上国の中でも極端に低いことが問題であるとしている[156]。

(2.2)　ラオスにおける輸出入品目の状況

　ラオスの貿易依存度は 73 ％（2011 年）である。CLM の中で最も経済規模が小さく，内陸国であることが域内における貿易を不利にしている。しかしながら近年は安定した経済成長を続けており[157]，その背景として金，銅，ボーキサイト，リグナイト，カリウムなどの輸出の過半を占める鉱物資源の価格上昇と，ラオスにおいてこれらの資源開発が続いていることにある。またインドシナ最大の水力発電施設でもある 2010 年完成のナムトゥン 2 ダムなどが稼働し

156　矢倉研二郎［2011］「カンボジアにおける製造業発展の可能性」Kyoto Working Paper on Area Studies, No. 115, 59 頁。
157　実質 GDP 成長率は 2011 年 7.8 ％，2012 年 8.2 ％と高い。

2. ASEAN における貿易に関する分析―貿易特化指数と経済発展段階　　93

図表 3-13　ラオスの主要輸出入品目

(百万ドル)

	2009 年度	2010 年度	2011 年度	
	金額	金額	金額	構成比
輸出総額（FOB）	1,124	1,789	1,977	100.0%
鉱物	524	1,049	1,079	54.6%
電力	275	289	178	9.0%
縫製品	142	167	142	7.2%
輸入総額（CIF）	1,066	1,671	2,325	100.0%
車両および部品	n.a.	277	419	18.0%
電気製品・事務機器	n.a.	304	323	13.9%
建設資材	n.a.	217	238	10.2%

(注) 年度は前年 10 月～9 月。2010 年に輸入品目の変更があったため 2009 年は品目比較が不能。
(出所) ジェトロ世界貿易投資報告各年度版。
(原資料) ラオス商工省輸出入局。

始めたことで，タイなどへの電力輸出が拡大しつつある。タイ向け輸出は全輸出の 60％以上を占め，タイからの輸入は 30％以上を占めている[158]。ラオスは輸出入ともにタイが首位であり，タイとの経済的結びつきが強いことを示している。鈴木［2002，2007］は，ラオスのタイ経済への過度の依存を懸念しており，1997 年通貨危機時においてはタイからの投資流入とタイ向け輸出の激減の影響があったことを指摘している[159]。

前述のようにラオスの輸出品目は工業加工品ではなく，鉱物資源に依存している。そのため大規模開発に付随する環境問題なども憂慮されており，今後の方向としては工業，農業，観光などの産業育成のバランスをとることが必要となるだろう。

(2.3)　ミャンマーにおける輸出入品目の状況

ミャンマーは欧米，国際社会との関係を修復し，長期に渡る経済制裁が解除

158　Nu Nu Lwin ［2009］, pp. 5-6.　2007 年データ。
159　鈴木基義［2002］「ラオス―新経済体制下の模索」末廣昭編『岩波講座 東南アジア史 9「開発」の時代と「模索」の時代』岩波書店，257-279 頁，および鈴木基義［2007］「中国のラオス進出」木村福成・石川幸一編『南進する中国と ASEAN への影響』ジェトロ，201-215 頁。

94　章3章　貿易面からみたASEANとGMSのダイナミズム

図表3-14　ミャンマーの主要輸出入品目

(百万ドル)

	2010年度	2011年度	2012年度	
	金額	金額	金額	構成比
輸出総額（FOB）	9,094	9,136	8,977	100.0%
天然ガス	2,583	3,503	3,666	40.8%
豆類	824	986	962	10.7%
縫製品	389	498	695	7.7%
輸入総額（CIF）	6,576	9,035	9,069	100.0%
一般・輸送機械	1,234	1,824	2,646	29.2%
石油製品	1,428	1,927	1,592	20.2%
卑金属・同製品	567	947	1,025	10.5%

(注) 年度は4月～翌3月。ドル建ては公定レート、ドル5.4チャットで換算。
(出所) ジェトロ世界貿易投資報告各年度版。
(原資料) ミャンマー中央統計局。

されている。そのため当面は輸入の増加が見られる[160]。しかし貿易依存度は依然30％程度（2012年）と思われる。貿易相手国は、輸出がタイ、香港＋中国、インド、輸入は中国、シンガポール、日本の順となっている。輸出品目ではタイ向けが現状大半を占める天然ガスへの依存度が高い。また中国雲南省に接続する天然ガス・パイプラインが完成し、原油パイプラインも完成間近とされている。中国が援助、推進しているチャオピュー（Kyauphu）島開発は急速に進んでおり、パイプラインの拠点となる見込みである。しかしながら、中国向けの天然ガス、原油の供給が始まったとしても、ミャンマーが資源立国を目指せるかどうかは、規模的に小さいため判断が難しい。現時点での天然ガス輸出額などは、中東諸国などに比較すると圧倒的に少ないため、ミャンマーが将来急速に経済発展した場合にはエネルギー輸入国になることもあり得る[161]。

　その一方、日本向け縫製品が拡大しているなど、今後労働集約的産業を大規模に受け入れられる人口規模をもった国として、周辺国から生産移転されることは十分予想される。また日本、韓国にとっても同様の産業について「チャイ

160　従来の貿易収支均衡政策を改め、輸入増加を認めているため2012年は貿易赤字を計上している。
161　工藤年博［2011］2011年11月18日セミナー資料より。

ナ・プラスワン」「タイ・プラスワン」の生産拠点の候補になる可能性がある。

　中国との貿易について工藤［2010］は，ミャンマー軍事政権による民主化・人権問題に対するEU，アメリカの経済制裁があったことから，ミャンマーと中国，タイ，インドの近隣諸国との国境貿易が増加したことを示している。このうち中国雲南省とは陸路によるものが60％，空路が36％，水運が4％となっている。軍事政権は中緬貿易を重視し，また中国側でも急速に道路整備が進められたことにより中緬関係の太いパイプになったことを指摘している[162]。

162　工藤年博［2010］「ミャンマーと中国の国境貿易」『アジ研ワールドトレンド』No.180，2010.9，42-46頁。

第4章
ASEANにおける直接投資に関する分析
―日本,中国による投資を中心に―

1. 多国籍企業による海外直接投資と東アジアの経済発展

　国際貿易については,リカード以来の数々の理論,研究成果,分析手法が開発されているのに対して,投資については Lewis [1954] 以来,開発途上国による経済発展の要因として資本の蓄積を重視した考え方も主張されてきた[163]。この数十年においての多国籍企業を中心とした海外直接投資（FDI）の実証研究の歴史は比較的短い。しかし日米欧を中心とした多国籍企業の直接投資による技術・ノウハウを含めた,パッケージとも言える経営資源の移転が,東アジアにおける開発途上国の「圧縮された工業化」に大きく貢献しているのは間違いない。

　多国籍企業論の体系は多岐にわたり,Hymer や Kindleberger のような産業組織論から Porter のようなグローバル戦略論まで幅が広い。前述の Vernon [1966] では米国型多国籍企業の分析により,途上国への直接投資を通じて生産移転がおこなわれ,標準化を経て米国に逆輸入されるというプロダクト・サイクルを明らかにしている。Williamson [1975, 1985] は経済ガバナンスと取引費用の観点から,Transaction Cost Economics（取引コストの経済学:TCE 分析）を提唱し,多国籍企業の対外進出の説明を内部化論として提起している[164]。これに対して小島 [1985] は米国の多国籍企業型 DFI（Direct

---

[163] Lewis, A. W. [1954], "Economic Development with Unlimited Suppies of Labour," *Manchester School of Economic and Social Studies*, Vol. 22, May, pp. 139-191. による Lewis Model など。

[164] 非常に学際的であり,かつ極めてミクロなアプローチである。「内部化論」はさらに拡張され／

Foreign Investment）に比べて，日本によるアジア，開発途上国へのDFIの方がホスト国，日本の双方に発展志向型であると主張をしている[165]。またDunningは企業がFDIをおこなうのは，所有優位（Ownership Advantage），内部化優位（Internalization Advantage），立地優位性（Locational Advantage）の3つの優位性が存在する場合であるという，いわゆるOLIパラダイムを提唱している。これは3条件（O優位性，L優位性，I優位性）が揃わない場合には，企業は直接投資ではなく輸出やライセンスを選択するということを示している[166]。さらに最近の研究では，深尾・天野［2004］は全要素生産性（Total Factor Productivity：TFP）の現地企業と多国籍企業の比較研究において，多国籍企業が優位性をもつことを示し，それによって積極的にFDI受け入れをおこなうことで，国内市場の活性化に役立つとしている[167]。また直接投資の形態ではグリーンフィールド型から先進国的なM&A型への変化が指摘されている。直接投資の促進について，浦田［2001］は，東アジアにおいて直接投資の誘致によって（1997年の）アジア経済危機からの回復と成長を目指した，各国の投資規制緩和を指摘している[168]。

　前章の貿易分析によるASEAN各国における経済発展段階の検討から，工業化の波及がおよぼす影響が見て取れる。東アジア全体として見ても，日本を先頭とすれば韓国，台湾などのNIEs各国，マレーシア，タイのASEAN先発国，ベトナムの順に「雁行型」あるいは「プロダクト・サイクル型」に続いてきた。この理論には当てはまりにくい中国が巨大な市場を背景に後発性の利益を活用し，一気にキャッチアップしてきたことも含めて，これらの一連の経済発展は，青木・馬田［2000］が指摘するように外資による直接投資と進出した外資企業

　　るが，Rugmanは多国籍企業による内部化が直接投資の一般理論であり，FDIの理由のほとんどであると主張している。Rugman, A. M.［1981］, *Inside the Multinationals*, Columbia Univerrsity Press, p. 51.
165　小島清［1985］『日本の海外直接投資』文眞堂，374頁。同様に開発経済学の面からは多国籍企業の「光と陰」として主張されている。すなわち開発途上国のある程度のインフラが整った国にのみ，直接投資が向かうというアンバランスが起きている。
166　Dunning, J. H.［1977］, "Trade, Location of Economic Activity and the MNE," Ohlin, Hesselborn and Wijikman eds., *The International Allocation of Economic Activity*, Macmillan.「OLIパラダイム」はDunning自身に加えて協力者たちによって修正，拡張されてきたという経緯がある。
167　深尾京司・天野倫文［2004］『対日直接投資と日本経済』日本経済新聞社。
168　浦田秀次郎［2001］, 28頁。

による生産，輸出と深い関係にある[169]。現在，世界の多国籍企業の活動による売上，雇用，資産はさらに増加しており，付加価値ベースで全世界のGDPの4分の1，輸出については全輸出の3分の1を占めているとされる[170]。

戦後の日本企業の海外直接投資の歴史をみると，1960年代には輸出成長戦略がとられ，海外直接投資は国際収支を悪化させる要因として外国為替管理法で制限がされていた。1965年のOECDによる資本自由化の要請を経て対外，対内直接投資の自由化が進められた。日本国内の労働コストと円の為替レート上昇から対外直接投資の増加が始まる1973年は海外投資元年と言われ，1970年代後半からカラーテレビや自動車に見られた，欧米との貿易摩擦の解消を意図した現地生産のための海外進出がおこなわれる。本格的な製造業を中心とした海外移転は，1985年のプラザ合意による大幅な円高がきっかけとなり，その進出先は主にアジアとなった。トラン［2001］は，この時期に日本の海外進出がそれまで主流のLA（ライセンス契約）から直接投資が中心になったことを指摘している[171]。その投資先としてはNIEs，ASEANに続いて，中国への直接投資は鄧小平による南巡講話があった1992年から急拡大を始める。1990年後半に投資が一巡した中国向け直接投資は一旦減少するが，その後2000年代はまた大幅に額を増やす[172]。

その時点における中国への投資集中について，石川［2002］は中国との投資競合に懸念を抱いたASEANによる1992年のAFTA合意の誘因になったこと，中国への投資一極集中にはならないであろうこと，中国には投資リスクがあることなどを指摘している[173]。また日本企業による（タイ，中国などに対する）集中的な直接投資の傾向については，Vernon［1993］が"follow-the-leader behavior"（ライバル社追随行動）と呼んだ，未開発市場におけるライバル企業

---

169 青木健・馬田啓一編［2000］『ポスト通貨危機の経済学』勁草書房，210頁。
170 UNCTAD World Investment Report 2011.
171 トラン・ヴァン・トゥ［2001］「技術移転と社会能力」渡辺利夫編『アジアの経済的達成』東洋経済新報社，117頁。1990年時点の日本企業へのアンケートでFDIが56％を占め，LAを上回っていたとする。
172 ジェトロ直接投資統計（長期データ）より。日本から中国への直接投資額の推移は図表3-18を参照。
173 石川幸一［2002］「外国直接投資は中国に集中するのか」『ジェトロセンサー』2002年7月，14-17頁。

の投資による，成功の利益と失敗によるリスクを共有しようとする企業行動の説明が一定の妥当性をもっている[174]。

UNCTAD によれば，2011 年の全世界における直接投資総額は 1 兆 5000 億ドルであった。このうち ASEAN への直接投資額は 1170 億ドルであり，中国への直接投資は 1240 億ドルであった[175]。日本による 2011 年の ASEAN への直接投資合計は前年から大幅に伸び 196 億ドルで，日本から中国への直接投資合計 126 億ドルを上回った[176]。この日本の ASEAN 投資増加傾向については後述してゆきたい。

2. ASEAN への直接投資の状況

(1) 日本から ASEAN への直接投資—日本側統計から

図表 4-1 のように，日本の ASEAN10 カ国への直接投資残高は，2011 年末において約 8 兆 6000 億円になっている。そのうち，シンガポール，タイの 2 カ国で ASEAN 向け投資残高の 60％超を占めるという偏った状況にある。単年度では特に 2011 年の日本からタイへの直接投資額は突出している。直接投資残高では，シンガポールは金融などの非製造業が多くなっているのに対して，タイは製造業がその大半を占めているという特徴がある[177]。また日本からベトナムへの直接投資が再度増加しており，2011 年単年では約 1500 億円に達している。製造業の業種別では，輸送機械すなわち自動車関連の投資が ASEAN 全体で見ても最も多い。そのうち，タイへの自動車関連投資が引き続き堅調であることが見て取れる。日本から CLM3 カ国への投資は依然として低水準にとどまっているが，カンボジアへの電気機械関連の投資中心に増加の傾向が見ら

---

174 Vernon, R. [1993], "Where Are the Multinationals Headed?," K. A. Foot (ed.), *Foreign Direct Investment*, University of Chicago Press, pp. 57-77.
175 UNCTAD World Investment Report 2012.
176 ジェトロ統計より。(原資料)「国際収支状況」(財務省) および「外国為替相場」(日本銀行)。
177 シンガポールは直接投資残高 (2011 年末) のうち 47.1％が非製造業であり，そのうち金融・保険業が圧倒的に多い。タイは 71.9％が製造業である。但し 2011 年においては日本からタイへの非製造業の直接投資，中でも金融・保険業が 3099 億円となっており，製造業以外の業種が急増している。

れる。

図表 4-1　日本の ASEAN 各国への直接投資

(単位：億円)

	2008 年	2009 年	2010 年	2011 年	2011 年 主要業種	投資額	直接投資残高	構成比
インドネシア	739	459	409	2,876	輸送機械	695	12,269	14.3%
					化学・医薬	126		
					一般機械	96		
シンガポール	1,122	2,706	3,319	3,517	一般機械	779	24,592	28.6%
					食料品	472		
					化学・医薬	425		
タイ	2,093	1,523	1,983	5,576	輸送機械	729	27,287	31.7%
					鉄・金属	353		
					電気機械	285		
フィリピン	737	773	433	807	鉄・金属	159	7,932	9.2%
					電気機械	143		
					輸送機械	44		
マレーシア	618	578	906	1,148	化学・医薬	194	8,697	10.1%
					電気機械	174		
					鉄・金属	89		
ベトナム	1,130	531	636	1,495	電気機械	217	4,941	5.7%
					鉄・金属	154		
					輸送機械	137		
ブルネイ	42	14	13	7			n.a.	―
カンボジア	38	4	12	71	電気機械	25.	n.a.	―
ラオス	3	0	4	6	n.a.	n.a.	n.a.	―
ミャンマー	-4	-1	5	0	n.a.	n.a.	n.a.	―
ASEAN10 合計	6,518	6,587	7,720	15,497	輸送機械	1,696	86,067	100.0%
					一般機械	1,195		
					電気機械	949		

（注）国際収支ベース。直接投資残高は 2011 年末現在の全産業。各年度金額は全産業。主要業種は製造業のみ抽出。
（出所）日本銀行「国際収支統計」。

(2) 中国から ASEAN への直接投資——中国側統計から

　一方，中国による ASEAN 各国への直接投資は年を追うごとに拡大している。投資残高ベースではシンガポールが約 2 分の 1 を占めている。特徴として

図表 4-2　中国の ASEAN 各国への直接投資の状況

(100万 US ドル)

	2008年	2009年	2010年	2011年	直接投資残高	構成比
インドネシア	174	226	201	592	1,688	7.9%
シンガポール	1,551	1,414	1,119	3,269	10,603	49.4%
タイ	45	50	700	230	1,307	6.1%
フィリピン	34	40	244	267	494	2.3%
マレーシア	34	54	164	95	798	3.7%
ベトナム	120	112	305	189	1,291	6.0%
ブルネイ	2	6	17	20	66	0.3%
カンボジア	205	216	466	566	1,757	8.2%
ラオス	87	203	314	458	1,276	5.9%
ミャンマー	233	377	876	218	2,182	10.2%
ASEAN10 合計	2,484	2,696	4,406	5,904	21,462	100.0%
(参考) 香港	38,640	35,601	38,505	35,655	261,519	61.6%

(注) 直接投資残高は 2011 年末時点。香港の直接残高構成比は中国対外直接投資全体に占める割合。
(出所) 中国商務年鑑 [2012]。

は日本と異なりタイへの投資は比較的少なく，代わりにカンボジア，ラオス，ミャンマーの CLM3 カ国へは，これらの国の経済規模が小さいことに不釣り合いに中国からの直接投資の増加が見られる。前述のように，中国による積極的な「走出去」政策との関連では，末廣 [2011] にある貿易・援助・投資に対外経済合作を加えた「四位一体体制」が政治的な意図のもとに進められていることがこのような形に表れていると考えられる。

中国の対外直接投資全体の特徴として，伊藤・八代 [2011] は，末廣同様に①基本的に政府の管理下に置かれており，国策的意図に基づくと考えられる投資の比重が大きいことに加えて，②非金融対外直接投資額の約 60％が香港に向かっており，尚かつ中国の対内直接投資の約 60％が香港やタックス・ヘイブン地域から来ている。この「往復直接投資」は，外資としての優遇措置を求めたものである，③欧米や日本の企業に見られる海外市場への供給や工程のアウトソーシングといった動機に基づく直接投資の比重は限定的である，としている[178]。

ASEAN大陸部のメコン地域北部への投資に関して久我［2009］は，中国のASEAN諸国への投資が「走出去」政策によって後押しを受けていることは明らかであるとしている。日系企業が参入することが少ない中国－ASEANの北部湾経済協力の研究の成果から，「中国－ASEAN博覧会」と「中国－ASEANビジネス投資サミット」の設置をその象徴としてあげている。また中国ASEAN自由貿易協定（ACFTA）の締結を機に，ASEAN諸国側が中国の投資に期待する機運が出ていることを指摘している[179]。

（補足）　中国国営・中央企業による対外直接投資

中国による対外直接投資は政府の管理下におかれているが，その主体も国務

図表4-3　中国対外直接投資額上位10社

順位	企業	中央企業
1	中国石油化工集団公司 China Petrochemical	○
2	中国石油天然ガス集団公司 China National Petroleum	○
3	中国海洋石油総公司 China National Offshore Oil	○
4	中国移動通信集団公司 China Mobile Communications	○
5	華潤（集団）有限公司 China Resources（Holdings）	○
6	中国遠洋運輸（集団）総公司 China Ocean Shipping（Group）	○
7	中国鋁業（アルミ）公司 Alminium Corporation of China	○
8	中国中化集団公司 Sinochem	○
9	招商局集団有限公司 China Merchants Group	○
10	中国建築工程 China State Construcion Engineering	○

（注）ストックベース，金融機関を含まず，2012年末時点。
（出所）『2012年中国対外直接投資統計公報』など。

178　伊藤萬里・八代尚光［2011］「グローバル化と中国の経済成長」RIETI Policy Discussion Paper Series 11-P-002, 経済産業研究所，10-16頁。中国国内への「Round Trip」迂回融資は中国対内投資の25％を占めている可能性がある。石川幸一［2004］「活発化する中国の対外投資」『国際貿易と投資』No. 58，80頁。

179　久我由美［2009］「中国－ASEAN自由貿易地域（ACFTA）と投資政策」『アジア研究』Vol. 55 (4), 39-54頁。

院国有資産監督管理委員会の監督下にある国営・中央企業である。その数は上位 100 社中 49 社を占めるが，上位 20 社はすべて中央企業であるとされる[180]。このような状況は対外直接投資に関しても，中国中央政府の強い影響下にあるこれら企業によって国策の一環として実施されていることを示している。

(3) 世界，日本から ASEAN, 中国への直接投資比較（フロー）

全世界から ASEAN および中国へのフローベースの直接投資は，1990 年以降では 1993 年に中国への投資額が ASEAN への投資額を逆転して以来，中国への直接投資の方が常に多くなっている（比率が 1 を超える）。これに対して日本から ASEAN および中国への単年度の直接投資は，2006 年を境にほぼ拮抗しているか，あるいは対 ASEAN の額が多くなっている（比率が 1 を下回る）[181]。全世界から中国への直接投資の動向と比較すると，日本による相対的な ASEAN への傾斜の姿勢が見て取れる。日系企業の「ASEAN・東南アジアシフト」の理由として考えられるのは，①日系企業が ASEAN への進出をより早い時期に始めた歴史的背景があること，② AFTA（ASEAN 自由貿易地域）

図表 4-4　世界から ASEAN, 中国への直接投資の推移比較

(100 万 US ドル)

	1992	1993	1994	1995	1996	1997	1998	1999	2000	2001
ASEAN	12,739	16,591	20,496	28,218	30,541	34,358	22,305	28,793	23,656	20,175
中国	11,008	27,515	33,767	37,521	41,726	45,257	45,463	40,319	40,715	46,878
比率	0.86	1.66	1.65	1.33	1.37	1.32	2.04	1.40	1.72	2.32
	2002	2003	2004	2005	2006	2007	2008	2009	2010	2011
ASEAN	17,332	24,840	36,437	40,734	56,399	73,963	47,251	36,787	79,129	114,123
中国	52,743	53,505	60,630	72,406	72,715	83,521	108,312	95,000	105,735	123,985
比率	3.04	2.15	1.66	1.78	1.29	1.13	2.29	2.58	1.34	1.09

（注）国際収支ベース。比率は中国／ASEAN を示す。
（出所）日本アセアンセンター，World Investment Report 2012, ASEAN 事務局。

180　佐野［2013］，78 頁。原資料はジェトロ『通商弘報』2012 年 11 月 6 日付け。中国地方政府直属の国営企業の最高は 22 位であり，圧倒的に中央政府系が占めている。
181　2013 年 1-9 月期（第 3 四半期まで）の日銀直接投資統計では，日本の ASEAN 向け直接投資は約 1.2 兆円を超え，現時点で中国向けの 2 倍となっている。

図表 4-5　日本から ASEAN, 中国への直接投資の推移比較（1996 年以降）

(100 万 US ドル)

	1994	1995	1996	1997	1998	1999	2000	2001	2002	2003
ASEAN			5,238	7,780	4,454	1,032	207	4,013	4,256	432
中　国			2,317	1,862	1,301	360	934	2,158	2,622	3,980
比　率			0.44	0.23	0.29	0.35	4.51	0.54	0.62	9.21

	2004	2005	2006	2007	2008	2009	2010	2011	2012	2013
ASEAN	2,800	5,002	6,923	7,790	6,309	7,002	8,930	19,645	10,675	23,619
中　国	5,863	6,575	6,169	6,218	6,496	6,899	7,252	12,649	13,479	9,104
比　率	2.09	1.31	0.89	0.79	1.02	0.99	0.81	0.64	1.26	0.39

(注)　国際収支ベース。比率は中国／ASEAN を示す。
(出所)　JETRO「日本の直接投資統計」,（原資料）財務省「国際収支状況」ほか。

の深化および ASEAN 各国と日本との二国間 EPA（経済連携協定）締結が進んだこと，③タイを中心に ASEAN 各国が中国との外資誘致の競合に対応し投資規制などを緩和したこと，④日系企業が中国リスクをより認識し始め，ASEAN を「チャイナ・プラスワン」として投資が向かっていること，などがあげられるだろう。

(4)　CLM3 カ国への直接投資の状況—受入国側統計から

(4.1)　カンボジアの対内直接投資の状況

カンボジアへの外国直接投資は中長期的に増加傾向にある。輸出品の大半を占める衣料・縫製業への投資の比率は以前より少なくなり，サービス，エネルギー，観光（ホテル業）などへの直接投資が増加している。国別では化学，地域開発・インフラ事業への投資の大きい中国が突出しており，縫製，不動産投資では韓国のプレゼンスが大きい。日本からの直接投資は現状非常に少ないが，製造業を中心に日系大手企業の動向が注目を始めている。造成された 20 を超える特別経済区（SEZ）の中でもプノンペン SEZ への進出を中心に，日系企業の進出実績が急激に増えると見られている[182]。

182　プノンペン SEZ へのミネベア，味の素，ヤマハなどの進出，コッコン SEZ への矢崎総業の他，タイ国境，ベトナム国境に近い「国境経済圏」において分散投資と考えられる日系企業による投資が増えている。

図表 4-6　カンボジアの主な業種別・国別対内直接投資

(100万USドル)

	業種別			累計投資額国別（外国のみ）	
	2010年度	2011年度	1994-2012年度累計	国名	比率
サービス	1,021	97	n.a.	中国	22%
エネルギー	589	107	n.a.	韓国	10%
農業関連	453	674	n.a.	マレーシア	6%
観光	0	1,528	n.a.	英国	6%
衣料・繊維	120	367	n.a.	米国	3%
合計	2,300	5,080	42,350		

(注) 認可ベース。国内資本含む。EPZ入居企業を除く。年度累計は筆者による積算値。
(出所) ジェトロ世界貿易投資報告 2012, 日本アセアンセンター「ASEAN情報マップ」。
(原資料) カンボジア投資委員会など。

CLM3カ国の外国投資誘致の可能性について，石田 [2005] は，カンボジアが外国投資誘致を増やすための条件として，①教育水準の向上と人材の育成，②治安の確保，③越境交通の改善，が必要である。また阻害要因としては，①賃金の相対的な高さ，②ミャンマーと比較した人口の少なさ，を指摘している[183]。

(4.2)　ラオスの対内直接投資の状況

業種別では，これまでの水力発電業に加えて鉱山業などの天然資源開発関連の投資が上位にあったが，サービス，建設業種が増加している。外国からの直接投資の国別順位では累計額においてベトナムが首位になっている。両国間ではラオス・ベトナム協力投資が進められており，ベトナムからの投資は天然ゴムプランテーションのほか，サービス，不動産，エネルギーとなっている[184]。日本からの直接投資は中国，韓国に比べてもごく少ない。日系企業によるラオ

183　石田正美 [2005]「メコン地域開発の展望と課題」石田正美編『メコン地域開発―残された東アジアのフロンティア―』アジア経済研究所，336-360頁。筆者の調査では，カンボジアの最低賃金は 2012年時点で 61ドル（オーバータイム（残業）を入れると 80～100ドル前後）。①電力料金の高さ（ラオス，ベトナムの約2倍），②行政の不透明さ，が問題として指摘されている。また政治情勢などもあり，2014年2月より最低賃金は 100ドルに上がると報道されており，人件費上昇のペースが速い。

184　各種報道，記事より。2011年9月，ベトナムのグエンタンズン首相はラオスを訪問し，両国の投資・貿易関係強化を確認した。2015年において両国間貿易を 20億ドルに引き上げるとしている。

図表 4-7 ラオスの主な業種別・国別対内直接投資

(100 万 US ドル)

	業種別			累計投資額国別（外国のみ）	
	2010 年度	2011 年度	2000-2011 年度累計	国名	比率
鉱山	678	458	4,596	ベトナム	26%
サービス	298	450	3,208	中国	17%
農業	555	393	1,570	タイ	16%
工業／工芸	279	383	1,314	韓国	3%
建設	89	251	1,085	フランス	3%
合計	2,539	2,320	12,835		

（注）認可ベース。年度は前年 10 月〜9 月。業種別 2010 年，2011 年はラオス資本分を含む。
（出所）ジェトロ世界貿易投資報告 2012，日本アセアンセンター「ASEAN 情報マップ」。
（原資料）ラオス計画投資省投資奨励局。

スへの投資は縫製業など軽工業が中心で，工業製品の生産，加工先としての大規模な進出は現状限られている。しかしタイ大洪水後は分散投資先として検討されている[185]。

中国からの投資について原・山田・ケオラ［2011］は，2000 年以降においては対中関係の深化によりラオスは多くの政治的，経済的な恩恵を受けており，ラオスにプラスの効果をもたらしているとする。一方で中国からの投資，援助は，中国への依存を高めることになり，中国優位の関係とベトナムとの関係をどうとるかという問題を指摘している[186]。

(4.3) ミャンマーの対内直接投資の状況

2010 年度においてミャンマーの対内直接投資額は大きく拡大し，そのほとんどを資源開発が占めている。この主なものとして，韓国による天然ガス開発関連，香港によるガス・パイプライン，銅鉱山開発，中国による水力発電関連，タイによる天然ガス開発関連となっており，この 4 カ国の投資が直接投資のほぼ全てを占めている[187]。2011 年度においては一時的に減少しているが，2012

---

185 ニコンはアユタヤ工場の一部工程をサバナケット新工場に移管させる予定。
186 原洋之介・山田紀彦・ケオラ・スックニラン［2011］「中国との関係を模索するラオス」RIETI Discussion Paper Series 11-J-007，経済産業研究所，16-17 頁。
187 世界貿易投資報告［2011］。

図表 4-8　ミャンマーの主な業種別・国別対内直接投資

(100 万 US ドル)

	業種別			累計投資額国別（外国のみ）	
	2010 年度	2011 年度	1988-2010 7月まで累計	国名	比率
石油・ガス	10,179	248	13,448	中国	34%
電力	8,219	4,344	11,341	タイ	24%
鉱業	1,396	20	2,395	香港	15%
製造業	65	32	1,663	英国	7%
ホテル・観光	n.a.	n.a.	1,065	韓国	7%
合計	19,998	4,645	31,896		

(注) 認可ベース。年度は 4 月〜翌 3 月。業種別はミャンマー資本分も含む。
(出所) ジェトロ世界貿易投資報告 2012，日本アセアンセンター「ASEAN 情報マップ」。
(原資料) ミャンマー国家計画・経済開発省，ミャンマー中央統計局。

年度においては前年の 5 倍に再度急拡大したとされる[188]。この数年の政治的な動向は，ミャンマーにおける総選挙の実施，アウンサン・スーチー氏の軟禁解放など，大きな動きを見せている。ミャンマーへの経済制裁緩和と期を同じくして，外国資本による投資の動きが一斉に始まっている。日本企業による直接投資はまだ本格的なものではないが，ヤンゴン郊外のティラワ経済特区の開発については日本政府が積極的に支援しており，今後日系企業の進出が見込まれると考えられている。

ミャンマー周辺国からの投資について川田［2011］は，日本企業によるミャンマー投資の機運が出始めていることに加えて，タイ，ベトナムの周辺国が新興投資国として入ってくることを指摘している。タイはミャンマー国境のタイ側のメソットにおける生産活動のミャンマー側での操業が考えられている他，大手企業グループによるサービス産業の進出も検討されている。

188　2013 年 5 月 13 日各種報道から。

3. 貿易・投資の結合度による分析

(1) 日本，中国と ASEAN の貿易結合度

貿易結合度（Index of Trade Intensity）は二国間の貿易関係の緊密度を示す指標であり，結合度が 1 を超えていれば二国間の貿易は緊密であるとされる。貿易結合度は主として二国間の産業構造の違いの結果であるとされ，結合度が大きければ二国の産業構造は補完的であり，結合度が小さいほど産業構造は競争的であるとも考えられてきた[189]。しかし地域統合・FTA の深化，多国籍企業の進出，フラグメンテーションの増大などにより二国間の貿易は水平分業にともない双方向に拡大するケースが増えている。

輸出ベースの貿易結合度は i 国から j 国への輸出，j 国から i 国への輸出，に基づいて 2 つの異なる貿易結合度が示される。これに対して輸出入ベースでは，i 国から見た j 国，j 国から見た i 国との貿易結合度としてほぼ同一の値が得られる[190]。

貿易結合度（輸出入ベース）を以下のように定義する。

貿易結合度（輸出入ベース）
$= \{(X_{ij} + M_{ij}) / (X_i + M_i)\} / \{(X_j + M_j) / (X_A + M_A)\}$

X_{ij} は i 国から j 国への輸出額，M_{ij} は i 国の j 国からの輸入額，X_i は i 国の総輸出額，M_i は i 国の総輸入額，X_j は j 国の総輸出額，M_j は j 国の総輸入額，X_A は世界の総輸出額，M_A は世界の総輸入額（本来 $X_A = M_A$ である）とする。

i 国は日本と中国の 2 カ国とし，j 国は ASEAN 加盟国として算出する。

図表 4-9 は，日本，中国と ASEAN 各国との 2008 年と 2012 年の貿易の緊密度と輸出入額の比較を示している。日本と ASEAN 各国との関係では全般に貿易結合度は上がる傾向にある。中国は経済の急拡大によって ASEAN 各国以外

---

[189] 貿易結合度は必ずしも補完―競争の関係だけを示しておらず，距離その他を考慮した重力モデル（Gravity Model）が考え出されたが，2つの方法論には一長一短があり補完的であると考えられる。
[190] 輸出統計，輸入統計によって使われる FOB，CIF などの輸出入額の違いが影響するため。

図表 4-9 日本，中国と ASEAN の貿易結合度と輸出入額の推移

	日本				中国			
	結合度 2008 年	輸出入額 (億ドル)	結合度 2012 年	輸出入額 (億ドル)	結合度 2008 年	輸出入額 (億ドル)	結合度 2012 年	輸出入額 (億ドル)
シンガポール	1.02	344.8	0.91	320.7	0.93	524.8	0.86	692.8
マレーシア	2.17	396.0	2.68	505.3	1.77	535.6	2.19	948.3
インドネシア	3.29	452.0	3.09	525.6	1.38	315.2	1.70	662.2
フィリピン	3.26	184.0	4.05	211.7	2.50	234.3	3.03	363.8
タイ	2.75	502.2	3.17	673.4	1.36	412.9	1.43	697.5
ベトナム	2.29	169.1	2.54	258.2	1.59	194.6	2.16	504.4
カンボジア	0.55	2.5	0.96	6.4	1.51	11.3	1.92	29.2
ラオス	0.57	0.8	0.84	2.6	1.72	4.0	2.41	17.2
ミャンマー	0.86	5.0	2.40	19.3	2.71	26.3	3.78	69.7
ASEAN 全体	2.09	2,056.5	2.31	2,523.3	1.38	2,259.0	1.59	3,985.2

(注) 除くブルネイ。
(出所) UNCOMTRADE, ジェトロ貿易投資白書 (世界貿易投資報告)，その他から筆者算出。

との緊密度も上がっており，ASEAN 各国との輸出入ベースの貿易結合度が必ずしも大きく上がっているとは言えない。ASEAN 全体では，日本の方が中国より ASEAN との貿易結合度が依然高い。貿易相手国別に見た場合，日本と中国は違った傾向が見られる。日本と緊密度が高いのはマレーシア，インドネシア，フィリピン，タイ，ベトナムであり，カンボジア，ラオスとは緊密度は低い。中国はフィリピンとの緊密度を上げた他にはマレーシア，ベトナムと続き，CLM3 カ国との高い緊密度を維持している。

(2) 日本，中国と ASEAN の直接投資結合度

直接投資を通じた二国間の緊密度を算出するため，貿易結合度と同様の方法を用いて「直接投資結合度」を算出する。直接投資残高をベースとし，対外直接投資と対内直接投資を合わせたものを二国間の直接投資として考える。

直接投資結合度を以下のように定義する。

直接投資結合度
$= \{(FO_{ij} + FI_{ji}) / (FO_i + FI_i)\} / \{(FO_j + FI_j) / (FO_A + FI_A)\}$

図表 4-10　日本, 中国と ASEAN の直接投資結合度と直接投資残高の推移

	日本				中国			
	結合度 2003年	FDI残高 (百万ドル)	結合度 2009年	FDI残高 (百万ドル)	結合度 2003年	FDI残高 (百万ドル)	結合度 2009年	FDI残高 (百万ドル)
シンガポール	2.06	11,623	2.84	33,081	9.36	23,525	7.28	45,914
マレーシア	2.22	4,250	2.34	7,761	3.73	3,184	3.22	5,776
インドネシア	3.11	7,214	3.52	8,793	1.27	1,320	2.05	2,771
フィリピン	5.98	3,433	9.07	7,597	6.39	1,636	6.09	2,759
タイ	7.26	8,230	8.82	21,039	5.23	2,647	2.81	3,630
ベトナム	n.a.	n.a.	2.69	3,089	0.46	122	1.36	846
カンボジア	n.a.	n.a.	n.a.	n.a.	5.76	117	5.99	739
ラオス	n.a.	n.a.	n.a.	n.a.	3.09	21	7.75	564
ミャンマー	n.a.	n.a.	n.a.	n.a.	8.07	66	9.35	1,016
ASEAN全体	2.90	35,508	3.68	81,682	5.97	32,638	5.26	64,015

(注) 除くブルネイ。FDI残高は日本, 中国の ASEAN 各国への直接投資, および ASEAN 各国から日本, 中国への直接投資の合計を意味する。インドネシアへの総対内直接投資額は一部推定。中国によるミャンマー, ラオス, カンボジアへの直接投資額は一部推計の上, 結合度に反映。
(出所) 国際貿易投資研究所『世界主要国の直接投資統計集』各年度版, ジェトロ貿易投資白書 (世界貿易投資報告) 各年度版, 日本銀行 HP 日本国際収支統計, 中国銀行 HP, UNCTAD World Investment Report, UNCTAD STAT, その他から筆者算出 (一部筆者による推定値)。

FO_{ij} は i 国の j 国への対外直接投資残高, FI_{ji} は j 国の i 国における対内直接投資残高, FO_i は i 国の総対外直接投資残高, FI_i は i 国の総対内直接投資残高, FO_j は j 国の総対外直接投資残高, FI_j は j 国の総対内直接投資残高, FO_A は世界における対外直接投資残高, FI_A は世界における対内直接投資残高を示す。

i 国は日本と中国の 2 カ国とし, j 国は ASEAN 各国として算出する。

図表4-10 は, 日本と中国による ASEAN 各国との直接投資結合度 (国際収支, 残高ベース) を示している。日本と ASEAN 全体の直接投資を通じた緊密度は上がる傾向にある。フィリピンが日本との直接投資結合度が高い。シンガポールは日本との双方向の直接投資を増やしている。シンガポールを除くと, タイには日本からの直接投資額の多くが向かっている。

中国と ASEAN 各国との直接投資を通じた緊密度は日本より高い。しかし直接投資結合度は大きく変化しておらず, むしろ低下傾向にある。中国とシンガポールも直接投資額の双方向の拡大が著しい。CLM3 カ国については貿易同様, 経済規模を勘案すると大きな直接投資がされている。

(3) 日本，中国と ASEAN の貿易・直接投資結合度による分析

貿易結合度，直接投資結合度を 2 軸の散布図で表し，日本，中国と ASEAN 各国との緊密度を表す。図表 4-11 においては X = 1.0, Y = 1.0 を原点とし，①の象限では貿易，直接投資共に二国間が緊密度の高いことを示す。②においては貿易結合度が高く，直接投資結合度は低い「貿易優先」のパートナーシップであると言える。③においては逆に直接投資結合度が高く，貿易結合度が低い「投資優先」という関係が見て取れる。④においては，貿易・投資共に緊密度は低く「疎遠な」関係であることが言える。

貿易と直接投資の連関については浦田［2001］において，多国籍企業による海外子会社との資本財，部品の輸出，製品の輸入といった貿易の拡大がみられることを前提に環太平洋 16 カ国を対象に分析がされている。結論として，①基本的に直接貿易の貿易に与える影響は正である，②直接貿易の貿易への影響は時系列的には減少傾向にある[191]，③東アジア諸国についてはより強い関係がある，と指摘している[192]。

ここでは議論を日本と ASEAN 各国，中国と ASEAN 各国の関係に絞り，貿易・投資の両面からの緊密度を比較することで，日本，中国の相違を明らかにするものである。

図表 4-11 から，プロットされた国の配列が概ね右上がりになる傾向が見て取れる[193]。日本と ASEAN 全体の関係では貿易，投資を通じて緊密な関係にある。特にフィリピン，タイについては貿易結合度，直接投資結合度共に高くなっている。しかし CLM3 カ国については貿易，投資共に日本とは現状限られた関係となっており，日本と ASEAN 各国との貿易投資関係は緊密な国と疎遠な国に 2 極分化している。

2000 年代前半と後半の比較では，日本は ASEAN 全体に対して貿易結合度

---

191 多国籍の企業の本社と海外子会社の関係が，販売・調達ネットワークの拡大によって多様化したことが理由である。浦田秀次郎［2001］，37 頁。
192 同上，34-37 頁。
193 回帰分析では R2 = 0.59 となる。貿易と直接投資との関係については正の相関関係が示唆されているが統計的な手法に基づいたものは少ない。APEC 諸国のフローベースの FDI と貿易の相関を分析した Otsubo, S. and Uemura, T.［2003］, "Forces Underlying Trade Integration in the APEC Region," *Journal of Economic Integration*, 18 (1), pp. 126-149. などを参照。

112 章4章　ASEANにおける直接投資に関する分析

図表4-11　日本とASEAN各国の貿易・直接投資結合度分布・推移図

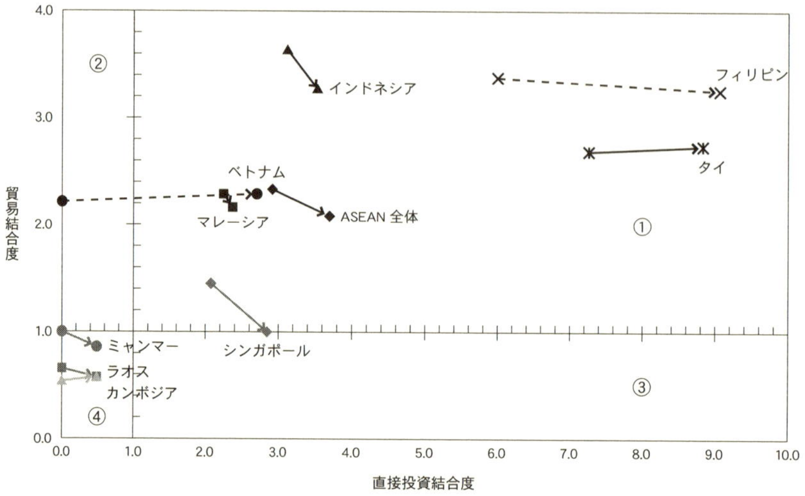

(注) 貿易結合度は2008年，直接投資結合度は2009年を使用。ミャンマー，ラオス，カンボジアの直接投資結合度は推計。インドネシアの直接投資額は一部推計。
(出所) 図表4-9，4-10のデータから筆者作成。

の低下と直接投資結合度の増加が見られる。直接投資結合度の増加が大きいのは，ベトナム，フィリピン，タイの3カ国である。

図表4-12から，中国も日本と同様に貿易，投資を通じてASEAN全体との緊密度が高いことがわかる。日本と大きく異なる点は，中国とCLM3カ国の貿易投資関係が極めて緊密であり，逆にタイ，インドネシア，ベトナムとは相対的に緊密度が低いことである。この中国のASEAN各国との貿易・投資関係については，政治経済的な要因が大きい。2000年代前半と後半の比較では，中国はASEAN全体に対して貿易結合度の微増と直接投資結合度の低下が見られる。直接投資結合度の低下が大きいのは，シンガポール，タイの2カ国である。

中国の国家経済戦略については，ASEANの中でも鉱物資源開発の可能性が大きくかつCLM3カ国のような低開発途上国に対して，さらに直接投資および貿易の関係を強めようとする中国の長期的な国家的意図を見ることができる。前述のようにACFTAの締結によりEHP（アーリーハーベスト措置），サー

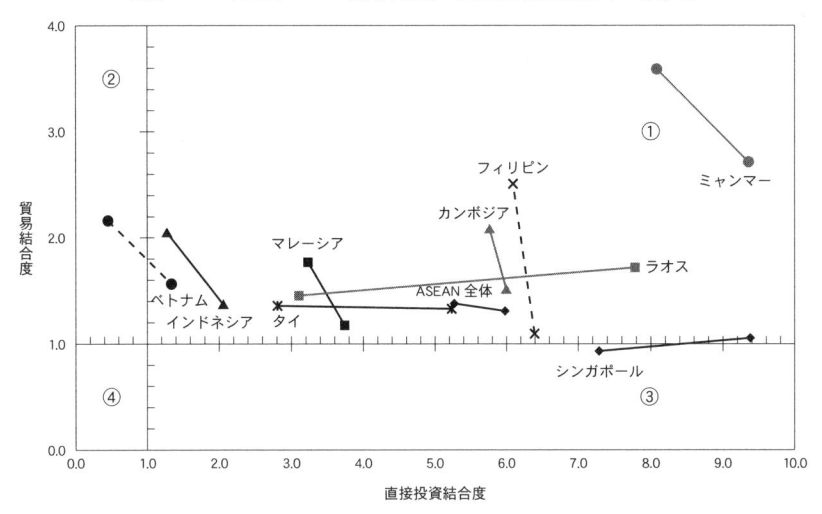

図表 4-12　中国と ASEAN 各国の貿易・直接投資結合度分布・推移図

(注) 貿易結合度は 2008 年，直接投資結合度は 2009 年を使用。中国からミャンマー，ラオス，カンボジアへの直接投資額，結合度は推計の上修正。インドネシアの直接投資額は一部推計。
(出所) 図表 4-9, 4-10 のデータから筆者作成。

ビス貿易協定，投資協定と続く一連の制度的な枠組みはこうした ASEAN との「選択的な」緊密度の向上に寄与している。

　日本と中国の ASEAN 各国との経済関係における対称性の存在は，以下のような要因によるものであろう。①中国は経済規模の小さい CLM3 カ国を貿易・投資による囲い込みをおこなっている，②日本は生産拠点，市場として規模の見込める CLM3 カ国以外の国に集中して貿易・投資をおこなっている，③中国は日本の経済的プレゼンスが高い国（タイ，インドネシアなど）との貿易・投資に相対的に消極的である傾向がある，④中国は国境を接するベトナムとの貿易・投資に必ずしも積極的とは言えない，などが指摘できる。

　このうちインドネシアへの日本の大きなプレゼンスの背景には，日本との政府，民間ベースの長期に渡る関係がある。一方，1995 年の反華人暴動に見られたような伝統的な中国文化，華人による経済支配への抵抗感の影響も指摘できる。タイは欧米の植民地支配を受けておらず，また華人の同化政策が進んでいる。日本はタイにおいて貿易関係から直接投資へ大規模な移行をおこない，

結果として日本が中国より早い段階で資本蓄積をしている。ベトナムは日本が政府開発援助による政府間レベルの関係から民間投資へと急速に移行しつつあるのに対して，中国とは1979年の中越戦争および現在まで続く領土問題が影響している。またベトナム北部の経済圏に比べて，南部のホーチミンを中心と

図表4-13 日本と中国の貿易・投資を通じたASEAN各国との関係

	日本		中国	
	貿易	直接投資	貿易	直接投資
ASEAN全体	++	++	+	++
	貿易・投資を通じて高い緊密度を維持している		投資が貿易より高い緊密度を示している	
シンガポール	N	+	N	+++
	貿易の緊密度は低いが，双方向の投資により緊密度が高い		貿易の緊密度は低いが，双方向の投資により緊密度が非常に高い	
マレーシア	+	+	+	+
	貿易・投資共に緊密度がやや高い		貿易・投資共に緊密度がやや高い	
インドネシア	++	++	+	+
	貿易・投資を通じて緊密度が高い		貿易・投資共に緊密度がやや高い	
フィリピン	+++	+++	++	++
	貿易・投資共に緊密度が極めて高い		貿易・投資共に緊密度が高い	
タイ	+++	+++	+	+
	貿易・投資を通じて緊密度が極めて高い		貿易・投資共に緊密度がやや高い	
ベトナム	++	++	+	+
	貿易・投資を通じて緊密度が高い		貿易・投資共に緊密度がやや高い	
カンボジア	−	−	+	++
	貿易・投資共に緊密度は低い		投資が貿易よりより高い緊密度を示している	
ラオス	−	−	++	+++
	貿易・投資共に緊密度は低い		貿易より投資が非常に高い緊密度を示している	
ミャンマー	−	−	+++	+++
	貿易・投資共に緊密度は低い（近年急増の傾向がある）		投資が貿易共に極めて緊密度の高い関係にある	

（注）緊密度の表記：N（中立），+（緊密度が高い），−（緊密度が低い），+−の数はその程度を示す。
（出所）図表4-11, 4-12から筆者作成。

した経済圏では中国のプレゼンスが低いとされている[194]。CLM3カ国については，従来経済制裁がおこなわれていたミャンマーおよびラオス，カンボジアに対して，日本がさまざまな援助をおこなってきたにも関わらず日系企業による民間投資が現時点では極めて限られている。

この点については，後述の日系企業を中心とした事例研究などにより，日本が特定の国に産業集積を形成している事実と，CLM3カ国への民間投資の消極性を明らかにしてゆく。一方，中国は国家戦略的アプローチで，ASEAN各国との貿易投資関係を構築している点が日本とは大きく異なっている。中国は対CLMに限らず，海外進出が国営・中央企業により中国政府の意向の元におこなわれている。現在交渉中であるTPP（環太平洋パートナーシップ）協定に中国が参加を検討するためには，国営企業（の民営化）の問題についても議論がされることになり，中国にとっては大きな決断を迫られる可能性があるだろう。

---

194 『通商弘報』2009年2月26日付け。

第5章
日系グローバル企業の戦略と GMS における産業の集積・分散

　海外に展開している日系製造業は自動車産業および電機電子産業が2大産業であり，日本による ASEAN 向け製造業の対外直接投資のうち，この2業種で51％を占めている[195]。第5章では，実証的分析としてこれらの業種に注目し，GMS あるいは ASEAN 域内でどのような企業戦略と投資行動を取っているか，実地調査結果の検討をおこなった上で明らかにする。これによって企業立地の域内産業集積との関係，加えて個別企業あるいは製品，マーケットの異なる最適化戦略がどのようなものであるかをも示したい。これらをケーススタディとして GMS における産業の集積とフラグメンテーションの関係について明らかにする。また産業集積，フラグメンテーションに深く関連する，企業物流および GMS 経済回廊の整備の事例を示す。

1. 日系企業の ASEAN と GMS 進出の状況

(1) **進出日系企業数，売上高，雇用従業員について**
　日系企業の海外進出数に関する正確なデータはない[196]。ASEAN, GMS への

---

[195] 日本銀行，業種別・地域別直接投資（2012年通期）より。
[196] 日系企業の厳密な定義はないが，東洋経済などでは資本金の10％以上を日本人もしくは日本企業が出資している法人を指す，としている。「外国為替及び外国貿易法」第26条では国内の上場会社（店頭公開会社を含む）の株式の取得で，株式所有比率（当該取得者と特別な関係にあるもの所有株式を含む）が10％以上となるものとし，これに加えて「外為法における直接投資」には，10％以上の持ち分の他，対外直接投資には外国企業に対する役員の派遣や原材料の供給等資本／

図表 5-1　GMS 各国商工会議所会員数と在留邦人数

商工会議所名称	商工会議所会員企業数	在留邦人数
タイ：盤谷日本人商工会議所	1,506	46,410
ベトナム計	1,213	9,313
ベトナム日本商工会（ハノイ）	(520)	(3,604)
ダナン日本商工会	(60)	(125)
ホーチミン日本商工会	(520)	(5,164)
カンボジア：カンボジア日本人商工会議所	144	1,201
ミャンマー：ヤンゴン日本人商工会議所	133	543
ラオス：ビエンチャン日本人商工会議所	57	554
5 カ国合計	3,053	58,021
（参考）中国：雲南日本商工会	6	137
（参考）中国：広西チワン族自治区	不明	174

（出所）ジェトロ調査，各商工会 HP，各種報道，外務省領事局政策課［2012］「海外在留邦人数調査統計平成 24 年版」，雲南日本商工会など。

進出企業に関しても同様であり，盤谷日本人商工会議所によればタイにおける日系企業は「登記ベースで約 7000 社，操業しているのは 4000 社程度」[197] と言われる一方，東洋経済新報社「国別海外進出企業総覧」（2011 年）ではタイ進出企業数を 1675 社としている。業種別にはサンプル数の多いタイ，ベトナムに関しては，進出企業数の 50％以上が製造業であると推定される。公的なデータとしては，外務省調査の海外在留法人数に関する調査，および各地の日本人商工会議所の会員数がわかることから，これらから各国の相対的な日系企業進出状況を推測することになる。（図表 5-1）

　各国の日本商工会，日本人商工会議所会員数から，メコン地域においてはタイとベトナムに進出している日系企業が圧倒的に多いことがわかる。しかしベトナムにおいては商工会議所が 3 カ所に分かれており，重複して加入している企業も多い。CLM3 カ国では商工会議所会員数はそれぞれ 100 社内外である。在留邦人数はタイが圧倒的であり，ベトナムはその 5 分の 1 程度である。CLM の在留邦人は増加しているが現状は少ない。中国 2 地域における日本企

───

＼関係以外の永続的関係も含んでいる，との規定がある。
197　盤谷日本人商工会議所における聞き取り調査などより。

業，在留邦人は極少ない。

(2) 日系製造業の海外移転

　日系の海外現地法人の設立・資本参加の時期をみると，1986～2000年の間に70％以上が設立されている。その中でも1991～1995年が28.5％と最も多く，次いで1986～1990年の24.6％となっている[198]。1985年のプラザ合意と大幅な円高によって，特に海外マーケットに依存している輸出型企業から海外移転が始まっている。

　いわゆる空洞化について洞口［2002］は，プラザ合意後の時期に日本において用いられた「産業空洞化」という用語は，産業の衰退を示す「広義の」産業空洞化ではなく，日本国内に本社をおく製造業企業が外国直接投資によって，その産業の国内における雇用水準を減少させる「狭義の」産業空洞化であったとする。1990年代前半に問題視されたのは，電機電子産業による大規模な海外直接投資とそれによる雇用調整であった。洞口はサーベイによって，電機メーカーによる日本国内雇用が1991年の198万人をピークに減少し，日本の大都市圏の中小零細企業による産業集積の崩壊と，逆に産業立地の集中というねじれた状況を明らかにしている[199]。

　海外移転の発生時期について叶［2003］は，プラザ合意による為替要因によって起きた海外移転を「第一次産業空洞化」とすれば，その後の中国の台頭に伴う中国への直接投資の加速によるものを「第二次産業空洞化」とし，その経緯を重視している。特に2000年以降，中国のWTO加盟，高度成長を背景にハイテク製品まで海外生産がされるようになったが，ASEANと異なり中国は地場の裾野産業が成功する可能性が大であることから，日本へのインパクトは第二次の方がより大きくなるであろうと見ている[200]。

　日系製造業の海外へのシフトは図表5-2にあるように現在でも続いており，現時点で全業種の生産，販売の約3分の1が海外に依存するまでになってい

---

[198] 経済産業省「日本企業の海外進出状況」http://www.meti.go.jp/statistics/tyo/genntihou/sanko/pdf/h2c3e1ni.pdf
[199] 洞口治夫［2002］，113-154頁。
[200] 叶芳和［2003］，21-24頁。

図表 5-2　海外生産，海外売上比率の推移

		全業種	自動車	電機電子
1989 年	海外生産比率	13.7%	n.a.	n.a.
	海外売上比率	n.a.	n.a.	n.a.
1996 年	海外生産比率	19.2%	n.a.	n.a.
	海外売上比率	n.a.	n.a.	n.a.
2002 年	海外生産比率	29.3%	41.4%	36.3%
	海外売上比率	35.7%	47.2%	41.7%
2007 年	海外生産比率	30.6%	35.0%	43.6%
	海外売上比率	33.8%	35.6%	46.9%
2012 年	海外生産比率	32.9%	39.4%	43.3%
	海外売上比率	35.4%	38.8%	42.8%

(資料) 国際協力銀行『わが国製造業企業の海外事業展開に関する調査報告』2001 年, 2009 年, 2013 年。

る。その中でも電機電子の海外依存度は自動車より生産，販売ともに高い。

　また日系企業が進出先として好ましいと考える「有望事業展開先国」は，上位をアジアが占めるようになり，中国，インド，タイ，ベトナムが例年挙げられてきた。JBIC2013 年調査では，インドネシアが初めて首位になり，中国は 4 位にランクを下げた。また ASEAN10 カ国のうち，ブルネイを除く 9 カ国が上位 20 カ国に入るという結果になった[201]。

　このように日系企業は ASEAN と GMS 地域を，製造業の生産拠点として位置づけてきており，消費地として重要視し始めたのは近年のことである。これに対して日本以外の東アジアの国はかなり異なった投資行動をおこなっている。例えば，韓国の ASEAN への累計 FDI の国別構成比はベトナムが最も多く 40％以上を占めており，以下シンガポール，インドネシア，タイ，フィリピンとなっている[202]。FDI の業種別シェアについては日本の ASEAN 向けの 80％近くが製造業であるのに対して[203]，韓国による ASEAN 向け FDI は製造業が

201　国際協力銀行『わが国製造業企業の海外事業展開に関する調査報告』2013 年。
202　JETRO [2007]「韓国企業の ASEAN 進出の実態に関する調査」JETRO ソウルセンター・海外調査部中国北アジア課，20 頁。1995 ～ 2004 年累計値。
203　日本銀行地域別・業種別直接投資残高データから。http://www.boj.or.jp/statistics/br/bop/index.htm/

42％，鉱業18％，卸売業10％，サービス業9％と多岐にわたっている[204]。さらにベトナムに進出した製造業の生産品の輸出比率を見た場合，日系企業の半数以上が製品の100％輸出をおこなっているのに対して，韓国企業で全量輸出する企業数は20％に満たない[205]。すなわち日系企業は，進出先国で加工輸出をおこなうのが進出動機と思われるのに対して，韓国企業は進出国の内需獲得を大きな目的としている傾向が強い。

近年，当該地域における日系企業のシェアは中国，台湾，韓国企業の伸張とともに減少している。各企業にとって，ASEANとGMSにおいて国ごとの企業展開，製品シェア，市場における認知度などがそれぞれ大きく異なる。日系企業に焦点を当てた場合には，タイを中心とした産業集積の形成の分析に片寄るが，NIEs，中国などの新興国の日系企業とは行動様式の異なる海外進出についても注意深く見ていく必要性がある。

(3) ASEANにおける日系企業による業種別現地売上高と雇用従業員数

ASEAN各国に進出した日系企業の現地法人の売上高，現地で雇用している

図表5-3　ASEAN各国における日系企業の売上高，雇用従業員数

	売上高（億円）				雇用従業員数（人）			
	一般製造業	機械産業	その他産業	計	一般製造業	機械産業	その他産業	計
シンガポール	14,262	18,851	94,198	122,311	11,031	32,062	26,502	69,595
ブルネイ	—	—	—	—	—	—	27	27
インドネシア	9,963	20,433	10,023	40,419	94,557	181,930	49,231	325,718
マレーシア	7,342	25,030	8,122	40,494	42,694	146,863	22,673	212,230
フィリピン	5,142	12,356	2,557	20,055	19,226	133,500	14,159	166,885
タイ	17,587	63,590	34,484	115,661	122,804	348,718	60,591	532,113
ベトナム	1,606	5,227	877	7,710	33,037	87,504	9,029	129,570
カンボジア	X	41	X	41	0	62	X	62
ラオス	X	1	10	11	X	19	X	19
ミャンマー	7	6	33	46	217	296	510	1,023
ASEAN全体	55,909	145,535	150,304	351,748	323,566	930,964	182,722	1,437,252

（注）2006年データ。Xは不回答を含む。
（出所）RIETI直接投資データベース2010。

204　同上，21頁。韓国2002〜2006年累計値，日本2002〜2004年累計値。
205　同上，32-33頁。

従業員数を見ることによってその規模が推定される。図表 5-3 は，経済産業研究所による調査で ASEAN に進出した日系企業を業種別に示しており，これによると ASEAN 全体における売上高は 35 兆円，雇用している従業員は 140 万人を超える（いずれも RIETI 直接投資データベース，調査 2006 年）。国別に見ると，製造業ではタイに集中しており，売上高ではシンガポールにおける「その他産業」，すなわちサービス，金融などの規模が目立つ。また CLM3 カ国における日系企業の活動は，この統計からはミャンマーにわずかにみられる程度である。これは，第 3 章，第 4 章で検討した貿易，直接投資の国別傾向とほぼ一致するものである。

2. ASEAN と GMS の日系自動車産業に関する状況と事例

(1) ASEAN と GMS における自動車産業

主要自動車メーカーの進出により，ASEAN 域内の日系自動車産業は現地生産，現地販売，第三国への輸出を伸ばしてきた。近年の生産，販売は 2009 年が金融危機により大きく落ち込んだが，2010 年以降においては回復している。（図表 5-4）

中長期的には，アジア全体の自動車生産は 2010 年の 1100 万台から 2015 年の 1600 万台，2020 年の 2400 万台へと大きな増加が見込まれている[206]。この主な要因としては，①中国市場の拡大，②インド市場の台頭，③小型ローコス

図表 5-4 ASEAN の主な自動車生産国の生産台数推移

（単位：台）

	2008 年	2009 年	2010 年	2011 年	2012 年
タイ	1,393,742	999,378	1,645,304	1,457,795	2,453,717
インドネシア	600,828	464,816	702,508	833,616	1,066,557
マレーシア	530,810	489,269	567,715	533,515	569,620
フィリピン	124,449	132,444	168,490	141,616	156,649

（出所）アセアン自動車産業［2013］，http://autoairi.com/myannmar2013.html

---

206 Fourin［2011］, pp. 2-3.

ト車へのシフト，④日本からの生産移転の進行（含む日本への逆輸入），などがある。

　ASEANとGMS地域では，従来から集中しているタイに加えてインドネシアにおける完成車生産の計画が各社で強まっている。さらにインドにおける生産が拡大した場合，ASEANあるいはメコン地域との生産連携の動きも拡大すると思われる。また従来圧倒的であった日本メーカーのプレゼンスであるが，非日系メーカーによるASEANへの進出が活発になることから，中長期的には日本メーカーのシェアの低下は避けられないであろう。

　ASEAN域内においてはさまざまな経緯を経て，自動車部品相互補完スキーム（BBC），ASEAN産業協力スキーム（AICO），AFTAなどの制度が設けられ，これらによって域内貿易・投資について自由化が進んできている。しかしASEAN域外国との間では猶予措置を含めて多くの制限が残っている。これは自動車関連産業の規模が大きいことから，各国が自由化による自国経済・産業への悪影響を依然警戒しているためである。ASEAN主要国におけるFTAにおいては，自動車はほとんどの場合センシティブ品目にあたり，輸入側の保護対象になっている。ASEANにおける完成車に関する関税は，2010年1月にAFTAによりASEAN6については撤廃され，CLMV（カンボジア，ラオス，ミャンマー，ベトナム）については2018年までに最終的に撤廃の見込みである。

　またASEAN主要国におけるFTAの自動車に関連した自由化措置の概要は，図表5-5のようになっている。

　ASEAN域内においては，BBC，AICO，AFTAというスキームによって域内貿易について自由化と競争力強化が進んできている。自動車がセンシティブ品目に指定され猶予措置を含めてまだ制限が残っているのは，自動車産業が輸入代替産業，幼稚産業（infant industry）として保護育成されるべきとの議論がかつて各国で強かったことがある。ASEAN共同体形成を控えてASEAN域内における関税のハードルが下げられ，ASEANにおける主要自動車生産国は優位になる。一方，域外とのFTAであるASEAN－中国間のACFTAなどでは自動車関連製品は依然例外品目扱いとなっており，それらの国との本格的な自由化はかなりの時間がかかると見込まれる。

2. ASEAN と GMS の日系自動車産業に関する状況と事例　　*123*

図表 5-5　ASEAN 主要国の主な FTA の自動車関連品目の状況

国	相手国	概要・内容
ASEAN	ASEAN	2010 年 1 月 AFTA のもとで ASEAN6 の関税を撤廃済み。CLMV については 2015 〜 2018 年で撤廃予定。
	日本	2008 年 12 月〜 2009 年 6 月，AJCEP が発効し，ASEAN6 は 2012 年，CLMV は 2017 年までに関税撤廃予定。
	中国	2005 年 7 月物品貿易に関する ACFTA が発効し，ASEAN6 は 2010 年，CLMV は 2015 年までに関税撤廃する。しかし，完成車，ほとんどの自動車部品が中国，タイ，インドネシア，マレーシア，フィリピンにおいてセンシティブ品目，高度センシティブ品目になっている。
	韓国	2007 年 6 月 AKFTA が発効，ASEAN6 は 2010 年，ベトナムは 2016 年，CLM は 2018 年までに関税撤廃予定。
	インド	2010 年 1 月 AIFTA が発効。自動車を含むセンシティブ品目については，原則 2019 年までに関税撤廃予定。
	オーストラリア／NZ	2009 年 2 月 AANZFTA が署名され，2010 年 3 月タイを最後に発効した。
タイ	日本	2007 年 11 月 JTEPA が発効。タイ側は 3,000cc 超の完成車は 2011 年までに 80％から 60％に段階的に引き下げる。3,000cc 以下については 2013 年に再協議する。自動車部品については原則 2012 年〜 14 年に関税撤廃予定。
	インド	2004 年 9 月インド−タイ FTA の EH で開始された EH82 品目のうち，自動車部品ではギアボックスなどが含まれている。本 FTA については交渉中。
	オーストラリア	2005 年 1 月 TAFTA が発効。2015 年までに全ての関税を撤廃する。オーストラリア側は小型乗用車，ピックアップの関税を即時撤廃。自動車部品は 2010 年までに撤廃した。タイ側は 3,000cc 超の乗用車と商用車の関税の即時撤廃，3,000cc 以下については 2010 年に撤廃された。自動車部品は 2010 年までに撤廃した。
インドネシア	日本	2008 年 7 月 JIEPA が発効。インドネシア側は 3,000cc 超の乗用車は 2012 年までに撤廃。その他商用車などは 2016 年までに 5％以下に低減または撤廃予定。自動車部品（CKD 部品含む）は 2012 年までに撤廃予定。
マレーシア	日本	2006 年 7 月 JMEPA が発効。マレーシア側は CKD 部品の関税を即時撤廃。自動車部品，2,000cc 以上の乗用車は 2010 年までに，2,000cc 未満の乗用車は 2015 年までに段階的に関税撤廃予定。
フィリピン	日本	2008 年 12 月 JPEPA が発効。フィリピン側は 3,000cc 超の乗用車，バス，トラックは遅くとも 2013 年に関税撤廃。3,000cc 以下の乗用車は 20％に引き下げた後再協議。自動車部品は関税撤廃がされていない。
ベトナム	日本	2009 年 10 月 JVEPA が発効。ベトナム側はエンジン，エンジン部品，ブレーキ，ギアボックスを 10 〜 15 年で関税撤廃予定。冷延鋼鈑は 15 年，亜鉛メッキ鋼板は 10 年で関税撤廃予定。

（出所）Fourin［2011］, p. 9,（原資料）外務省，報道資料より。

(2) タイを中心とした自動車各社の展開

　タイは当初から自動車産業の自由化策をとっていた訳ではなく，輸入代替による工業化への取り組みを，1960年代から1970年代にかけておこなった。その一環としてタイ政府は1975年に自動車のローカル・コンテント規制率25％を導入し[207]，1978年には完成車の輸入を禁止した。しかしその後自由化，外資導入へと政策を転換し1980年代前半には，タイ投資委員会（BOI）の編成をおこない外資誘致のための体制を整えた。にもかかわらず，1980年代半ばの景気後退期には米系自動車メーカーは，タイにおける自動車生産，販売を諦め多くが撤退している。この対応としてタイ政府は1995年からのレムチャバン港を中心とした東部臨海工業地帯の整備などの地域政策を実施し，また1997年アジア金融危機後の2000年には自国産業保護政策を大幅に緩めた自動車産業の外資自由化という決断をした。これらがきっかけとなり，日系自動車メーカーと裾野産業の集中的な進出と増産がおこなわれ，タイにおける自動車産業の集積が一気に形成された[208]。

　タイにおける工業化プロセスについて，末廣［2000］はASEANで工業化に先行した国と同様に，当時のタイのような後発開発国がキャッチアップ工業化をはかるためには圧縮された工業化，政府の介入，輸入技術，多国籍企業の役割が大きいことを強調している。タイの自動車産業の2000年以降の状況は，末廣の指摘通りとなっている。

　この結果2012年に，タイは世界で第10位の自動車生産国となった。ASEANにおける自動車生産のうち，タイが圧倒的な生産台数を占め，タイ政府が目指していた「東アジアのデトロイト」が現実になっている。タイ国内で完成車組立をおこなっているのは12社であるが，日系企業による生産台数は実に90％以上と圧倒的なシェアを占めており[209]，日系自動車完成車および自動車部品メーカーによる一大産業集積が形成されている。2012年のタイの自動車総生産台数は過去最大の245万3000台に達しており，うち輸出は102万

207　タイ政府は80年代後半には規制率を65％まで上げる計画であった。
208　タイの外資出資比率規制緩和の動きは，1993年に100％外資の第3ゾーン進出企業への法人税免除，1995年の100％出資の場合の輸出義務（80％）の免除などがおこなわれた。
209　Fourin「世界自動車統計年刊2009」285頁。日本メーカー（フォード・マツダ含む）のシェアが92.0％（2008年）を占める。

図表 5-6　タイにおける自動車主要各社の生産概要

メーカー	主な工場名	近年の主な動向	年間完成車生産能力
トヨタ	Samron, Gateway, Ban Pho 工場	400 億円を投資し，2015 年よりディーゼルエンジン生産強化。	76 万台
三菱自動車	Laemchabang（第 1〜第 3 工場）	日産との生産提携により生産能力を強化。	51 万台
いすゞ	Samron, Gateway 工場	100 億円を投資しピックアップトラックの生産能力を強化。	40 万台
ホンダ	Ayutthaya（第 1, 2 工場）	450 億円を投資し，2015 年より年 12 万台能力の新工場を稼働。	30 万台
日産	Bangna Trad 工場	350 億円を投資し，2014 年より 15 万台能力の第 2 工場を稼働。	22 万台 ＋15 万台
Ford／マツダ	Rayong（第 1, 2 工場）	260 億円を投資し，2015 年より新トランスミッション工場を稼働。	28 万台
GM	Rayong 工場	ディーゼルエンジン生産能力（年 10 万基）を強化。	16 万台
BMW	Rayong 工場		1 万台
Daimler／現代	Samutprakarn（第 1, 2 工場）		2 万台
Tata Motors	Samutprakarn 工場		3.5 万台

（注）生産能力台数は 2013-14 年見込。
（出所）Fourin［2011］『アジア自動車産業 2011』，Fourin［2012］『アジア自動車部品産業』，各社 HP，各種報道など。

6000 台と初めて 100 万台を超えた。

　タイで完成車組立をおこなっている主要 10 社の生産能力と，生産している主な車種は図表 5-6 の通りである。トヨタを筆頭に各社とも活発な投資をおこなっている。生産されている車種としては，1 トンピックアップトラックがタイの 2012 年国内販売市場で 46％，輸出においては 76％を占めるという際立った特徴がある[210]。この車種のメーカーではいすゞがトップシェアを占め，続いて三菱，マツダ，日産，トヨタで上位はいずれも日系企業となっている。ピックアップトラックは商用車に分類されるが，タイ国内における主たる購買層は

210　タイ工業連盟（FTI）ほか。PPV（1 トンピックアップベース SUV）を含む。過去においてはタイ市場においてピックアップトラックが販売台数の過半を占めていたが，所得の向上と共に乗用車の比率が増加しつつある。

中間所得層，低所得層であり，乗用車は富裕層，中間所得層向けの車種と言える。また 2007 年に発表されたエコカー・プロジェクトは，環境対応と共にタイにおける自動車産業の高度化を目指している政策である。物品税減免が主なインセンティブになっている。日系自動車メーカー 5 社によって進められており，各メーカーは輸出を中心とする計画となっている。2010 年に日本向け輸出が始まった日産マーチはこのエコカーの一環である。タイ工業連盟（FTI）によれば，2012 年タイ国内で登録されたエコカーは 13 万 2000 台で，うち日産が約 7 万 8000 台で首位となっている。トヨタは 2013 年終盤にエコカー販売に参入した。

図表 5-7 が示すようにバンコク周辺における完成車メーカーの立地は，①バンコク北方面・アユタヤ：ホンダ，②バンコク東方面・チャチェンサオ：トヨタ，いすゞ，③バンコク南東方面・サムットプラカーン，レムチャバン：日産，三菱自，④バンコク南東方面・ラヨーン：マツダ/Ford, GM, BMW，などとなっている[211]。これに連なる自動車部品産業は Tier1，Tier2（一次下請け，二次下請け）と続くが，概ねバンコクの南東部の工業団地から東部臨海工業地帯を中心とした地域に集中している。自動車産業の場合，日本国内同様，時間納入形態を取り始めており，完成車工場から 100～150km 圏内[212]，時間にして 2～2.5 時間の輸送時間を前提に立地されている。これが自動車産業が集積を形成している大きな理由である。バンコク圏のサプライヤー総数については，日系を含む外資系，タイ系合わせて約 3000 社と推計されている。このうち Tier1，Tier2 に相当するのが，①外資資本：299 社，②タイ系合弁：190 社，③タイ 100％資本：146 社あり，Tier3（lower Tier）は地場産業，外資資本も合わせて 1700 社以上とされている[213]。

サプライヤーでも多国籍展開した，主要な機能部品の製造を担当するグローバル企業があり，これを「メガ・システムサプライヤー」と呼ぶ[214]。具体的に

---

211 2011 年のタイ大洪水によって大きな被害を受けたホンダ（アユタヤ・ロジャナ工業団地）は，バンコク北東部にあたるプラチンブリ県の 2015 年完成の新工場に一部の生産を移す。
212 Machikita, T. and Ueki, Y. [2010] , "Spatial Architecture of the Production Networks in Southeast Asia," ERIA Discussion Paper Series, p. 28 参照。全業種サプライヤーの 45.3％が 100km 圏内となっている。
213 Thailand Automobile Institute 資料，工業調査研究所［2006］『タイ自動車産業サプライヤマップ』エヌ・エヌ・エーより。

2. ASEAN と GMS の日系自動車産業に関する状況と事例　　*127*

図表 5-7　タイ・バンコク周辺における自動車産業集積の状況

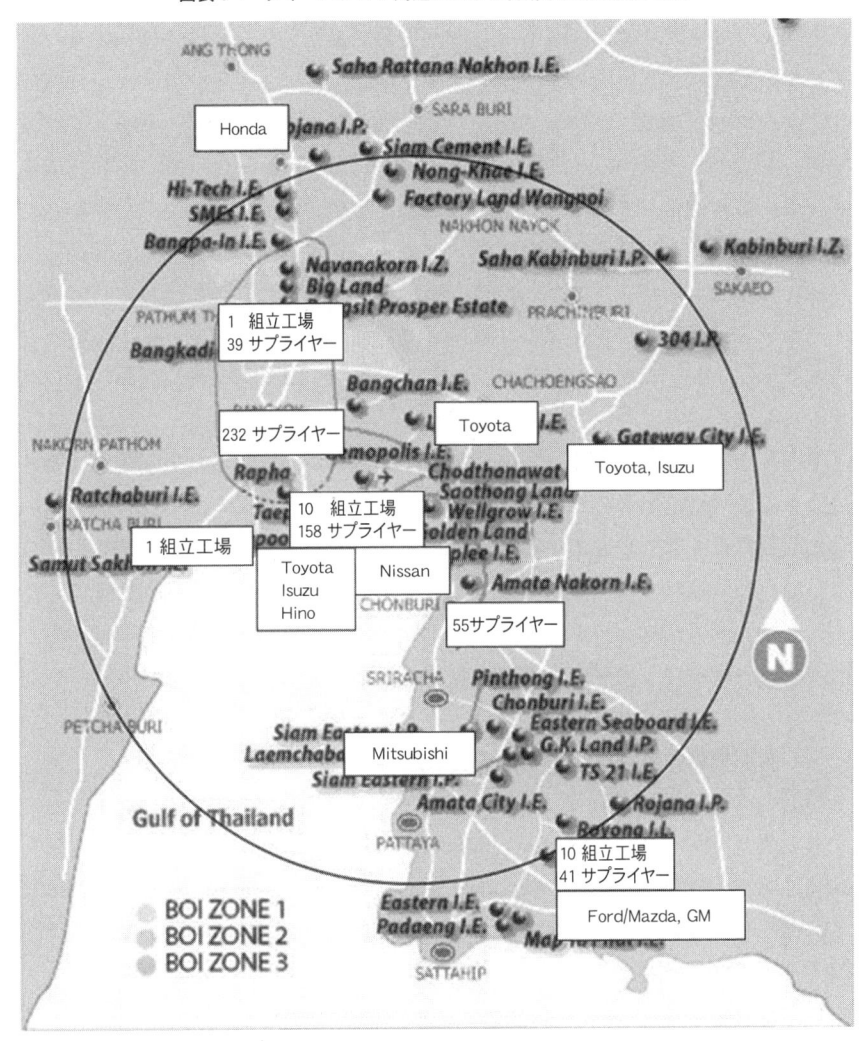

地図上の情報:
- Honda
- 1 組立工場　39 サプライヤー
- 232 サプライヤー
- Toyota
- Toyota, Isuzu
- 10 組立工場　158 サプライヤー
- 1 組立工場
- Toyota Isuzu Hino
- Nissan
- 55 サプライヤー
- Mitsubishi
- 10 組立工場　41 サプライヤー
- Ford/Mazda, GM

(注) 円は Samut Prakan を中心に 100km 圏を示す。
(出所) ERIA 資料地図に筆者加筆。サプライヤー数は Thailand Automobile Institute 資料から。
　　　完成車プラント位置は Fourin [2011] および各種報道から。

214　工業調査研究所 [2007]『タイ国・日系自動車部品メーカ実態調査』エヌ・エヌ・エー，26 頁。

はアイシン精機，NTN，ジェイテクト，デンソー，豊田合成，トヨタ紡織，日立オートモーティブ，ボッシュなどがそれにあたる。これらを含めてサプライヤーの集積は大きく分けて，①アユタヤ地域，②サムットプラカーン地域，③プラチンブリ地域，④チャチェンサオ地域，⑤バンコク地域，⑥チョンブリ地域，⑦ラヨーン地域，に広がっている。このうちメーカー系で系列完成車メーカーのみ供給しているケース，独立系で複数の完成車メーカーに供給しているケース，あるいは欧米系完成車メーカーが日本部品メーカーから調達しているケースも見られる。こうした自動車部品メーカーの立地によって，完成車メーカーを頂点としてエンジン，車体，電装品，駆動系，ブレーキ，金型などの主要部品，および素材などのサプライヤーがバンコク南東部に向かって集積することになった。

　障害となりつつあるのは，この自動車産業集積が形成された東部臨海工業地帯にある製品積み出しのためのレムチャバン港の能力が，年間100万台程度のため限界に近くなってきていることである[215]。このためアンダマン海側の積み出し港が要望されており，タイ南部ソンクラーまたは南部経済回廊を延伸したミャンマー側のダウェーの整備が考えられ一部着手されている。この積み出し港の能力の問題は，地域の自動車産業の大きな懸念事項となっている。

(3) 個別企業の事例：本田技研工業
(3.1) タイにおける経緯
　ホンダは1992年にHonda Cars Manufacturing (Thailand) Co., Ltd. を設立し，自社工場での四輪車組立を開始した。1996年からはアユタヤの第一工場にてタイ国内および輸出向けにアコード，シビック，シティ，CR-V を生産し年間12万台の能力をもったが，その後2008年アユタヤに第2工場を増設し，タイにおける生産能力は合計24万台となった。2010年の生産台数は17万台となっている。2000年にはHonda Automobile (Thailand) Co., Ltd. として生産会社を再編する。2005年に研究部門であるHonda R&D Asia Pacific Co., Ltd. が設立される（図表3-8）。また部品に関しては1999年に金型工場を設け，ボンネットや

---

[215] レムチャバン港の第3期拡張計画は，2018年をめどに進められているとされるが，周辺住民の反対運動などもあり流動的であると言われる。

2. ASEAN と GMS の日系自動車産業に関する状況と事例　　*129*

図表 5-8　本田技研工業の ASEAN における主な拠点一覧（除くグループ会社系）

	会社名	主な役割・製品	完成車（四輪）年間生産能力
タイ	Asian Honda Motor Co., Ltd.	統括会社，販売	
	Honda Leasing (Thailand) Co., Ltd.	金融	
	Honda R&D Asia Pacific Co., Ltd.	研究開発	
	Honda Automobile (Thailand) Co., Ltd.	第1工場：Civic など，エンジン部品	12万台
		第2工場：City, Accord, CR-V	12万台
	Asian Parts Manufacturing Co., Ltd.	バンパービーム，ドアパネルなど	
	Thai Honda Manufacturing Co., Ltd.	二／四輪車，汎用部品	
インドネシア	P.T. Honda Prospect Motor	City，Civic，エンジン部品	6.3万台
	P.T. Honda Precision Parts Mfg.	AT，エンジンバルブ	
マレーシア	Honda Malaysia Sdn. Bhd.	City，Civic，等速ジョイント	3万台
フィリピン	Honda Cars Philippines Inc.	Civic セダン，City	1.5万台
	Honda Parts Manufacturing Corp.	MT，補修用プレス部品	
ベトナム	Honda Vietnam Co., Ltd.	Covic CR-V，エンジン組立	1万台

（注）生産品目，生産能力などは 2010 年時点。
（資料）Fourin「アジア自動車部品産業 2011」，メーカー HP などから作成。

サイドパネルなどプレス用大物金型を生産しており，中国の広州ホンダ，フィリピンやインドネシアの東南アジア各拠点に供給している[216]。

(3.2)　ホンダの ASEAN における生産ネットワーク

AFTA が本格化する 2003 年以前は，ASEAN 各国が自動車産業を重点育成産業と位置付けていたことから，自動車マーケットは高い関税を課され国ごとに守られていた。そのため企業が ASEAN の自動車市場に参入するには，それぞれの国に製造拠点を設置する必要があった。ホンダも他社同様，各国別に完成車組み立て拠点と部品生産拠点を配置してきた。しかし，現在は他社より明確にタイをメイン拠点，マザー工場と位置付け完成車の組み立てを集中させ，それ以外は主に部品加工，組立に特化している。インドネシアは AT（オートマチック・トランスミッション），シリンダーブロックなどの部品に，マレーシ

216　本田技研工業 HP，プレスリリース，各種報道から。

アは等速ジョイントに，フィリピンはMT（マニュアルトランスミッション）などに特化している。さらにタイへは日本からエンジン部品の半完成品を輸出し，タイで機械加工をおこなっている。

このようにASEANトータルの視点で生産拠点を再編成し，ASEAN産業協力スキーム（AICO）[217]，AFTAを活用しながら域内の生産拠点間の「部品相互補完ネットワーク」により完成車の生産をおこなうようになった（図表5-9）。このようなASEANにおけるサプライチェーンはトヨタ自動車と類似しているが，トヨタは統括管理会社をシンガポールに立地したのに対してホンダはタイに研究開発センターと共に設置している。これはより生産，販売に近いところに統括機能を置くという最近の傾向と，ホンダのタイを重視する姿勢を示している。

図表5-9 ホンダによるASEAN域内分業ネットワークのイメージ図[218]

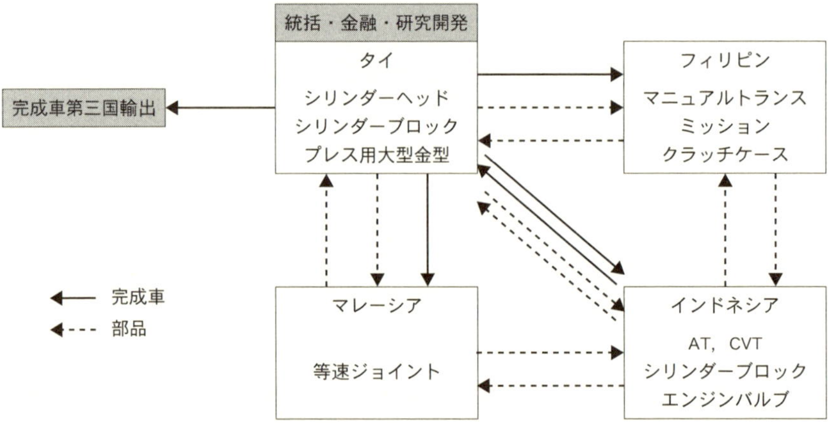

```
                    統括・金融・研究開発
                    ┌─────────────┐
                    │    タイ      │
                    │ シリンダーヘッド │ ────→ フィリピン
完成車第三国輸出 ←──│ シリンダーブロック│       マニュアルトランス
                    │ プレス用大型金型 │       ミッション
                    └─────────────┘       クラッチケース

    ←── 完成車
    ←--- 部品
                    ┌─────────────┐       ┌─────────────┐
                    │  マレーシア   │       │ インドネシア  │
                    │             │       │  AT, CVT    │
                    │ 等速ジョイント │       │ シリンダーブロック│
                    │             │       │ エンジンバルブ │
                    └─────────────┘       └─────────────┘
```

（資料） Fourin「アジア部品産業2008」他から作成。

ホンダの各拠点における部品製造能力のうち，その規模が目立つのが，タイ以外ではインドネシアにおけるAT25万基，エンジンバルブ55万台分，マレー

---

[217] AICO認可状況によればほとんどが日系自動車メーカーで，CKD Partsの特恵関税目的である。ホンダ関連が極めて多く，トヨタ関連ではデンソーが積極的にAICOを利用している。ASEAN事務局資料としてAICO総認可件数は2005年4月で129件となっている。http://www.aseansec.org/6398.htm

[218] 生産拠点の分業体制を簡略化しており，現実の各子会社の取引関係を正確には示していない。

シアにおける等速ジョイント 17.3 万台分，フィリピンにおける MT14 万基である。これらは ASEAN 以外の中国，インド，中東，北米にも輸出がされている[219]。またタイからの部品輸出額（2010 年）313 億バーツで非常に大きく，同じくタイからの完成車輸出額 306 億バーツを超えていることが特徴になっている[220]。

(4) **個別企業の事例：日産自動車**
(4.1) **タイにおける経緯**

日産は 1950 年代に日系自動車メーカーとしては最も早くタイに進出したが，1999 年のゴーン CEO が就任後，日本国内体制の改革，欧米市場を重視したことなどから，2000 年代前半のタイにおけるシェアは急落した。2004 年に合弁形態の Siam Nissan Automobile 社と Siam Motors and Nissan 社への出資比率を 75％に引き上げ経営権を取得した。それまでタイ製日産車はタイ国内向けで，2005 年の輸出はわずか 830 台だった。バンコク南東の近郊にある Nissan Motor 社を強化し 2010 年までに年間 20 万台強の生産能力をもつことをめざした[221]。エンジン生産能力も強化し，インドネシア，フィリピン，マレーシアへの輸出を計画した。金型製造も日本からタイに移管し，タイ製の金型はインドネシアやマレーシアなどにも供給する。2007 年レムチャバン港に部品の輸出拠点を設立した。敷地面積は 4 万 m^2 で，月間 40 フィートコンテナ約 1000 本の能力をもつ。また Nissan Technical Center South East Asia は 2003 年設立で，域内の部品調達補完を主業務とし，その後サプライヤーの機械設備投資の最適化，またさらに本社委託の R&D 事業をおこなうようになる[222]（図表 5-10）。日産のタイにおける販売シェアは 2012 年には 8.6％まで回復させているが，他の日系他社の販売台数の伸びも高く業界 5 位にとどまっている。

日産の各拠点における部品製造能力のうちでは，タイにおけるエンジン 25 万基，変速機 6 万基，金型製造能力が目立つ。しかしそれ以外に大規模に部品

219　Fourin［2011］, p. 94.
220　Ibid., p. 95. ただし部品輸出のうち「OEM コンポーネント」が大半を占めており，報道ではこの様な部品も四輪車輸出額に含めている。http://www.newsclip.be/news/2011202_029888.html
221　日産のアジア戦略を含む中期計画の一部として，タイ生産拠点のフル操業を想定した数字。
222　日産自動車 HP，プレスリリース，各種報道から。

図表 5-10　日産自動車の ASEAN における主な拠点一覧（除くグループ会社系）

	会社名	主な役割・製品	完成車年間生産能力
タイ	Nissan Leasing (Thailand) Co., Ltd.	金融	
	Nissan Technical Center South East Asia Co., Ltd.	部品調達，設備最適化，R&D	
	Nissan Motor (Thailand) Co., Ltd.	Frontier, Navara, March	22 万台
	Siam Motors & Nissan Co., Ltd.	Teana, Tiida	
インドネシア	P.T. Nissan Motor Indonesia	Grand Livia, Livina	5 万台
マレーシア	Tan Chong Motor Assemblies Sdn. Bhd.	Sentra, Urvan, Livina	8.4 万台
フィリピン	Nissan Motor Philippines, Inc.	Sentra, X-Trail, Grand Livina	3.6 万台
	Universal Motors Corp. (Philippines)	Urvan, Frontier, Patrol	1.2 万台
ベトナム	Vietnam Motors Corporation	Grand Livina	2 万台

（注）生産品目，生産能力などは 2010 年時点。
（資料）Fourin「アジア自動車部品産業 2011」，メーカー HP などから作成。

に特化した拠点は無く，ホンダと異なり多国間における部品製造と輸出入による部品相互補完ネットワークについては構築度合いが低い。

（4.2）　日産のアジア戦略

日産はアジア戦略を，過去の中国，ASEAN の 2 極から，中国，タイ，インドネシア，インドの 4 極体制に変更している。この背景としては，①インドネシアでは人口規模から考えた潜在市場に注目し，インドネシア独特の嗜好にも対応しつつ，他社と差別化するために完成車工場をもつ必要がある，②台頭するインド市場のシェアを確保すること，などがある。しかし日産はインドの低所得者層に対応するため，タイなどからの完成車輸入ではなく，最終的には販売価格を 3000 ドルに設定した ULC（ウルトラ・ローコストカー）の開発，生産を目指している。この車種についてはコストを優先させ設計思想も日本人は関与せず，インド側に委託する構想をもっている。インドにおける事業は当初スズキと提携する予定であったが，スズキの工場が内陸にあり，積み出し港に近いところを想定していた日産の構想と合致しなかった。

また日産はルノーとの共同購買会社を設立し，共同調達の全てが同社を通じておこなわれている[223]。2005 年からの中期計画の柱として，アジアを中心と

したコスト競争力の高い国々からの部品を調達し，競争優位を確立するというLCC（リーディング・コンペティティブ・カントリー）調達戦略を進めている。2010年からタイを皮切りに生産を開始した新型マーチのタイでの現地調達率は90％以上に到達し[224]，旧型車比で30％のコストの低減に成功している。新型マーチはタイ，インド，インドネシアで生産し，日本へは2010年7月からタイ製の輸入が始まり，軽自動車並みの販売価格を実現した「日系ローコスト車輸入」の初めてのケースとして業界にすでに大きなインパクトを与えている。

(4.3) タイ Nissan Motor における状況について

バンコク中心から南東へ約20kmの距離にある Nissan Motor (Thailand) Co., Ltd.（NMT社）の概況は次の通りである。現在人員は5000人（うち2分の1は派遣社員）[225]で，日本人駐在員はわずか6人で操業している。2010年の生産台数は20万台で，2009年の約2倍となった。2011年の生産計画は22万台となっている。しかし，この工場の生産キャパシティとしてはほぼ100％操業であったため，15万台の能力を持つ新工場の建設に踏み切った。年間生産能力が中国3工場で100万台，インドが当面10万台，将来30万台を目指しているので，タイの22万台という数字はそれほど大きなものではなかったが，この増設によって2014年には37万台の能力になる。また2010年12月の日産と三菱自の提携の発表を受けて，日産はタイにおいては三菱自に Navara 約5万台の生産を委託し，日産はマーチなどの主力乗用車に集中する一方，三菱自は2012年工場を新設しピックアップトラックと日産からの受託車を生産し経営効率を高める提携をおこなった[226]。

各国における部品分業化と完成車のタイ集中生産ということが定型化されて言われているが，日産のケースではインドでタイと並行生産される新型マーチ

---

223 2001年設立の Renault-Nissan Purchasing Organization（RNPO）があり，日本経済新聞2007年3月8日付によれば，車台（プラットフォーム），エンジン共通化により共同購買は調達総額の約8割に達したと報じた。
224 現地調達率の定義については注意を要する。現地のサプライヤーから購入したもの，現地で加工したものであっても素材については日本から輸入されたものが多々あり，「正味の」現地調達率は通常やや低いだろう。
225 タイにおける日系企業の労務管理は，組立工を中心に2000年くらいから急速に派遣社員化しつつある。これは日本同様，需要の変動に対応するため正社員を減員した結果である。
226 日本経済新聞（2011年7月14日付）より。

の場合，タイ・バンコクとインド・チェンナイ間の部品の輸送は実際にはほとんどおこなわれていない[227]。主要な汎用部品の場合，他国から供給を受ける際のコストを考慮した場合，自国の完成車工場の内外で製造した場合の方が安価となるケースが多い。例えばバンパーのような一般成形部品では，自国で作る際の「損益分岐点」は月5～6000台程度である。例外なのはオートマチック・トランスミッション，エンジン関連の部品で，これは加工用工作機械が非常に高価なため，減価償却費を勘案し日本のマザー工場（追浜工場）あるいは中国の工場から供給を受けているものが多い[228]。日産はホンダに比較するとASEAN域内の部品相互補完ネットワークへの依存は積極的ではなく，現地調達が可能な部品については現地で購買する方針であることが見て取れる[229]。

(5) 自動車メーカーによる部品調達に見る方法論の違い

日系自動車産業の海外における部品調達方法およびシステムを分析した先行研究として，加茂［2006］は，主にASEAN域内における部品の多角的・分業的調達に注目して，多拠点間における「部品補完型企業内国際分業」[230]という側面を強調している。一方，根本・橋本［2010］は，日本国内におけるジャストイン（JIT）生産，さらにはミルクラン方式[231]にまで至る日本型の効率的な生産・調達方式をASEAN，中国といった海外生産拠点に移植したこと，およびそれが現地の交通・物流の整備と自動車メーカーの調達コストを低減させた過程に注目している[232]。

タイを完成車工場の中核拠点とした自動車各社に見られる，ASEAN各国拠点間の「部品相互補完ネットワーク」は，例としてあげたホンダのように自社

---

227 一部の報道ではAIFTAを利用した日産のタイーインド工場間の国際物流が報じられているが，実際には物量はわずかであるということになる。
228 Nissan Motor (Thailand)，製造マネージャーT氏へのインタビュー（2010年12月実施）から。
229 但し日産は1989年には「日産アジア分業補完会議」を東京で開催し，東南アジア域内の現地調達率50-60％の目標を設定するなど，当初は自社製部品の国際分業と生産特化戦略促進に積極的であったと考えられる。櫻谷勝美［1995］「日系自動車企業とアジア諸国の自動車産業育成政策」『三重大学法経論叢』1995, 12 (2), 128頁。
230 加茂紀子子［2006］『東アジアと日本の自動車産業』唯学書房, 143-212頁。
231 日本ではミルクランは日産の調達ノウハウとされていたが，一橋大学［2007］, 54頁からタイにおいてはミルクラン調達が各社の共通方法としてかなり以前から導入されていたことがわかる。
232 根本敏則・橋本雅隆編著［2010］『自動車部品調達システムの中国・ASEAN展開』中央経済社。

系列会社が中心となり主要部品を多くは遠隔国にある完成車工場に輸送するという方法がとられている。これは本来日系自動車メーカーに端的に見られる，自社在庫増加を極端に嫌う思想からは外れている。この分業システムは部品の集中生産による規模の経済の利益が，輸送，在庫に伴うサービス・リンク・コストの上昇分を上回らなければ起こらないはずである。しかし，ASEANではBBC，AICOといった認可制のスキームがあったことから，自動車マーケットでもある当該国から減産もしくは生産拠点を引き上げることを躊躇させている。清水［2005］が示しているように，AICOにおいては国家間の貿易収支をバランスさせるという政治的な問題が暗に存在しており，民間企業がこれに協力しなければならないという構図になっている，という指摘が説得力をもつ[233]。すなわちASEAN諸国においては，完成車メーカーの一大集積地となったタイだけではなく，インドネシア，マレーシア，フィリピンにおいても自動車部品，主要機構を生産することが域内の政治力学によって決定されているという側面がある。

　自動車メーカーによるオーソドックスな部品調達の例としては，タイ・バンコクを中心とした100〜150km圏内における自動車関連の企業群によって，JIT的生産方式をおこなうため小ロットの部品購買を効率良くおこなうことがあげられる。このメーカー系列，国籍も混合した自動車関連企業の集積は，「集団的多国籍自動車産業集積」とも呼ぶことができ，日本国内では見られないものである。これによって多くの完成車メーカーは，タイに立地することで調達コストを下げ，近接の利益を享受することができる。この産業集積の「ロックイン効果」は，資本集約的な自動車産業においては長期間続くと考えられる。

　一方，部品相互補完ネットワークにおける，各社の各国拠点からの部品輸出はかなりの額になっている。しかし特定の部品を除き，現地調達可能な使用量の多い主要部品を全面的に輸入に頼ることは考え難い。この部品国際分業システムは本来は補助的な手段であると考えるべきである。一時ASEAN市場から部分撤退した時期のあった日産は，この部品国際分業システムの利用は他社に比べると限定的である。AICOの日産に対する認可も数件であり，AICO認可

---

[233] 清水一史［2005］「ASEANと地域主義—ASEAN域内経済協力の過程と課題—」東京大学地域主義比較プロジェクト，19-20頁。ここではトヨタ自動車の例を示している。

を多数取得しているトヨタ，ホンダなどの日系メーカーとは対照的である。

3. ASEAN と GMS の日系電機電子産業に関する状況と事例

　家電・電機，IT 機器産業（「電機電子産業」と称する）の多国籍企業は自動車産業と比べて多面性が際だっている。その事業は多種多様であり，国ごとにその事業展開が大きく異なる場合すらある。電機・電子機器，および部品，ソフト・ソリューションなどの ICT（情報通信技術）産業も含まれる。五味［2011］は，①重電を起源とする E&E（Electric & Electronics）型企業，②コンピュータ，通信を起源とする C&C（Computer & Communication）型企業，③民生家電を起源とする AVCE（Audio Video Consumer Electronics）型企業に分類できるとしている[234]。

(1) タイを中心とした電機電子各社の展開

　業種の特性として，自動車産業は資本集約的要素が強く，サプライヤーとの強固なヒエラルキーが形成されており集積密度も高い。それに対して，電機電子産業の生産拠点の立地は比較的自由であり，かつ生産拠点の移動についても自動車産業ほどの制約は少ない。タイには，グローバル企業から単独で進出した中堅企業，大手企業の下請けとして追随した零細企業まで，幅広い電機電子産業が進出している。資本集約的裾野産業の集積をあまり必要とせず，環境の変化によって機動的に立地を変えることが比較的容易であることが自動車産業との大きな違いである。また自動車の製品サイクルは4年から5年程度であるのに対して，電機電子産業では3カ月（半導体系）から12カ月（家電系）と非常に短い。市場への新規参入者も多く，環境変化のスピードが速いことがその特徴になっている。しかしながら，アセンブルを中心とした労働集約的工程

---

[234] 五味紀男［2011］「日本の電機・電子産業における多国籍企業の現況と対応戦略」『アジア経営研究』No. 17, アジア経営学会，3頁。日本においては，E&E 型としては日立，東芝，三菱など，C&C 型としては富士通，NEC など，AVCE 型としてはソニー，パナソニック，シャープなど，があげられるとしている。

が多いが故に現地雇用人員も多く，仮に進出国からの移動・撤退があった場合，当該国と政治的に摩擦を生み出す。これは裾野の広い自動車産業と同様であり，これが特に大手企業にとっては自由な拠点移動の制約条件となることがある。

ASEANでは当初シンガポール，マレーシアに電機電子産業の集積ができ，特にマレーシアにおいては日系家電製品企業が集中した。しかしマレーシアの人件費の高騰などがあったため，タイ，中国などへの生産拠点の移動が相次いだが[235]，マレーシアは半導体，IT機器などに産業構造が高度化された。白物家電であるエアコンは，タイからの輸出が34億ドル，マレーシアからの輸出が10億ドル（いずれも2010年）[236]と，タイは自動車生産と共に電機電子産業においても，家電電化製品を中心に大きな集積が形成された。その後タイの投資環境に関する比較優位が低下しつつあること，中国のリスクに対する「チャイナ・プラスワン」が求められたことからベトナムが注目されている。ベトナムの電気機器製品輸出は急速に伸びているが，前述のように近年の韓国サムスン電子進出の依存度が非常に高い。タイの工業品生産の全体としての規模と，裾野産業を含めた集積の厚みという質の点では差は依然大きいと言える。

(2) 個別企業の事例：東芝

(2.1) タイにおける経緯

タイにおける東芝グループ進出は，1969年Thai Toshiba Electric Industries設立に遡る。同社は合弁形態によるタイ国内市場への販売を目的とした生産拠点であったが，次第に輸出型の生産拠点を増やしてゆく。東芝グループ各社はバンコクの北35kmにあるBangkadi Industrial Parkに入っているケースが多い。これは東芝のタイ進出時のタイ側合弁パートナーの意向でもあったとのことである。東芝においてもタイにおける集積が大きく，白物家電から半導体，IT機器など幅が広い。PC，車載などの用途に使われるハード・ディスク・ドラ

---

235 松下電器（現パナソニック）などの電機電子日系企業のマレーシア撤退に詳しいのは，国際協力銀行［2004］「マレーシアにおける日系／欧米系電機・電子メーカーの投資環境評価の調査・分析」『開発金融研究所報』2004年2月号，77-107頁。これによるとマレーシアにおける日系企業数は1998年をピークに減少に転じている。

236 UNCOMTRADEよりHS8415（エアコン）の輸出額から。

図表5-11 東芝のASEANにおける主な拠点一覧（除く販売会社など）

	会社名	主な役割・製品
シンガポール	Toshiba Asia Pacific Pte., Ltd.	統括会社，調達，販売
	AFPD Pte., Ltd.	LCD（パナソニックとの合弁）
タイ	Thai Toshiba Electric Industries Co., Ltd.	扇風機，ポンプなど一般家電
	Toshiba Consumer Products (Thailand) Co., Ltd.	冷蔵庫，洗濯機の製造
	Toshiba Carrier (Thailand) Co., Ltd.	エアコンの製造
	Toshiba Semiconductor (Thailand) Co., Ltd.	半導体の製造
	Toshiba Storage Device (Thailand) Co., Ltd.	HDDの製造
	Toshiba Logistics (Thailand) Co., Ltd.	物流会社
インドネシア	P.T. Toshiba Consumer Products Indonesia	TVの製造
	P.T.Schneider Electric Manufacturing Batam	産業用インバータの製造
マレーシア	Toshiba Electronics Malaysia Sdn. Bhd.	半導体の製造
	M S Elevators Sdn. Bhd.	エレベータの製造
フィリピン	Toshiba Information Equipment (Philippines), Inc.	HDDの製造
ベトナム	Toshiba Vietnam Consumer Products Co., Ltd.	TVの製造
	Toshiba (Vietnam) Home Appliances Co., Ltd.	家電製品の製造

（資料）メーカーHPなどから作成。

イブ（HDD）事業は，東芝デジタルメディアネットワーク社傘下の東芝ストレージが富士通から買収し，生産拠点などを引き継ぎ，タイにおいても，3000人規模から1万人以上の規模に拡張されることが報道されている[237]。また家電製品については，古くからの合弁会社を残しながら輸出を中心とした冷蔵庫，洗濯機に特化した生産拠点があり，エアコンについては米キャリア社との合弁に移行した会社が分離される，など事業別，各製品群によって複雑な経緯を辿っている。またロジスティクス会社を設立し，拠点が集中しているタイにおいてできるだけ効率的な物流をおこなおうとの意図もある。

(2.2) 東芝のアジア戦略

---

[237] 東芝プレスリリース。http://www.toshiba.co.jp/about/press/2009_10/pr_j0101.htm タイ工場拡張報道。http://www.newsclip.be/news/2010921_028597.html プレスリリースにあるように，東芝は機械式のHDDと共に，東芝の強みのあるフラッシュメモリーを使用する次世代のSSD（Flash Solid State Drive）でシェアを獲ることを目的としている。

電機電子産業は、さまざまな技術ベースとマーケットを持った製品群が集まっているため、自動車産業のようなエリア別の集積が戦略的、集中・特化的におこなわれている業種とは言えない。東芝を含めた電機分野のグローバル企業の拠点の立地は、製品事業部（分社）ごとの事業戦略とその歴史的経緯が大きな影響を与えている。またそれぞれの事業において国内外企業とのアライアンス、M&Aも盛んにおこなわれている。かつ東芝についてはこの十数年で事業ポートフォリオの大きな変化もあり[238]、選択と集中が進められているが、一方でタイ進出時の合弁相手との家電製品の製造会社（Toshiba Consumer Products (Thailand)）を現在でも存続させるという選択もしている。

本項で分析しているのはASEAN域内のみで、中国、インドを含めた連携は対象としていない。ASEAN域内においては、必ずしも地域特性を生かした拠点配置が最適化されている訳ではない。シンガポールに統括会社を置き、生産拠点は実質的タイに集中している構図であるが、その他の国では当該国の市場獲得型の進出と輸出加工型の進出の双方がみられる。このうち、インドネシアにおけるTVの生産拠点であるP. T. Toshiba Consumer Products Indonesiaは、中国から主幹部品の液晶パネルやPCB（基板）をACFTAを利用してインドネシアに輸入し、組立された完成品をASEAN各国に製品供給している。このような方式でも、インドネシアにおける付加価値40％[239]は基板類を現地調達しているので確保できる。中国で完成品にしない理由は、ACFTAではTV部品関税は低いが完成品の関税は非常に高いからである。また今後はインド市場への供給がテーマになるが、日系企業がインドで生産する困難さという実務的な問題があり、AIFTAが結ばれても当面ASEANから供給するのはやむを得ないと考えられている[240]。

---

[238] かつて日立と並んで重電が主体であった東芝が、弱い分野は主に海外メーカーとアライアンスを組み、強い分野に集中しようとしている。その結果「脱重電」と「M&A戦略」はかなり進んだと言え、ここでは触れていないが、ウエスチングハウス買収による原子力事業などはその一つと言える。

[239] ACFTAの付加価値基準は累積原産比率40％以上でありAFTAと同じである。石川幸一「始動するASEAN－中国FTA（ACFTA）」『国際貿易と投資』Autumn 2005/No. 61, 36頁。

[240] 東芝ビジュアルプロダクツ社、経営企画部へのインタビュー（2010年9月13日実施）から。

(2.3) タイ Toshiba Consumer Products (Thailand) (TPT 社) における状況について

　TPT 社は他の東芝グループ各社同様，Bangkadi Industrial Park に立地している。従業員は合計で 4000 名で，うち派遣社員が 1000 名を占め，日本人は 32 名，うち 5 名は現地採用という人員構成になっている。この拠点で生産している製品は洗濯機と冷蔵庫の 2 品目となっている。洗濯機は年間 160 万台（うち 2 分の 1 が日本向け），冷蔵庫は年間 100 万台を生産しており，両製品とも各国で仕様が異なり機種が相当に多い。日本向けの洗濯機は，日本の需要 450 万台のうち，生産しているタイプのものでは東芝タイ製がシェア 30％を取っている。この洗濯機，冷蔵庫という製品は，作り込み，擦り合わせ（インテグラル）型の要素が多い製品であり，モジュール型製品とは大きく異なる。

　東芝はこれらの製品については，タイ，中国の 2 極の生産拠点に集約しており，中国広州の拠点では日本向けも生産している。ASEAN 域内については 1995 年から東芝は家電はタイに集中させる方向とした。TPT 社の製品輸出比率は 90％で，仕向地は 65 カ国である。輸出先は日本の他，ASEAN 各国，中東，ロシア，オーストラリア，北アフリカ，インドなどで販売チャンネルは 40 にのぼっている。仕向地で製品の違いは大きく各国でかなり好みが異なり，洗濯機ではベトナムは全自動しか売れないが，インドネシアでは未だに 2 槽式が好まれるなどの地域別嗜好の違いがあり，生産品種は増える方向となる。

　TPT 社の現地調達比率は，見方にもよるが 90％と言って良い。内製化については実装基板まで内製化している。成形品については射出成形機 100 台超を社内にもっており，かなり大規模な設備と言える。さらにプレス関係，冷蔵庫の断熱材にする発泡材まで内製化をおこなった。部品の中で最も高価格なコンプレッサーはアユタヤにある日立から調達しているという。サプライヤー数については 2 〜 300 社あり，多くが日系企業で金額的には全体の 75％を占めている。納入方式はサプライヤーによって違うが，部品により毎日納入と時間納入の違いがある。

　TPT 社の戦略としては，CLM3 カ国への生産拠点の分散は考えられないという。理由としては分割された生産工程は経営効率が悪くなるためである。しかし労務的にはこの 3 カ国から人を呼びよせ雇用することは考慮できるという。

現状のタイにおける求人の難しさを補完するため，タイ語の理解できるラオス人を同工場で雇用するメリットがあると考えている。国際物流については，バンコク—ハノイの完成品の輸送をおこなっているが，現状ではコスト面も考慮して全量海路を選択している。しかし，将来経済回廊が整備され使いやすくなった段階で小口の輸送は陸路を利用したいという希望もあるという[241]。

東芝のケーススタディ全般から電子電機産業では以下のような特徴があげられる。半導体など装置産業的分野の事業を別にして，日本から移転された労働集約的工程の多い製品については，①競争の激化にともなう効率化への取り組み，②製品供給先の多角化，③現地調達化の高まり，④FTAの利用の高度化，などが進んでいる。電機電子産業は自動車産業とは異なり，規模の大きい産業集積を形成していないが，各国に点在した組立工場を集約し規模の経済を利用する状況が整ってきている。

(3) 電機電子産業の撤退・移転などに見られる生産拠点再編の可能性

企業の進出に関しては注目，報道されることがあっても，撤退については大きく扱われない場合が多い。「撤退」は事業からの完全撤退を意味する場合もあるが，しばしば違った企業行動を指していることが多い。例えば，①単独工場の閉鎖・縮小，②他国への生産移転，③他社への事業売却，なども含まれる。特に電機電子の場合は，他国への生産移管が頻繁にあるため，撤退の解釈については注意を要する。

図表5-12にあるように，テレビのブラウン管から液晶，プラズマへの技術革新に伴う事業撤退などを除くと，特にIT関連で2000年の「IT不況」による影響と，2008年秋以降の「金融危機」による需要減退に対応するための事業縮小・再編が目立つ[242]。とりわけ近年の金融危機による企業の対応は大規模になりつつあり，前回のIT不況に比べてより深刻であることがわかる。JBICの2009年度アンケート調査によれば，国際競争力強化のための取り組みとして必要な施策として「国内外の生産体制の集約化」をあげた企業の比率が

---

241 Toshiba Consumer Products (Thailand) (TPT) におけるインタビュー (2010年12月24日実施) から。
242 進出国から撤退する場合，不況が理由であると相手国政府の理解が得やすいため時期が集中する傾向がある。(2009年12月21日 JBIC におけるインタビューより)

142   章5章　日系グローバル企業の戦略とGMSにおける産業の集積・分散

図表 5-12　ASEAN における日系など電機電子の拠点撤退・移転の例

	家電・電機	IT 関連
シンガポール	2001年　日立　CRT　中国などへ移管 2003年　ミネベア　計測機器　中国上海移管 2005年　三洋　エアコン　タイ・ベトナム移転	2002年　セイコーエプ　スキャナー　中国等移転 2008年　日立　半導体　売却・撤退 2009年　Seagate（米系）　HDD　閉鎖
タイ	2000年　NEC　TV　撤退 2007年　富士通コンポ　リレー　撤退 2007年　三洋　家電　中国海爾に売却 2010年　ソニー　LCD　マレーシア移転	2009年　富士通　HDD　東芝に事業譲渡
マレーシア	2001年　松下　エアコン　中国移転 2002年　カシオ　液晶　撤退 2005年　松下　冷蔵庫・洗濯機　タイ移転 2005年　マブチ　モーター　閉鎖 2006年　松下東芝　ブラウン管　事業撤退 2007年　船井　PDP事業撤退 2009年　富士通コンポ　リレー　事業撤退	2001年　Gateway（米系）PC　撤退 2009年　パナソニック　電子部品　一部閉鎖 2009年　Intel（米系）CPU　一部工場閉鎖 2009年　DELL（米系）PC　縮小 2009年　Western Digital（米系）HDD　縮小
フィリピン	2004年　松下　TV　マレーシア移管 2006年　松下　携帯電話　事業撤退 2006年　日立電線　自動車用電線　撤退 2007年　宇部興産　携帯電話部品　中国移転 2008年　三洋　コンデンサー　中国等へ移管 2008年　ユニデン　電話機　ベトナム移転 2009年　パナソ　乾電池　インドネシア移転	2001年　NEC　HDD　撤退 2004年　東芝　ノートPC　中国移転 2009年　Intel（米系）CPU　閉鎖 2009年　富士通　HDD　東芝に事業譲渡
インドネシア	2002年　アイワ　オーディオ　閉鎖 2003年　ソニー　オーディオ　マレーシア移転 2005年　京セラ　電話機部品　中国移転	2007年　NEC　半導体　撤退
ベトナム	2008年　ソニー　TV　撤退 2009年　東芝　TV　インドネシア集約	

(注) 移管，撤退，閉鎖などの表現については主に報道によるものを使用している。
(出所) 各種報道，プレスリリースより筆者作成。

2008年の11％から2009年の23％に急増している[243]。これは経済環境悪化に対する進出企業の危機意識が高まったことを示している。

一方，洗濯機，冷蔵庫などいわゆる白物家電に代表される製品は，特定の国への集約化による事業再編が，前述の2つの不況期の間に起きているが，これは明らかにFTAの進展を見据えたものである。また国別には，タイに日系企業が登記ベースで約7000社進出している[244]にもかかわらず撤退例が目立たないことから，電機電子産業においても自動車産業同様タイ中心に集積がさらに進んでいる，あるいはマザー工場化しつつあることがみてとれる。対照的にフィリピン，インドネシアについてはASEAN生産拠点の集約の流れの中で，

243　国際協力銀行「わが国製造業企業の海外事業展開に関する調査報告－2009年度海外直接投資アンケート結果」2009年，13頁。
244　東洋経済，帝国データバンクなどのデータから，総進出企業の約2分の1が製造業，そのうち3分の1が電機電子関連と推定すると，タイに進出した日系の同業種企業は1200社程度（登記ベース）と考えられる。

投資環境の「比較劣位」のため，撤退もしくは他国への生産移管がおこなわれる例がみられる。マレーシアについては，米系の半導体メーカーなどによる IT 機器への産業構造の高付加価値化がおこなわれる過程で，日系メーカー中心のコモディティ化した製品が他国へ移管されるというプロセスを辿っている[245]。

タイからの大手企業の撤退例は少ないとは言え，2011 年のタイ大洪水の被害は甚大であった。電機電子の分野においてもバンコク北部近郊の工業団地を中心に被害が拡大し，典型的には HDD のようにサプライチェーンが寸断された製品が長期間影響を受けた。この結果，助川［2013］などにあるように，完成品メーカー以外で素材関連，下請け工場が，撤退もしくは移転に追い込まれたケースが少なくとも十数例あったとしている[246]。

このように電機電子産業は，国際間の生産移動が比較的頻繁であることは，自動車産業とは大きく異なっている点である。電機電子産業の移動性（mobility）の高さは，集積の規模の大きさや，調達方式の違いなどにも依存しているが，電機電子産業の投資，需給環境の変化に対する感受性（sensitivity）の高さを示しているとも言える。

実際の電機電子大手各社の拠点数を見ると，2002 年から 7 年間で ASEAN 全体では確かに拠点数は減少している（図表 5-13）。しかし，ベトナムではむしろ増加しており，ASEAN 各国でも後述する理由により進出先国の人気が二分されている。AFTA の深化などにより拠点集約が可能となったことから，投資環境が相対的に劣位と判断された国の拠点を撤退した場合と，逆に新興国の市場獲得のために積極的に進出した場合など，企業個々の事情もあり，総拠点数の増減だけでは一概に集約に向かっているとは言い切れない。石田［2003］は，ASEAN 域内における特に電機電子メーカーが重複した生産を減らし，スケールメリットを出す方向であるとしている。同時に，現地ローカル企業との合弁企業は設立当時の法制に従ったものであり，そのため生産拠点の統廃合は

---

245 電機電子産業については，シンガポール・マレーシアにおける現地生産から始まり，タイ，中国への低付加価値品の移管，最近ではさらにベトナムへの移動という流れがある。これは各国別の財別貿易統計，貿易特化指数の分析などからも裏付けられる。
246 助川成也［2013］「タイ 2011 年大洪水の産業・企業への影響とその対応」玉田・星川・船津『タイ 2011 年大洪水―その記録と教訓―』アジア経済研究所。

図表 5-13 ASEANにおける日系電機各社の生産拠点数推移

国・地域	パナソニック 2002	パナソニック 2009	パナソニック 増減	ソニー 2002	ソニー 2009	ソニー 増減	日立製作所 2002	日立製作所 2009	日立製作所 増減	東芝 2002	東芝 2009	東芝 増減
ASEAN計	48	48	0	15	8	▲7	14	5	▲9	18	13	▲5
ベトナム	1	4	3	1	1	0				1	1	0
タイ	10	13	3	5	3	▲2	6	3	▲3	7	4	▲3
シンガポール	7	6	▲1	2	2	0	2	1	▲1	3	2	▲1
マレーシア	17	14	▲3	3	1	▲2	3		▲3	2	2	0
フィリピン	5	2	▲3			0	1	1	0	1	2	1
インドネシア	8	9	1	4	1	▲3	2		▲2	4	2	▲2

国・地域	三洋電機 2002	三洋電機 2009	三洋電機 増減	富士通 2002	富士通 2009	富士通 増減	三菱電機 2002	三菱電機 2009	三菱電機 増減	7社計 2002	7社計 2009	7社計 増減
ASEAN計	12	11	▲1	10	8	▲2	11	12	1	128	105	▲23
ベトナム		4	4	2	2	0			0	5	12	7
タイ	1	1	0						0	31	26	▲5
シンガポール	2		▲2			0	1	1	0	16	12	▲4
マレーシア	2	1	▲1	3	1	▲2	1	1	0	31	20	▲11
フィリピン	1		▲1	3	2	▲1	1	1	0	12	9	▲3
インドネシア	6	5	▲1				1	1	0	26	19	▲7

（出所）JETRO バンコクセンター，広域調査員（アジア）次長 助川成也氏作成。
（原資料）海外進出企業総覧（2003年，2010年版）東洋経済新報社。

容易ではなく，日系100％出資企業も設立しながら進めていることを指摘している[247]。

また企業別にはパナソニック1社で，大手7社の拠点数合計の2分の1弱を占めるという偏った状況にもある。パナソニックは今後ASEAN域内の拠点集約に向かうことが想定されるが，その動向によっても傾向は大きく変わることになる[248]。

---

[247] 石田正美［2003］「日系電機メーカーの中国・ASEAN生産拠点の再編シナリオ」『アジ研ワールド・トレンド』No. 97，47-54頁。
[248] 合併前の旧松下電器産業と松下電工，加えて三洋電機の生産拠点の統合という問題があり，今後国内外において拠点を統合すると想定している。

しかしこの集約を遅らせる要素として，JETRO調査（在アジア・オセアニア日系企業活動実態調査）にも示されている様に集約・再編に向かうための経営側の判断が遅れている可能性が指摘できる[249]。拠点廃止が現地経済との摩擦を引き起こすことへの配慮があるためと見られる。現地撤退に繋がる拠点の集約・再編の前に，日本国内で不況対策としておこなわれたような雇用調整，コスト削減などを優先的におこなう，というアンケート結果が出ていることは日系企業特有の行動様式と言えるだろう。

249　2008年のリーマンショック（金融危機）後の事業展開策にも関わらず，生産拠点集約をあげた企業が2009年調査で8%，2010年調査で7.3%と低い。しかし前述のJBIC調査のように，集約の必要性についての認識そのものは以前に比較して高まっている。

第6章
産業の集積と分散の諸条件

1. 企業から見た拠点再編・集中と拠点分散

(1) 域内拠点再編のための要件

　ASEAN 域内における企業の拠点再編・集中は，前述のような理由から主に不況期において実施に移される傾向がみられる。また再編・集中の前提条件は，①AFTA の実効化により貿易・投資の自由化が実現されていること，②産業の集積があり規模の経済が享受できること，③各国政府による投資恩典が満足できるものであること，④集約化に伴って現れる物流費の負担増が吸収できること，⑤生産が偏在することに対して万が一の際のカントリーリスクをヘッジできること，などである[250]。(図表6-1)

　一義的には複数国に展開した企業が域内における生産拠点を，4カ所から3カ所に減らすなどの再編政策は，規模の経済を追求することが最大の理由であると言って良い。しかしその背景には，上記のような条件が揃うことが必要である。またこのような企業再編が，結果として産業集積をよりさらに強くし，さらなる FDI を呼び込むというロックイン効果に貢献しているとも言える。

　ASEAN 各国の生産について石川［2009b］は，AFTA およびインドとの FTA（二国間および AIFTA）などの利用が高まることにより，ASEAN 域内の生産体制の再構築が進んでいること，実際，電機電子産業を中心に ASEAN 域内における供給，インドなどへの輸出を目的とした拠点集約が起きていることを指摘している。

250　春日尚雄［2010a］，86頁。

1. 企業から見た拠点再編・集中と拠点分散　　147

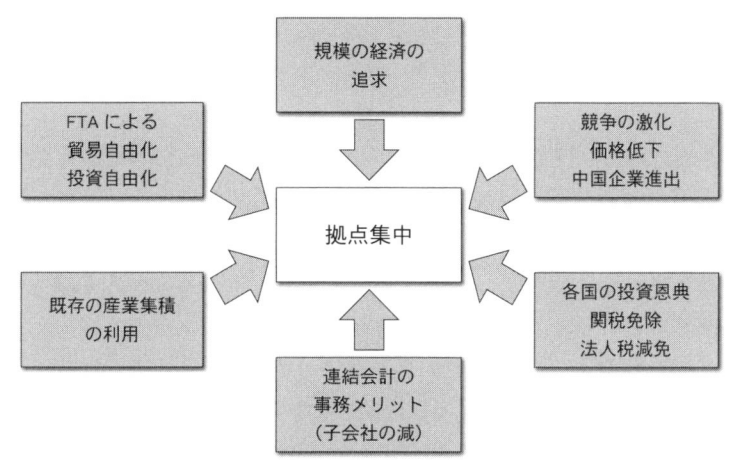

図表 6-1　生産拠点再編・集中の要件

```
                    規模の経済の
                       追求
                         ↓
  FTA による                              競争の激化
  貿易自由化         →  拠点集中  ←      価格低下
  投資自由化                              中国企業進出
                         ↑
  既存の産業集積                          各国の投資恩典
     の利用           →          ←      関税免除
                                        法人税減免
                         ↑
                    連結会計の
                    事務メリット
                    （子会社の減）
```

（出所）筆者作成。

　企業の資本出資形態について石田［2003］は，ASEAN 域内においては特に電機電子メーカーが重複した生産を減らし，スケールメリットを出す方向にあるとしている。その際に，現地ローカル企業との合弁企業は設立当時の法制に従ったものであり，そのため生産拠点の統廃合は容易ではなく，日系100％出資企業を並行して設立しながら進めていることを指摘している[251]。

　また GMS の歴史における戦乱，内乱に代表される不安要因はカントリーリスクとして潜在している。企業の危機管理上，過度の集中は危険であると認識されており，これは経済合理性との二律背反になる可能性が高い。グローバル企業は，日本に存在するマザー工場と海外のアセンブル工場という初期の単純な構図から，海外においてもマザー工場をおき複数の工場を管理するレベルに移行しており，カントリーリスクの管理は複雑になってきている。国際協力銀行［2004］指摘のように，カントリーリスクと労働コストにはトレードオフの関係があり，カントリーリスクが低い国では経済の成熟化も進んでいるが，労働コストが高いことから生産拠点としての有望性は薄くなる[252]。そのため生産

251　石田正美［2003］「日系電機メーカーの中国・ASEAN 生産拠点の再編シナリオ」『アジ研ワールド・トレンド』No. 97，47-54 頁。
252　国際協力銀行［2004］，93 頁。

拠点は「一極化」による危険性と，「多極化」することによる双方の危険性が発生する。しかしこの問題については多面的な想定によって明確に対応をおこなっている企業は事実上見あたらず，グローバル企業であっても現実の経済性を優先している[253]。

　生産拠点のみに注目した場合，企業の再編・集中をおこなう形態としては，①生産拠点を減らし固定費の削減をともなう集約をおこなう「削減・集中化型」，②従来同様製品を並行生産していたものを，特定の拠点に特定の製品の生産を特化させる「特化型」，③拠点統合と共にマザー工場から分離され，工程の一部であるアセンブリなどを受け持つ工場を新設するフラグメンテーション的「工程分割型」，④投資規制のあった頃の古い拠点を合弁期間終了などで清算し，単独出資の現地法人による新設工場を設けるような「スクラップアンドビルド型」などが考えられるが，実際の企業経営においてはこれらの要素・手法の組み合わせで実施されることが多い。

　ASEANにおける自動車産業の拠点展開は「特化型」を一部選択し，これによって自国内で需要の小さい完成車組立を諦め，AICOなどによる部品相互補完システムの構築をしている。しかし日本型の生産方式の思想としてはJIT生産方式の一つの流儀として，部品をできる限り自社工場内で内製，あるいは近接地で加工し小ロットで納入することを理想とすることから，「特化」とは相反する方向性がある。そのため距離の離れた他国からまとめたロットで調達する部品は，輸送コスト，倉敷料など，サービス・リンク・コストをかけるだけのメリットの大きい部品についての相互補完に限られることになる。

　フラグメンテーション的工程分割による「再編」は，複数のフルセット型の拠点を統合した場合，資本集約的部品製造と労働集約的組立の工程を分離することがあり得ることを意味する。これは日本の生産現場においてはしばしば見られる。部品加工の集中生産化をおこなうことで，労働集約的な工程は「周辺」に分離するものである。しかし実際にASEAN・GMSのように越境して集中・分散がおこなわれる形態にするには，越境コスト，距離の問題など解決すべき

---

[253] 日産本社，東芝本社などにおけるインタビューを通じて。2011年3月の東日本大震災で奇しくも日本に関する一極化のリスクが証明された。さらに2011年10月におけるタイ大洪水の発生はASEAN・GMSにおける拠点一極集中の危険を示した。

課題が多い。

(2) 域内拠点分散のための要件

　拠点再編とは反対に拠点分散の動きも同時に起きている。最も顕著なものとしては東アジアにおいてはASEANと中国におけるリスク分散であり，前述のようなカントリーリスクを回避するには双方に生産拠点がおかれていることが理想である。自動車産業はASEAN，中国という消費地中心に組み立て工場を立地しているケースが多いが，電機電子産業では「地産地消」という拠点リスク分散ができている場合はむしろ少ない。電機電子産業の方が多種多様な製品を製造していることから，設備など生産要素が異なることが多く，バックアップがし難いことから電機電子産業の方がカントリーリスクに対しては脆弱であると言える。

　拠点分散はマザー工場における人件費高騰，人材採用難などの労務問題などの投資環境の悪化がその動機の一つとなる。生産拠点を立地した国内においては，大都市圏から「周辺」への移動をはじめ，GMS地域では主に安価なコストを求めて，近隣国への国際間の移動，分散があり得る。経済発展の遅れたCLMV（カンボジア，ラオス，ミャンマー，ベトナム）4カ国の中でも，拠点分散の対象としては中進国となったベトナムを除いたCLM3カ国に向かう可能性が高い。この場合考えられる前提条件としては，①人件費格差が利用できる工程を外に出せること，②広義の輸送費，サービス・リンク・コストが十分低いこと，③品質を維持できるだけの体制，特に日本人技術者が居住できること，④進出国からの投資恩典などが満足できること，⑤サプライヤーからの供給問題などに対応できる技術内容であること，などであろう。企業の生産する側にとっては，分散することによる不効率というデメリットに対する「市場開拓」あるいは「コスト削減」というメリットとの相対的大きさが意思決定の判断基準となる。（図表6-2）

　この場合拠点分散の形態として，①サテライト工場としてマザー工場同様のフルセット型（機械加工，組立，品質管理など）を小規模で分離独立させる「フルセット分離」方式，②一部の工程のみ分離し，その工程に特化した工場を分離させ，その製品である中間財をマザー工場で受け入れる「フラグメンテー

figure 6-2 生産拠点分散の要件

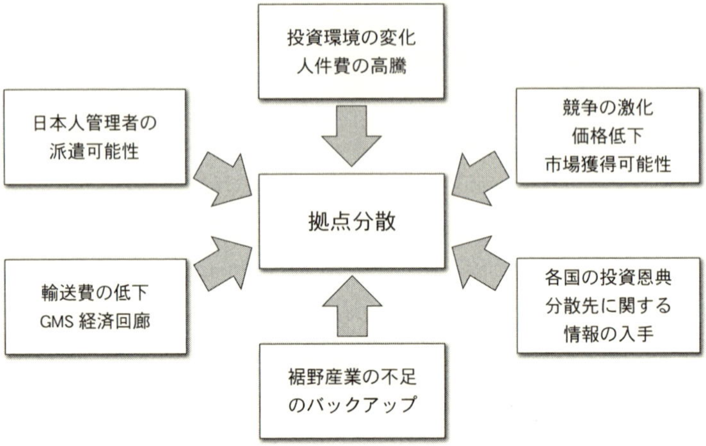

- 投資環境の変化 人件費の高騰
- 日本人管理者の派遣可能性
- 競争の激化 価格低下 市場獲得可能性
- 輸送費の低下 GMS経済回廊
- 裾野産業の不足のバックアップ
- 各国の投資恩典 分散先に関する情報の入手

→ 拠点分散

(出所) 筆者作成。

ション」方式，③主要部品，難加工部品などをマザー工場から供給を受け最終完成品までの組立・製造をおこなう「セミノックダウン」方式，などが業界，製品，技術要素を考慮した組み合わせで考えられるだろう。

　フルセット型で分散させる意味は，総生産量の強化ということに加えて，①カントリーリスクの回避，②将来にかけての新拠点への統合の可能性，などが背景にあるという場合が多い。しかしフラグメンテーション的分離は，一部の工程を別工場に移管することであり，マザー工場は常にその中間完成品を受け入れなくてはならない。この中間財の受け入れは部品であることが多いことから，品質管理面から納入時の検査がマザー工場にとって大きな負担になることが多く，企業にとって価格低減というメリットが相当大きいことが条件になる。そのため，例えば労働集約的工程を分離するためには，製品の製造原価の中で労務費が大きな部分を占めているものに限られるということが言えるだろう。

　図表6-3に示したような拠点分散の例は，いわゆる「タイ・プラスワン」とも呼ばれる，タイとその周辺国（特に国境付近）で起き始めているものである。その目的，方法は企業によって異なり複合しているが，現時点では，労働集約的工程を周辺国の工場でおこない，その後タイのマザー工場，すなわちバ

図表6-3 近年の（タイからの）日系企業生産拠点分散の例

社名	分散先	マザー工場	生産品目・目的	物流経路
ミネベア	カンボジア プノンペン SEZ	タイ，アユタヤ他	小型モーター 組立工程の分離 サテライト的分割	南部経済回廊 （ポイペト経由）
ニコン	ラオス サワン・セノ SEZ	タイ，アユタヤ	カメラ一部工程 組立工程の分離 リスク分散	コラート・コンケン経由，東西経済回廊
矢崎総業	カンボジア コッコン SEZ	タイ，チャチェンサオ他	ワイヤハーネス 労働集約工程分離 労働力確保	南部沿岸回廊 （トラート経由）
日本電産	カンボジア ポイペト近郊	タイ，アユタヤ他	HDD部品 サテライト的分割 リスク分散	南部経済回廊 （ポイペト経由）

（出所）各種報道，各社発表などから。

ンコク周辺に製品，半完成品を持ち帰るケースが多くなっている。タイの人件費上昇など投資環境の悪化への対応策という理由に加えて，2011年のタイ大洪水以降は，特にアユタヤなどバンコクの北に立地する企業はリスク分散が大きな目的となっている。大泉［2013］は「チャイナ・プラスワン」と「タイ・プラスワン」の大きな違いとして，前者は中国投資リスク回避の方法であるのに対して，後者はタイの生産拠点の競争力強化策となっている点であるとしている。

(3) フラグメント・拠点分散の限界

今まで具体的業種における実例から，生産拠点の集約化と分散の可能性について，その要件を含めて検討をおこなった。対象が日系グローバル企業の生産拠点と限定している場合，ある程度の拠点数を保有している企業がさらにフラグメント，分散するデメリットは拡大する。これは日本企業独特の思考様式，組織形態などにもよるところが大きい。

典型的な多国籍企業（Multinational Corporations：MNCs）は欧州系の企業に多いと考えられ，その行動様式は現地への分権化ということが最も特徴を表している（図表6-4）。これに対して日本企業の中央集権的な経営体制と，日本

図表 6-4　日米欧多国籍企業における戦略と組織の特徴

	マルチナショナル企業 (欧州企業型)	トランスナショナル企業 (米国企業型)	グローバル企業 (日本企業型)
戦略の特徴	市場ごとの差別化・セグメント化(柔軟性)	本社でのイノベーションを世界規模で拡張する	本社集中によるコスト優位性(効率重視)
組織の特徴 権限委譲 経営形態	権限分散型連合体 分権化 現地化	調整型連合体 重要な決定の集権化 一部現地化	中央集権型連合体 集権化 日本スタイルの踏襲

(出所) 中村 [2007], 68 頁を筆者加筆・修正。

における経営・生産方式の現地への厳格な移植の手法は欧米系企業とは対照的な点が多い。

日本型企業統治の問題点，特に短所として江川 [2005] は，日本企業は雇用維持をはじめとした，従業員との長期的信頼関係で成り立っている中で，従業員の解雇などを容易にするのは非常に難しく時間が掛かると指摘している。状況は変わってきているが，長期雇用慣行が崩れることは，日本型企業統治の本質を変えてしまうという懸念があるということである[254]。

日米欧の多国籍企業の対比で対照的である特徴の一つは管理者の人事問題である。すなわち拠点を管理するための人材を日系企業は日本人管理者を多数現地企業に送り込むことで，日本型あるいは自社的経営を維持しようとする傾向がある。そのために経営資源としての日本人管理者は常に不足し，日系企業が分散することはその問題を悪化させる原因になりかねない。東芝 TPT 社は従業員 4000 人に対して日本人 32 人で管理監督しているが，電機電子産業としては標準的な人員数であろう[255]。拠点分散するデメリットとして，分工場すなわち工程分割した場合，この日本人を分散居住させなければならないという非効率が生じる。特に「周辺」へ生産が移動した場合，日本人の居住環境悪化の問題も生じ，グローバル企業に所属する社員の安全，危機管理に関するコンプライアンス上の問題の発生が避けられない。大都市においても日本人の居住区は

---

[254] 江川美紀夫 [2005]「日本型企業統治の擁護」『亜細亜大学国際関係紀要』第 14 巻第 2 号, 107-126 頁。
[255] 筆者の経験によればタイ日系企業の間では，従業員 100 人に対して日本人管理者 1 人が必要であろう，という論があった。

安全，利便を考慮して限られた地域に集中しており，日本人正社員を安全が確認困難な辺境地域に居住させられるのは，大企業であるほど限られると言えるだろう．

これに対して，日産 NMT 社の例では従業員 5000 人に対して日本人はわずか 6 人であり，業種は異なるが東芝に比べると極めて日本人の人数が抑えられている．これは日産ールノーのアライアンスも背景にあり，欧州企業に見られる「現地化，分権化」が日産側にも根付いてきている証左でもあろう[256]．ただ自動車産業が周辺にフラグメントすることは非常に考えにくく，完成車プラントから 100〜150km 圏内に主要なサプライヤーを配置するという形態は変わることはないだろう．

(4) GMS における集積・分散の評価と将来

Hayakawa［2010］は，GMS における日系グローバル企業の立地について分析をおこない，CLMV の中でも 1995 年以降のベトナムへの FDI の伸びに注目している．計量分析のアプローチから Nested-Logit Model（入れ子型ロジットモデル）を応用し，企業の生産性の視点からタイ・ベトナム・CLM3 カ国の中で，生産性の高い企業ほど「周辺」となる CLM に向かうとの仮説を立てている[257]．

石田［2010］は，メコン地域における国境経済圏という概念を導入し，CLM3 カ国との国境貿易の拡大，国境付近における工業団地，商業地区の形成，加えてカジノなどの施設が建設されている現状について理論的なアプローチを試みている．CLM 国境付近では，タイ，ベトナムの道路，電力などのインフラを利用しながら，CLM の低賃金や低開発国に適用される輸出先における関税優遇なども活用する「補完的な」国境産業ができ始めていると言う．また国境産業はライフサイクルをもつと考えており，ヒト，モノなどの移動の国境障

---

[256] 対照的にトヨタは多数の日本人を現地企業に送り込んでいる．日産の事情としては，グローバル化に対応する人材が不足してきたため現地化を進めたという背景もある．5 万台体制と 20 万台体制で日本人は同人数でやっている（日産追浜工場）．トヨタについては 2010 年の米国における品質問題で，「多国化展開を急ぎ人材が枯渇した」という豊田社長のコメントがあった．

[257] Hayakawa, K.［2010］, "Location choice of Japanese Multinationals," Kuroiwa ed., *Spatial Statistics and Indistrial Location in CLMV*, IDE-JETRO.

タイ－カンボジア国境の町コッコンにあるカジノホテル（2011年5月筆者撮影）

壁が依然高く地域経済統合が不完全な時期において国境産業が繁栄し，地域統合が高度に進んだ段階においては衰退する可能性があるとしている。

　一方，現状においてはタイ・バンコク圏への強いロックイン効果が働いている。これは日本において，東京へのネガティブなロックイン効果と呼ばれている現象に類似するものでもあり，混雑，地代・人件費の高さなどを割り引いても集積のメリットが大きいことを示している[258]。GMS，ASEAN域内に複数の拠点をもつ企業が集約，再編することで集積はさらに進む方向になるが，その誘因はかなり多い。特に距離，時間の観念が強くなったことから，裾野産業との連携を考えた場合には広義の輸送費の小さい近接したエリアに集中することがより企業活動を円滑にすることになる。特にGMS地域では従来交通システムの整備が不十分であったことから，遠隔地との物流については伝統的に海上

258　藤田昌久［2005a］では，集積地の持つロックイン効果は，その集積の成長を促進する大きな要因であるが，長期的にはその集積の成長ないし変革を疎外する内在的な要因となりうる，とし「負のロックイン効果」の克服の1つの具体策として，日本のシリコンバレーとも呼べる知的国際都市の形成を提案している。

輸送に依存していた。その後裾野産業の相次ぐ進出があったため，よりメリットの大きくなる近接が好まれた理由であったと言える。

　逆に分散については，GMS 地域においても中核地域から周辺地域に向かう動きがあるはずだが，現状極めて限定的である。その中で例外的に分散がおこなわれている企業は，比較的近接した地域にマザー工場をもつという共通点がある[259]。このような条件がないケースでは，分散はデメリットが大きいと多くの企業が考えている。GMS 経済回廊もこのデメリットを緩和する，サービス・リンク・コストを小さくする有力な手段であると考えられている。しかし前述の問題から，現実に寄与するためにはまだかなりの年月を要することになる。

　現状の GMS 域内に限定すれば，産業の集積力は分散力を大きく上回っている。これは図表序-5 にある，輸送費の減少を伴いながらも集積経済の相対的増大効果が大きい，あるいは Krugman のレーストラック経済にある，多様性選好が強く，労働者・消費者の増大と実質賃金の増加する状況と言うことができる。このような状況で企業がフラグメンテーションを選択するには，この章において論じた企業側にとってのメリット，デメリットを勘案したものになる。仮に短期間のうちに現在の状況に変化が出るとすれば，タイ・バンコク地域への集中のデメリットが極端に大きくなる，すなわちロックイン効果が小さくなることが最大の前提条件である。例えば，①人件費上昇と雇用困難，②政治不安定化，治安悪化，天災など，が起きうる要因であろう。それ以外のケースではバンコクへの集積がさらに続き，並行的に周辺国および，大都市であるベトナム・ハノイ，ホーチミン圏への分散がゆっくりとしたペースで進むことが予想される[260]。

---

[259] キャノンにおいてはタイバンコクに拠点をもち，ベトナムハノイに分離した。マブチモーターの例では，ベトナムホーチミンに本工場をもち，ダナンに新たな工場を分離した。ミネベアはタイに多くの拠点をもち，カンボジア・プノンペンへの分離を計画している。いずれも近距離で生産技術などに関する問題を日本からの支援を待たず短時間で解決できるというメリットがある。

[260] 実際 2011 年 8 月成立のインラック政権が，2013 年 1 月より全国最低賃金 300 バーツを実施したことで，タイ国内でも周辺部を中心に人件費が上昇した。また 2011 年 10 月発生の大洪水は日系工場の集中する地域に大きな被害を与え，バンコク圏集中の危険性を日系企業中心に周知され，一部で分散の動きが始まっている。加えて 2013 年 11 月のタクシン元首相も対象となる恩赦法に端を発した政治混乱は，収拾できなければ大きなカントリーリスクになる可能性がある。

2. GMS 経済回廊による企業物流とその問題点

(1) 経済回廊ルート別物流条件比較

(1.1) バンコク―ハノイ間（東西経済回廊経由）

　GMS の主要な輸送ルートであるバンコク―ハノイ間はこれまで海上輸送が主であり，バンコク港もしくはレムチャバン港からハノイのハイフォン港のルートが使われてきた。しかしながら両港は直行便がなく，サイゴン港経由になるため 10 日から 2 週間のリードタイムを必要とする。

　これに対して東西経済回廊経由の陸上輸送は，2006 年の第 2 メコン国際橋の完成を受けて道程が 1591km に縮まり利便性が大きく上がった。これによって輸送期間は 3 日に短縮され，海上輸送に対するリードタイム面での優位性が大きくなった。また第三メコン国際橋経由が本格的に使える様になった場合には，バンコク―ハノイ間は 1410km まで短縮される。従来から走行実証実験などが続いていたが，運送業者による定期便がスタートした[261]。但しコスト面を比較すると，20 フィートコンテナ 1 本を運び輸出入通関費を含まない場合，海上輸送では US1000 ドル，陸上輸送では US2110 ドルであると試算されている[262]。

　現状のフォーワーダー（運送業者）による車両運行プランでは，サワナケットを中継基地としている。バンコク―サワナケット間，サワナケット―ハノイ間の 2 区間を東向き，西向き便を曜日固定で出すなどの状況になっている[263]。東西経済回廊は CBTA のパイロットルートとされてきたが，ハノイ，バンコク周辺は CBTA 適用外地域であり CBTA 通行権を保有する車両の乗り入れができないため有効利用がなされていない。

(1.2) バンコク―ホーチミン間（南部経済回廊経由）

---

[261] 日経産業新聞（2011 年 2 月 16 日）郵船ロジスティクス（旧郵船航空サービス）がバンコク―ハノイ間を同じコンテナを使って輸送するサービスを開始した。

[262] 山九株式会社「第 2 メコン国際橋・東回廊完成後のインドシナ物流」ラオス経済・投資セミナー資料，2006 年 10 月。

[263] 山九株式会社による「メコン東西回廊の現状と課題」（2010 年 8 月 11 日）セミナーにて。

バンコク－プノンペン－ホーチミンの3都市を結ぶ道程913kmの経済回廊の利用価値には，特に日系企業による期待感が強い。しかしバンコク－ホーチミン間の輸送の現状は多くが海上輸送であり，そのリードタイムも2～3日と短い。南部経済回廊を利用した陸上輸送は従来道路建設の遅れやコスト，越境手続きの問題などから実際にはほとんど使われていないとされてきたが，ハード建設が進みプノンペン－ホーチミン間の輸送を中心に実用段階に入りつつある。ネックとなるのは，現時点ではカンボジア1号線でネックルアンにてメコン川をフェリーにて渡河するため建設中の橋の完成が待たれていることや[264]，カンボジア国境における越境時に不明朗な支出が発生していることが指摘されている。

現状のコスト面については，海上輸送ではUS580ドル（20フィートコンテナ），陸上輸送ではUS1390ドル（10tトラック）となっている[265]。このうちカンボジア国内の輸送費が高く588kmでUS950ドルかかっており，タイに比べると約40％割高であることが陸上輸送費を押し上げている。

(1.3) バンコク－昆明間（南北経済回廊経由）

日系企業の立地が少ない南北経済回廊方面では，経済回廊が完成に近づいている。ラオスルート（R3A），ミャンマールート（R3B）のうち実質的に走行可能なR3Aが，タイ－ラオス国境の架橋である第四メコン友好橋が完成したことでバンコク－昆明間1800kmが走行可能となっている。

2015年の昆明－バンコク間の運送リードタイム見込はR3A，R3B共に30時間，メコン河経由は70時間と推定される[266]。ルート別の運送コスト比較では，陸路においてはR3AがR3Bより安価で有利となっているが，メコン河を利用した水運はその約2分の1のコストであり，他の経済回廊の陸路，海路のコスト比較とほぼ同様になっている。この区間における水運の利用は他のどのルートよりも競争力があり，中国雲南省からタイへの輸送は陸路の完成を待たずし

---

264 ネックルアン（Neak Loeung）における橋の完成は2015年を予定している。
265 ジェトロセンサー（2006年2月号），17頁。
266 ADBI［2010］, p. 20. 2015年時点の見積として，昆明－バンコク間のトン当たりの輸送コストは，R3Aが210ドル，R3Bが269ドル，メコン河経由は107ドルとなっている。ADBIの予測によるとメコン河による水運のコストは大幅に下がるとされ，これは大型船の導入が前提となっている。

て問題のないレベルにあると言える。

図表6-5は主なルートの輸送コスト，リードタイムを示したものである。

メコン河利用の水運，中国船籍の小型船（2010年4月筆者撮影）

図表6-5 ルート別輸送コスト，リードタイム比較

	海上輸送		陸上輸送		
	輸送コスト	リードタイム	距離	輸送コスト	リードタイム
バンコク―ハノイ	USD1,000	10～14日	1,555km	USD2,110	3日
バンコク―ホーチミン	580	2～3日	913km	1,390	2日
バンコク―ヤンゴン	1,130	30日	945km	730	3日

（注）バンコク―ハノイ間は20フィートコンテナのコスト。バンコク―ホーチミン，バンコク―ヤンゴン間は，海路は20フィートコンテナ，陸路は10tトラックのコスト。通関費，港湾費を含まない。
（資料）山九株式会社「第2メコン国際橋・東西回廊完成後のインドシナ物流」ラオス経済・投資セミナー資料，2006年10月。ジェトロ「ASEAN物流ネットワーク・マップ」ほか。

(2) 経済回廊を利用した国際物流の問題点

GMSにおける主要な産業集積都市間，特に1000kmを超えるような長距離は道路を使った陸上輸送は海上輸送に比べコストが大幅に高く，現時点で十分

競争力のある手段とは言えない。加えて越境交通にかかわるソフトインフラ面の整備も不十分であることがわかっている。にもかかわらず海上輸送に比べてリードタイムを大幅に短縮できるメリットをもつ陸上輸送は，不具合の改善を続けながら今後次第に増えてゆくことが予想される。背景には，企業側のニーズが変化してきていることがある。かつてタイーマレーシア間の輸送が海上輸送から陸上輸送にシフトした際には，陸上運賃が海上運賃の 1.3 倍のコストまで下がることでシフトが実現した。GMS 経済回廊では改善しつつあるとはいえ，タイ－ベトナム間の片荷問題などからややハードルが高いため 1.5 倍を目標としている[267]。

　ジェトロが 2012 年におこない日メコン経済相会合でも報告された「メコンビジネス・ニーズ」調査では，通関について「認定通関業者（AEO）として認定されたり，グリーンレーン通関認定を取得したりした後は，通関に要する時間が短縮された」「税関職員が FTA を利用する通関業務に慣れてきたため，通関所要時間が短縮された」という声がある一方，電子通関の遅れを指摘する企業が依然多い[268]。また通関窓口の 24 時間開庁や時間外対応，通関開庁時間の統一などの要請も強い。

　CBTA 実施の遅れが指摘されて久しいが，2009 年 6 月ベトナム，タイ，ラオスの 3 カ国による東西経済回廊での車両相互乗り入れと貨物手続きの認可がおこなわれ，3 カ国の運輸トラックが直接乗り入れ可能となり，ラオスでの貨物積み替えが基本的には不要になった。しかし現状の「トリプルライセンス」はベトナム側はダナンまで，タイ側はコンケンまでと制限されている。またタイとカンボジアの間では 2012 年 6 月に相互乗り入れが一部可能になっている。しかし乗り入れのためのライセンス維持費用が非常に高いなど，実際におこなわれるための環境が整っていないとされる[269]。

　元々輸送コストが割高である陸路利用が進むためには，① CBTI/CBTA のハード，ソフト面の整備，特に ASEAN シングルウィンドウ（ASW）をベー

267　山九株式会社福田規保氏によるセミナーにおけるコメントより。
268　通商弘報，2012 年 9 月 6 日。
269　タイ日本通運によれば，会社資本の国籍制限などもあり，高額なライセンス料がかかるため，現在はおこなっていないとのこと。

スとした越境通関手続きのIT化や，域内相互乗り入れの大幅緩和が進むこと，②産業集積がバンコク以外の都市で形成され，それをCBTIでリンクする流れができること，③国境経済圏の形成などにより企業立地が労働力のより豊富・安価な内陸部に向かうこと，などが要件である。

(3) GMSにおける輸送モードのシフトとその後

　先進国では，交通渋滞緩和や環境への配慮からトラック輸送を鉄道，海上輸送に転換する輸送構成の変化（モーダルシフト）が課題となっているが，GMS域内では逆に海上輸送から道路を使った陸上輸送へのシフトが進んでいる。これは先進国の常識からすれば「逆モーダルシフト」と言え，経済の発展段階にともなう過渡的なシフトと考えられる。事実，バンコクのような都市部の交通においては2000年くらいを境にBTS（高架鉄道），MRT（地下鉄）のような大量公共旅客輸送手段へのシフトがなされており，大都市であるホーチミン，ハノイでも地下鉄プロジェクトがすでに具体的に動き出している。

　一方，内陸部においては道路以外に交通手段がなく，道路整備が大きな課題となってきた。GMSプログラムによる経済回廊（CBTI）は内陸部を通過するルートが多く，越境交通ということ以外に内陸部開発のためのインフラであるという性格をもっている。つまりGMSにおける海上輸送から陸上輸送へのシフトは，同時に海上輸送の使いやすい沿海部から開発の遅れた内陸部へ産業が誘導されることも意味し，CBTIはそのためのインセンティブを提供するインフラ基盤でもある。

　GMS諸国においては，陸路，海路，水路，航空などモード別の貨物運送実績（トン・kmベース）を示すデータが乏しく，輸送モードのシフトに関する時系列資料の入手が困難である。例外としては，タイ運輸通信省（MOTC）の「輸送マスタープラン1999～2006」が，長期間でみた場合道路輸送比率が増加していると言及している[270]。あるいはラオスにおいて陸上貨物輸送の割合

---

[270] シップ・アンド・オーシャン財団「タイ国におけるモーダルシフトに伴う新規造船需要に関する調査実現に向けて」日本財団図書館. http://nippon.zaidan.info/seikabutsu/2002/00263/contents/006.htm およびタイ運輸通信省 "Transportation Master Plan 1999-2006". http://www.tdri.or.th/abstract/h92_abs.htm

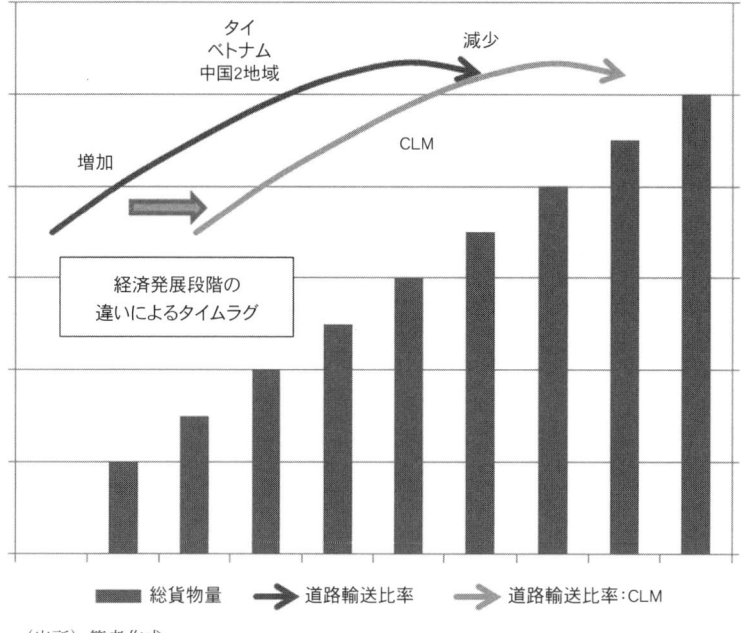

2. GMS 経済回廊による企業物流とその問題点　161

図表 6-6　GMS における道路輸送比率と総貨物量の変化のイメージ

（グラフ：総貨物量、道路輸送比率、道路輸送比率：CLM。タイ・ベトナム・中国2地域は増加後減少、CLMは経済発展段階の違いによるタイムラグをもって変化）

（出所）筆者作成。

が，その他の輸送モードに比べて伸びていることを示したという例がある[271]。今後のCBTIの整備と越境交通の増加，およびGMS域内へのFDIの拡散ということを勘案した場合，当面経済成長に伴う貨物総輸送量の増加と道路を利用した輸送比率の上昇がみられるだろう。またタイ，ベトナムなどに比べると経済発展，貿易量の劣るCLM3カ国では，経済発展段階の点から他の国とはタイムラグをともなって道路輸送比率がピークに達するものと考えられる（図表6-6）。かつCLMではCBTIが与える正または負のインパクトはその他の国より相対的に大きいものになるだろう。しかしながら仮説として考えられるのは，いずれ道路輸送比率は飽和点に達し，交通量が大幅に増え総延長の伸びた道路のメンテナンスコストの増大[272]が，当該国の財政を少なからず圧迫し，

271　飯田牧代［2009］「国境を越える物流インフラ整備について－ラオスを中心に」『運輸と経済』第69巻第9号，81-90頁。
272　世銀，ADB，JBIC による Sastainability の考え方に立った援助もあるが，その場合は税制改革な／

さらに環境保全の面からも先進国型の海運，鉄道などへ向けたモーダルシフトに再度転換することが推測されることである。GMS における高速鉄道は従来は現実性が低かったが，タイ，ベトナム，ラオスにおける建設計画が明らかにされており注視されている。また CBTA においても，第 34 条でトラック以外の鉄道，海運などのモードを組み合わせたマルチ・モーダル輸送の利用を規定している。これらのことから上昇を続けた道路による輸送比率は，ある時点で減少に転じることが予想される[273]。

(4) GMS 経済回廊構想に関する問題点

本来経済回廊建設は，ESCAP のアジア・ハイウェイ構想を焼き直し，GMS 各国を「シームレス」に繋ぐ手段として企画された[274]。しかしその着手から 20 年以上を経過し，その利用度，利用価値の濃淡が表面化している。2006 年に完成したフラッグシップ路線でもある東西経済回廊であるが，その利用は限られており現時点ではマクロ経済的な効果は期待されたものではないとされる[275]。当初の ADB による経済回廊の企画段階にあった道路建設だけではなく，総合的，複合的な地域開発はごく僅かにとどまっている。またこうした経済効果の測定がシミュレーションモデルなどにおいて，恣意的で判断が困難であることに問題があると言える[276]。しかし GMS プログラムに関して日本が最大のドナーであり続けたこと，また日本が ADB への最大出資国であるという観点からも，今後ともアジア総合開発計画を含めた道路インフラへの大規模投資を続けるには，一定の説明責任が伴ったものでなければならない。近年では，道路と競合関係にある高速鉄道計画の推進が各国で始まりつつある一方，このよ

＼どに関する要求も発生するなど，当該国にとっては制約条件が増えることになる。
273 春日尚雄 [2010b]，71 頁。各国の高速鉄道計画が具体化すると，予想以上にモーダルシフトが早まる可能性がある。
274 ADB, ADBI [2009]，*Infrastructure for a Seamless Asia*, Tokyo, Asian Development Bank Institute, 2009. に詳しい。
275 国際協力機構「クロスボーダー交通インフラ対応可能性プロジェクト研究フェーズ 2」JICA，2007 年，および ERIA [2010] における計量的な試算については，シミュレーション・シナリオの多さと実証的なデータの不足がみられる。
276 ADB における事前・事後の（ミクロ的な）評価基準は各経済回廊において統一されていない。
（青山学院大学藤村学教授）

うな道路インフラの経済効果は30年から50年程度の超長期の視点で考えるべきであるとの論もある。しかしハードインフラのメンテナンスコストは一般にGDPの約4%を必要とするとの説もあり，過疎地の高速道路インフラについては，費用対効果の慎重な検討が必要であると考える。

またインドシナ半島を中央部で横断するという東西経済回廊は，現時点ではミャンマー区間が実質的に遮断されており，西端の積み出し港と考えられているモーラミャイン（ヤンゴン，ティラワへ延伸予定）は利用されていない。この積み出し港の解決がされない限り，東西経済回廊に限らず東西方向の道路インフラの価値は相対的に低いものとなる。この点からも，ASEANと日本はこのミャンマー問題の解決に向けた政治的な努力が求められている。一方，東端のベトナム・ダナン港（ティエンサ港）も積み出し港としては十分活用されていない。ダナンからの出荷は貨物便が少ないことから利便性が悪く，現状在ラオス企業などは別のルートを選択している[277]。

さらにCBTAを含めた越境交通の円滑化の問題についても，このままでは進展に長期間かかることが予想される。最も重要と思われる国境通過に必要な電子システムの構築などについても，GMS各国の利害調整の進展が図られなければハードインフラ整備のみが先行している状態になる。経済回廊の利用の停滞は，むしろ競合関係にある高速鉄道の推進を促し，それまでの投資を回収する前に道路インフラの老朽化が始まることが予想される。現在完成されている路線から，越境交通の一刻も早い円滑化実施に重点をおくべきである。

(5) 実地調査からの考察

GMS経済回廊の実地走行調査のうち，南部経済回廊に関する共同調査[278]から得られた，主にカンボジア区間に関するインフラ整備と物流，および問題点などは以下の通りである。

(5.1) 道路整備とインターモーダル輸送

タイ，カンボジア，ベトナム3カ国の陸路による南部経済回廊の国際物流の現状と問題は前述の通りであるが，実地調査からは産業集積のあるプノンペン

---

[277] 川田敦相［2011］, 68頁，および筆者調査。
[278] 青山学院大学藤村学教授との共同調査（2011年4月29日～5月7日）をおこなった。

を中心とした海外への製品輸出を考えた場合，陸送，水運に海上輸送を組み合わせた，インターモーダルも含めた輸送ルートとしては以下のようなものが選択肢としてあることが認識された。①プノンペン―シハヌークビル間の陸送（約240km）と海上輸送の組み合わせ，②プノンペン―ホーチミン間の陸送（約240km）と海上輸送の組み合わせ，③プノンペン―ホーチミン（カイメップ・チーバイ港）間のメコン川による内陸水運（約430km）と海上輸送の組み合わせ，が主なものである。タイ・レムチャバン港への陸送（約700km）は現実的ではない。

このうち伝統的な方法であるのはメコン川利用の水運であり，1990年代に日本は河川港である小規模なプノンペン港整備を支援した。しかし現在のはるかに大きい需要に対応するため，約25km下流において大規模なコンテナターミナルが建設されており，これは中国の支援によるものである[279]。カンボジア

設備が充実しているが利用の少ないシハヌークビル港（2011年5月筆者撮影）

279　2012年に完成し，30万TEUの能力をもつ。これによってプノンペン港の貨物の75%は新ターミナルに移動すると考えられている。

においてはこの内陸水運の利用はメリットが大きい。ホーチミンまで陸送する方法と比べても輸送コスト，輸送日数ともに水運が有利である。その一因として，陸路特有の通関などに関わる越境抵抗が水運の場合は少ないことで，また陸路の場合はホーチミン市内－カイメップ・チーバイ港群までの道路約70kmを輸送する必要がある。運搬する商品の特性によっても左右されるが，水運はカンボジアにとっての主要農産物であるコメなどの輸送には有利な輸送モードであろう[280]。

一方，日本の援助を中心に長期に渡って整備が続けられてきているシハヌークビル港は，コンテナ船の便数が現状少ない[281]ことからプノンペン周辺の企業からは，使いづらいとの話が聞かれ，さらにプノンペン－シハヌークビル間の陸送にも懸念を示している。そのためプノンペン周辺の企業は，場合に応じて積み出し港と輸送モードを使い分けている。すなわちコストの最も安いルートのみを選択している訳ではなく，同一企業においても便のアベイラビリティに応じて都合の良いルートを使っている，との話が聞かれた[282]。

(5.2) 道路以外のインフラ整備の方向

カンボジアにおいては，インフラ整備についてドナーが策定したものをセクター別開発計画としている。道路については主管官庁はカンボジア公共事業交通省（MPWT）であるが，JICAがまとめた「カンボジア全国道路網調査」（2006年）がマスタープランとなっている。同様に港湾についてはJICAによる「海運・港湾セクター　マスタープラン」（2007年）がある。さらに鉄道については，韓国国際協力団（KOICA）にマスタープラン策定が依頼されており，2014年を目処にまとめられるという。

このうち鉄道については，既存鉄道である「北線」「南線」のうち，北線は改修工事が開始されており，トンレサップ湖の北側からポイペトまでが完成する予定になっている。またポイペトの国境地域ではカンボジア側に15km，タイ側に6km鉄道が途切れている「ミッシングリンク」があり，コネクティビ

---

[280] カンボジアのコメ輸出量は約200万トンとされるが，主に水運を使った籾の密輸出が200万トン程度あるのではないかという話も聞かれた。
[281] 末廣昭・助川成也［2011］によれば，シハヌークビルでは船会社5社が週9便程度を運行させているが，日本向けの直行便は週1便である。
[282] プノンペンSEZにおける企業聞き取り調査から。

166　章 6 章　産業の集積と分散の諸条件

タイ・アランヤプラテート側から見た鉄道敷設予定地。
前方カンボジア側には巨大なカジノホテル群が見える（2014 年 3 月筆者撮影）

ティを復活させることが目標とされている[283]。

　また南線も改修中であり，4 つの新線も計画されている。これら鉄道の計画については ADB の関与が強くなってきている。MPWT によれば，カンボジアにおける鉄道利用率は近年大幅に落ちてきているだけに，ADB の鉄道への注力は，従来の ADB による経済回廊を含めた道路整備一辺倒から方向転換がされつつあることが見て取れる。今後メコン地域における ADB 主導の GMS プログラムについては，交通における重点分野が変わってゆくことが予想される。また前述のように，中国の主張するシンガポール－昆明鉄道（SKRL）の東回りルート整備への中国の圧力は今後強まるだろう[284]。東南アジアにおける縦貫鉄道計画は現時点で，①中国によるメコン各国の囲い込みの政治的な思

---

[283] 筆者による現地調査（2014 年 3 月）によれば，アランヤプラテート－ポイペトにおける鉄道の接続は資金面の問題もあるが，敷設ルートが年間 100 万人以上のタイ人が訪れるというカジノホテル群を抜けることから建設困難が予想されるレイアウトになっている。
[284] シンガポール－昆明間の距離は，東ルートが 5200km，西ルートが 4800km，中央ルートが 3640km となっている。

惑，②各国における道路以外の輸送手段確保の要望，などが複雑に絡み合い，経済性だけでは実現の是非が判断できない状況にある。

一方，港湾については上記マスタープランには水運については検討されておらず，2007年にベルギーがおこなった調査があるのみであるという。日本を最大ドナーとして港湾整備をおこなっているが，海港であるシハヌークビル開発に集中している。

3. 業種別に見る産業集積と越境フラグメンテーションの可能性の検討

(1) GMSにおける業種別の特性の違い

これまで見てきたように，産業集積の形態と製造業種の違いは不可分である。これは製品の構成部品，製造工程，製品サイクルなどの特性，調達方法の差異，立地による物流の輸送手段の選択の問題などが関わってくる。ここではGMSにおける自動車産業，電機電子産業を対象としているが，日系企業特有のもの造り思想をベースとした上でGMSにおける海外生産への適応力が求められる。この2業種の特徴について整理をおこなう。

自動車産業について藤本［2003］は，もの造り能力の比較優位分野に特化することは，どの時代もどの国も変わらず，日本の製造業没落論を退けた上で能力構築が極めて重要であることを指摘する。日本の自動車産業の成功は日本型の生産システムがあったことに加えて，ある程度絞られた数の自動車部品メーカーが，常に完成車メーカーに対する供給のための継続的な能力構築の競争を繰り広げたこと，そして日本型サプライヤーシステムを作ったことであるとしている[285]。

一方，電機電子産業について木村・丸屋・石川［2002］では，東アジアにおける工業製品，特に電機電子製品の多様性と変化の速さについて指摘がされた上で，特に日本を含めた外資系企業にとっては，中国が生産地および消費地と

285　藤本隆宏［2003］『能力構築競争』中公新書，297-299頁。

してより重要になり、それに並行して地場産業である中国企業の拡大と海外進出という極めて大きな変化が起きつつあるとする。

　日本に限らず、自動車産業においては次のような特徴がある、①自動車というほぼ単一商品、単一マーケットであること、②多数の部品から構成されており、部品・設計のカスタム性が高い、製品アーキテクチャー的にはインテグラル型（擦り合わせ）製品である[286]、③本来、完成車と主要部品メーカーとのサプライチェーンの関係は距離と時間で制約されている。これに加えてASEANとGMSにおいては、④タイ・バンコク圏における、完成車および部品メーカーの形成する産業集積は極めて大きく集中している、⑤部品メーカーは本来完成車メーカー系列との関係が強いが、GMS地域では系列、国籍を超えて関係が崩れつつある、⑥自動車産業は大きな政治的な影響をもち、貿易自由化スキームで（高度）センシティブ品目となるなどの交渉上の大きな論争点になる、⑦日系メーカーのシェアおよび影響力が非常に大きい、などである。

　これに対して電機電子製品については自動車とは大きな違いがある。電機電子産業の特徴は、①製品の種類、マーケットが多種多様である、②おおむねモジュラー（組み合わせ）型・デジタル型製品が多く、また伸張している、しかしコモディティ化した家電製品を中心にインテグラル型製品も一方で存在する、③形成される産業集積は自動車産業に比べて小さい、④モジュール型製品の各部品の製造拠点は必ずしも最終組立工場に近接していない、よって組立工場の立地は制約が少なく、拠点の（国際間）移動も起きている、⑤製造委託先としてのEMS企業の存在がさらに大きくなっている、⑥全般に日本企業のシェア・競争力が低下し、韓国・中国など新興国メーカーが伸張する傾向にある、などである。

(2)　GMSにおける業種別製品と産業集積の距離

　業種別の製品を、①自動車、②アナログ的電機電子製品、③デジタル的電機電子製品、の3カテゴリーに分類し、産業集積の距離について考察する。アナ

---

[286]　インテグラル（擦り合わせ）型製品アーキテクチャーとは、各部品が相互に調整されて最適に設計されるタイプのものを指し、モジュラー（組み合わせ）型とは、構成要素間の相互関係がほとんどないようなものを言う。

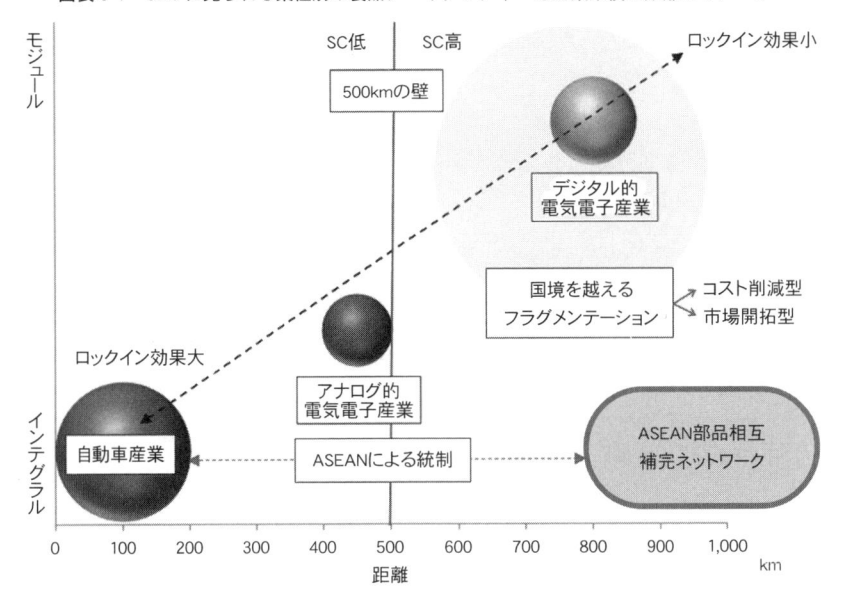

3. 業種別に見る産業集積と越境フラグメンテーションの可能性の検討　　169

図表 6-7　GMS に見られる業種別の製品アーキテクチャーと産業集積の距離のイメージ

(注) 円の大きさは産業の規模を示す。SC：Service link cost（サービス・リンク・コスト）。
(出所) 筆者作成。

ログ的電機電子製品とは白物家電に代表される品目で，具体的にはエアコン，冷蔵庫，洗濯機などである。これらの製品はインテグラル的要素が強く，生産も一貫生産を求められる工程が多い[287]。すなわち自社工場内における加工が多いため，主要部品の調達も比較的近距離であることが求められる。これに対してデジタル的電機電子製品とは，①オーディオ・ビジュアル製品（液晶 TV，デジタルカメラ，DVD 関連製品，および部品），②情報通信機器（PC，LCD モニタ，複写機，プリンター，携帯電話，HDD，リチウムイオン電池，および部品）などである。これらの製品アーキテクチャーは基本的にモジュール型である。すなわち，筐体，基板，液晶といった液晶 TV のような主要構成部品であれば遠距離の輸送も可能になる[288]。

[287] タイ東芝 TPT 社の例の様に，冷蔵庫の生産工程における成型内製化，発泡断熱材注入など，部分的外注化（工程分割）が困難，もしくは不経済なインテグラル性の高い製品を指している。
[288] 東芝の液晶 TV に関する ASEAN 戦略として，前述の様にメイン基板，液晶を中国から輸入し↗

また日系企業のシェア，競争力という点からは，インテグラル型の製品に強みがあることが知られている。これは距離という点からは前述の「能力構築の継続」が，近接することで日系企業の競争力が保たれているためと考えられる。一方，モジュール型製品については，プリンター，複写機，デジタルカメラのようにシェアの高い製品もあるが，携帯電話，PC など，日系企業が世界ではシェアを失っている製品も多い。またデジタル的電機電子製品についてはEMS（Electronics Manufacturing Service）への委託生産が拡大の一途であり，台湾の Foxconn（富士康）社のように従業員 100 万人規模の巨大 EMS 企業が現れていることは，近年の特徴として特記されるべき点である。

図表 6-7 のように製品カテゴリーから，次のように 3 つの産業集積を距離，製品アーキテクチャーの関係からイメージすることができる。自動車産業では 100 〜 150km 圏内に集積しているのは前述した通りである。一方，アナログ的電機電子製品産業においては基本的に 500km 以内である。IDE/ERIA によるジオグラフィカル・シミュレーションモデル（IDE/ERIA-GSM（Geographical Simulation Model））によれば，メコン地域における輸送方法としてのトラック輸送は産業別に数 100km 〜 800km であり，それを超えた場合には，複数の輸送モードを組み合わせるインターモーダル輸送に切り替わることを導き出している[289]。また 500km という距離はメコン地域においては多くの場合に越境することになり，越境抵抗によるサービス・リンク・コストの増加は格段に大きくなる。従って，インテグラル的要素を持つアナログ的電機電子製品産業は，現地調達できない電子部品などを除き，越境をしない圏内に最終組立工場と部品，中間財などの裾野産業が近接することによるメリットが大きくなる。

3 つ目のデジタル的電機電子製品産業は，他の 2 産業に比べて距離についての制約が小さい。すなわち国際的なサプライチェーンを前提とした製品も多く，3 産業の中ではフラグメンテーションが起きる可能性が最も高い。このフ

――――――
＼インドネシアで組立をおこない完成品を輸出している例があげられる。
289　Isono, I. [2011], "Possible alternative routes for further connectivity in the Mekong region," Ishida, M. ed., *Intra-and inter-city connectivity in the Mekong region*, IDE-JETRO Bangkok, p. 387. 国際間のトラック−船舶の組み合わせの場合，業種別で異なり食品で 371km，繊維で 825km，機械で 229km，自動車で 625km という距離が得られている。「500km の壁」については，アジア経済研究所石田正美氏の見解を参考にさせて頂いた。

ラグメンテーションは前述のように，①市場開拓（市場獲得型），②コスト削減（労働集約利用）型に分かれる。またロックイン（凍結）効果も低いことから，進出国・進出市場からの撤退，移転の可能性（mobility）もまた高い産業であると言える。このように距離が重要なことは集積理論あるいは「2次元のフラグメンテーション」でも同様である。

若杉・戸堂［2010］において，類似した分析がおこなわれている。ここでは進出日本企業の現地における売上と企業数の増加について，実証的な分析の説明変数の一つに「日本から現地市場までの距離」を用いている。その結果，日本からの距離が現地生産額に大きな影響を与えるのは，電機機械産業であることを明らかにしており，中国をはじめ近隣諸国において生産し，国際市場に販売する傾向が強いことが理由であるとしている。一方自動車産業では，需要地に近いところで現地生産がおこなわれることから現地市場の規模が重要であるとしている[290]。

東アジア経済における国際的生産・流通ネットワークのメカニズムを説明する枠組みとして，木村［2006］の「2次元のフラグメンテーション」は，企業の分散度（縦軸）と距離（横軸）の2軸によるセグメンテーションを提示している。ここでは2つの境界すなわち「国境」と「企業の境界」が想定されている。企業の境界すなわち企業内貿易と企業間貿易の議論は過去におこなわれてきている。前出若杉・戸堂［2010］は，中間財調達の権限を現地法人側へ移譲することで企業内貿易による調達比率が大きく低下することを指摘している[291]。

このようにここでは経済学的な観点より，より企業経営的な視点が必要であり，その中でも製品アーキテクチャーの違いによる製品特性に注目した方が，企業行動が理解しやすい。よってフラグメンテーションにおいては，生産要素，生産工程の質が異なる複数の製品アーキテクチャー群と，形成される業種別の産業集積のタイプに工程間分業の形態が大きく依存していることをここでは示している。産業集積の「密度」が極めて高い自動車産業と，遠隔地から輸

---

290 若杉隆平・戸堂康之［2010］「国際化する日本企業の実像」RIETI Policy Discussion Paper Series 10-P-027，経済産業研究所，9-10頁。
291 同上，16頁。

送される汎用的な部品を組み合わせるデジタル的電子電機産業の比較においては，その製品特性こそがフラグメンテーションの性質を決定しており，企業内，企業間の違いよりフラグメンテーションを差別化する要素となる。さらに横軸の距離については2次元のフラグメンテーションでは曖昧になっているが，GMSの例においてこれらの産業集積群を区分するためには500kmという目安を示すことができるだろう。これは地域によって異なることが想定され，越境の可能性の低い中国などの国土においてはより長距離になると考えられる。

また木村［2003］における「企業の立地選択と内部化選択」では，企業の上流から下流に向けての活動における内部化選択について「どのような活動を自らの境界の内側に位置付けるかという選択」としている。この企業内の機能別の国際分業と言えるフラグメンテーション論は，1980年代以降の日本企業の過度と言える内部化への反動であると木村は解釈している[292]。一方，この内部化の問題は取引費用からも分析がおこなわれ，Williamson［1985］によると，企業内取引費用＋企業内生産費用＞市場取引費用＋市場生産費用であったものが，調達する資産の特殊性（Asset Specificity）が高いことで企業内外の調達が選択（make or buy）され，効率的な境界（Efficient Boundary）ができるとしている[293]。言い換えれば，日本企業が従来は特殊性の高い製品に依存し内部化していたものを，今後は特殊性の低い汎用製品に向かい外部化を進めるとの木村の主張と考えられる。今後モジュール型製品がインテグラル型製品を凌駕してゆくことで，より産業の外部化が進むと言える。しかしこれは製品アーキテクチャーと工程間分業の問題同様，内部化を低下・解消するような動きが日本企業のメインストリームになるかどうかは，今後日本にどのような産業構造の変化が起きるかに大部分依存していると考えるべきである。

また，自動車産業のASEAN経済協力の一環でもある，部品相互補完ネットワークはどのように位置づけられるべきであろうか。表面的にはASEAN各国における自動車部品の分業という形態から，国際的な企業内のフラグメンテーションと見ることもできる。しかしながら，自然発生的でもある産業集積とフ

---

[292] 木村福成［2003］，111頁。
[293] Williamson, O. E.［1985］, pp. 95-98. この「効率的な境界」が結果的に「企業の境界」を形成している。

ラグメンテーションに対して，過去の ASEAN カー構想，さらに BBC，AICO など，一連の ASEAN による主に自動車産業育成を目的とした分業スキームは一義的には外資導入のインセンティブ制度である。また AICO スキームは認可に裁量的な面が残る統制された制度でもあり[294]，自動車部品の国際分業に関して各国の比較優位が自然発生的に反映されたものとは言えない。よって ASEAN における自動車部品相互補完ネットワークは，AFTA が深化し AICO に取って代わるようになった現在でもフラグメンテーションの特殊な一形態と見るべきである。

また現在インテグラル型の代表的製品として見られている自動車は，日本市場中心に普及が広がっている電気自動車（EV）あるいはハイブリッド車（HV，PHV）の登場によりモジュール性が高まるのは確実である。従来のガソリン，ディーゼルの燃料エンジンから電気モーター，バッテリーが主要部品となることで，内燃機関であった自動車に関する技術的ブレークスルーが起きようとしている。以前から言われているように，自動車が電機電子製品のようにモジュール製品化することによって差別化が難しくなり，新規参入増加の結果は価格競争につながり，完成車メーカーの付加価値が下がることが予想される。将来 EV 車が広く普及することがあれば，現状の自動車産業の産業集積が質的に大きく変化することはほぼ確実であろう。

このようなことから，現在東アジアにおいて起きているとされるフラグメンテーションは一律ではなく，さまざまな制約条件下で起きている現象であることがわかる。GMS は「陸の ASEAN」としての性質をもち，越境を前提とした陸路の整備を重点的におこなっているにも関わらず地域内工程分業としてのフラグメンテーションは現状限られたものである。サプライチェーンとしても，業種，製品アーキテクチャーなどにより実現可能な距離が制約されている。ASEAN レベルにおける「海の ASEAN」を含めた国際分業も，自動車産業の部品相互補完システムを除くと，域内貿易比率の低さが示すように主要中間財

---

[294] AICO 申請から承認の手続きについては，輸出国，輸入国の利害対立の調整に時間がかかることが多いとされる。洞口治夫 [2002]，168-187 頁においては，タイーインドネシア間の自動車部品輸出入でトヨタが AICO 申請した 9 件のうち，認められたのは 3 件のみであったとの例を紹介しており，AICO は貿易創出効果を高めるより「政治的アドバルーン」としての役割の方が大きい，としている。

の供給を主に日本，中国，韓国に依存しており，ASEAN域内のフラグメンテーションは限定的である。しかしながら将来において，中間財の生産がASEANでおこなわれ地域経済統合が進むこと，GMSにおいては陸路の整備がより改善されることなどが域内フラグメンテーションが拡大される必須条件である。

終章
結論と課題

　Jones & Kierzkowski[2000] は,「フラグメンテーション」という言葉がグローバリゼーションにおける「破壊」を暗示するとすれば,それはシュンペーター的な創造的破壊(Creative destruction)である[295]と述べている。生産が海外に移転することに伴って,国際分業とフラグメンテーションが急速に進行した。東アジアにおいても先進国から途上国への大規模な生産移転が起こり,その現象の分析から,雁行型経済発展論,多国籍企業論,さらには国際貿易論からのアプローチと,フラグメンテーションをとりまく議論は拡大されてきている。本書は GMS を研究対象としながら,経済学に加え地域研究,経営学などとの学際的なアプローチからその実証的分析を試みている。

　GMS 全域が政治的に安定してから年月はそれほど経っておらず,「インドシナを戦場から市場へ」と呼びかけられたのは今から 26 年前の 1988 年である。その後急速な経済発展が始まるが,特に GMS 域内で経済発展の先発国の一つとなったタイにおいて,イニシエーター,アクティベーターを務めたのが進出した日系企業群である。これら進出日系企業が現地で生産活動をおこなうことで,製品輸出,雇用などを通じて当該国の経済成長に大きな貢献をし,現在では GMS は生産拠点のみならず人口 3 億 3000 万人を擁する一大消費マーケットとしての位置付けがされている。日系企業を中心とした外資系企業の進出の結果もあり,巨大とも言える産業集積が形成された。

　地域経済統合を積極的に進めている ASEAN と物流インフラの整備を中心に地域協力をおこなっている GMS は,中国を除く構成国が重複していることか

295　Jones, R. W. and Kierzkowski, H. [2000], "A Freamwork for Fragmentation," Tinbergen Institute Discussion Paper, TI2000-056/2, pp. 1-2.

ら密接な関係にあり，政治，経済の分野で不可分である。貿易，投資，インフラ整備などの各取り組みにおいても，常に連動した存在として本書では扱った。進出企業はインドシナ半島を「陸のASEAN」として見ており，2015年のASEAN経済共同体に向けた取り組みと期待される変革は，企業の投資行動にも影響を与え始めている。

1. 各章における考察

　序章では，本書の課題と分析枠組みを示し，日系企業の事例研究によるGMS域内の産業の集積と分散，またフラグメンテーション理論の適用性が本書の課題であることを述べた。特に東アジアにおけるフラグメンテーションの実証的な先行研究が限られていることから，GMS地域に進出している日系企業の事例研究を中心とする実証的な研究が本研究の独自性であることを示している。

　第1章では，ASEAN地域統合とGMSに代表されるサブリージョナルな経済協力を中心に扱った。この地域における政治，経済に関する多様性と複雑さ，ASEANの地域経済統合の進行と産業政策，AFTAの深化による影響，格差是正問題などについて示した。東アジアにおけるASEANの存在がより大きくなりつつある中で，こうした重層的な協力枠組みはASEANの地域統合を補完し，東南アジアにおける秩序の重要な要素となっている。

　第2章では，GMSの地域開発はADBのイニシアティブによるプログラムが，越境交通インフラ整備を中心に大きな役割を果たしていることを示した。GMS経済回廊はハード整備の進展に比べて，ソフト面である円滑化のためのCBTAなどの実施が遅れていることを示した。中国とメコン流域諸国との微妙な関係については，現在はACFTAに代表される実利的な経済関係を双方が求めていると言える。

　第3章では，ASEANの枠組みで貿易面から分析をおこなった。産業別の比較優位分析と貿易特化分析から，各国の競争力の推移と経済発展段階の変化を示した。産業の成長と衰退という不可避な現象を輸出入額の推移という要素を

加えることで分析手法の改善を図った。これにより ASEAN 先発加盟国の「集団的外資依存輸出指向型工業化戦略」に基づいた産業構造の変化と，先発国から後発国への産業の移動について統計上から確認をおこなった。

　第 4 章では，ASEAN 諸国への直接投資を概観し，CLM3 カ国の直接投資受け入れ状況を示した上で，最近の日本による ASEAN 向け投資の増加とタイへの集中を明らかにした。また日本と中国による ASEAN 諸国との関係を，貿易結合度，直接投資結合度のマトリックスから比較分析する独自の試みをおこなった。これにより日本と中国の ASEAN 諸国との緊密度の差異，特に CLM3 カ国に関しての対称性を時系列で確認することができた。

　第 5 章では，日系企業の海外進出状況を概観した上で，日系グローバル企業の ASEAN，GMS 域内における戦略などを検討した。代表的な製造業である自動車産業と電子電機産業について実証的な分析を中心におこない，日系グローバル企業の ASEAN 域内戦略の差異と類似点をホンダ，日産，東芝などの企業別分析から示した。また拠点再編に関わる可能性について検討をおこなった。

　第 6 章では，産業の集積と分散について，主に企業側から見た要件について検討をおこなった。これによって GMS における今後の集積，分散を制約する点について整理をすることができた。また実地調査などに基づいた GMS 経済回廊の現状と企業物流，さらには経済回廊構想の問題点について検討をした。これらのことに基づき，GMS における業種別，製品アーキテクチャーによる産業集積の距離的関係を，フラグメンテーションの可能性との関連から分析した上で，陸路の輸送距離 500km が分岐点であるという暫定的な数値を得た。このような観点と分析手法から，GMS における産業集積，フラグメンテーションにおいては「距離」の重要性を明らかにしようとする試みをおこなった。

2. 研究課題の結論

　序章の問題の所在において示した研究課題の結論は次のとおりである。まず① GMS における企業の集中と分散の要因の整理については，貿易・投資の自由化が進みつつある現在では生産拠点の再編・集中のメリットが強調される。

しかし集中と分散のメリット，デメリットはトレードオフの関係にもある。まず，各社の戦略，各国の投資環境の違いにも左右される。ものづくりにおける規模の経済の追求，インフラ整備によるサプライチェーンの改善といった集中を促す要因がある。一方，労働集約的部門の「周辺」への移動は実務的困難がともなう。途上国におけるカントリーリスクの想定外要因はグローバル企業においても未対応であることが多く，2011年のタイ大洪水は企業に改めて分散の重要性を認識させることになった。このように，海外における企業の集中と分散の要件は数多い。本来企業においては，その時点における投資環境や市場，自社の製品群の特徴や経営資源などを勘案して立地された複数の生産拠点の組み合わせというポートフォリオが必要である。一方，カントリーリスクなどによる企業継続のための安全性のバランスを立地においては考慮すべきものであることが，これらの要因を整理したことで概ね示すことができた。

　さらにASEANの地域経済統合とGMSの地域経済協力は，企業の集中と分散に大きな影響を与えている。AFTAの深化による貿易自由化によって関税率が引き下げられ，域内の国際的な調達と販売を多角化させ，さらに投資の自由化による過去の合弁比率規制の撤廃などにより，企業による域内立地の自由裁量が大幅に増えたことで，域内拠点の再編の動機につながるなどの企業戦略の変化があった。さらにはASEANの産業通商政策もさまざまな面から日系グローバルの立地に影響を与えていることがわかる。またGMSプログラムによる主に道路インフラの大規模な整備は，陸続きであるGMS域内のヒト，モノの移動を促進させることになり，島嶼部を含むASEAN以上に生産拠点，消費市場の一体化を進めることで外資誘致のための環境づくりがされた。これによって経済効果的には数十年の超長期に渡ったとしても，GMS域内の複数の産業集積，あるいは東アジア大の広域の産業ベルトの形成[296]に必要な基幹インフラが整備されつつある段階と解釈できる。

　②GMS域内において，日系グローバル企業の工程間分業の動きについては，現状においては初期段階にある。東アジア大におけるフラグメンテーショ

296　内閣府［2004］『地域活性化と雇用創出』4頁，原資料「空間経済学から見た国土交通政策」（国土交通政策研究所における藤田昌久京都大学経済研究所教授講演録）。http://www5.cao.go.jp/keizai-shimon/minutes/2003/0217/item5.pdf

ンは，GMSのようなサブリージョナルな枠組みで同じように起きるものではないが，「タイ・プラスワン」という形で拠点分散の形態が見られる。ASEANにおいては，AICO および AFTA などの通商政策により自動車などの特定の業種においてフラグメンテーションと同様な域内国際分業が形成されている。これは，ASEAN の各国で輸入代替工業化に構築された多品種少量生産体制から，地域と品目の選択と集中による規模の経済による効率的な生産の実現と特恵税率を利用した域内補完をおこなうものである。一方，GMSでは経済発展段階の相対的な低さと，(CLM における) 技術，人材，部品産業など産業基盤の薄さがGMS内で活発なフラグメンテーションが起きていない理由である。また，GMS域内で労働集約的な部門を「周辺」である国境付近に分離する動きは見られるようになった。「国境経済圏仮説」に示された縫製業を中心とした小規模な国境産業のようなものから，メキシコのマキラドーラで見られた大規模な分業への発展段階にあるとも言える。但し，例外としては中堅・中小企業が言語のほぼ同一であるタイとラオスの間で分業をおこなう動き，あるいは積み出し港に近いベトナム，カンボジア国境の工業団地への進出など見られるが，国境周辺の労働力人口の少なさ，日本人管理者の居住環境としての問題点，などの理由から日系大手企業は現状それほど工程間分業に積極的とは言えない。

　生産工程が国境を越えて配置・展開されるという典型的なフラグメンテーションは，GMSでは限定的であり，ASEAN域内でも政策的要因の加わった特殊な形態であることが判った。東アジア大に対象を拡大しても，フラグメンテーション理論では企業の具体的事例が示されることは少ない。むしろ自動車産業に見られるように，日本国内の部品企業が独自にあるいは納品先企業に随伴あるいは要請に応じて進出し，それらの企業から東アジア域内で部品を調達しているケースが多いと考えられる。

　③フラグメンテーションの2類型（市場開拓型，コスト削減型）に対する，日系グローバル企業の志向については，GMS域内で労働集約的部門などを分離しコスト削減を目指した投資行動はグローバル企業では従来希であった。これは，工程を分割することによって発生するサービス・リンク・コストが，分割によって得られるコスト削減より大きくなることが危惧されていたこともある。また一方でASEANレベルで見た場合，日系グローバル企業が現地市場を

確保するための販売および生産拠点強化の動きが進んでおり，とりわけ自動車産業に顕著に見られる。これは新興国における消費市場の拡大を見込んだ市場開拓型の進出の意味合いが強い。さらに ASEAN ワイドの自動車部品相互補完ネットワークの分業体制は，前述のように「特殊なフラグメンテーション」の位置づけがされるべきものであり，現時点の ASEAN, GMS 域内の全般的な投資行動の中では市場開拓型がより積極的におこなわれていると見るべきである。

　④ GMS 域内における産業集積とフラグメンテーションの「距離」の基準は，業種と製品アーキテクチャーの特性を考慮すべきであることを示した。タイにおける自動車産業の集積においては，日本における生産と同様，JIT 生産を前提として時間納入を実施するため完成車工場とサプライヤーは密集を要求され，その距離は前述のように 100〜150km 圏内と考えられる。これに対してアナログ的電機電子製品産業のケースでは，GMS の地理的特徴と経済回廊の整備などから 500km（以内）という暫定的な数値を得た。これは現状の GMS のインフラ状況においては，トラック輸送による優位性は 500km を超えず，それ以上は海上輸送が優位になることを意味する。しかし液晶 TV に代表されるデジタル的電機電子製品については，その距離は大きく伸びる。これは製品の構成部品を製造する産業の規模の経済のメリットがサービス・リンク・コスト，あるいは輸送費に比べて大きいことを意味する。このように業種と製品アーキテクチャーの特性を考慮すべきことは，産業集積理論，フラグメンテーション理論の双方において重要であるが，考慮すべき変数はこれら以外にもあると考えられる。

　これら本書の問題設定と結論を通じて，現状のフラグメンテーション論の議論について次のような点を指摘したい。経済主体でありフラグメンテーションの分析対象である企業の経営の面から分析すると，企業活動全般と生産拠点の配置決定はコストに関する優先度が極めて高い。フラグメンテーションはその企業行動の結果の一つであり，企業経営者はフラグメンテーション自体を意識することはまずない。企業の選択肢として考えられるのは，①自社生産拠点の分割による工程間分業，であるがこれはオリジナルのフラグメンテーションの発想に近い。次に②調達の多角化，コストダウンのための活動，でこれは国内外，あるいは企業グループ内外を問わずアウトソーシング的調達を利用しよう

とする。そのため，ここでは企業内，企業間という区別はあまり意味をもたない。そして最後の段階として，③地域統括やR&Dなどの部門の分離・分割というレベルがある。

　フラグメンテーション論は現時点では実証的研究が乏しく，原理としては①が強調されているが，実際国際貿易論などで議論されるのは②のレベルが中心であるという，混乱もしくは誤解を招きやすい面が見られる。実際の経済主体である企業にとっては，①と②の違いは大きいという経営面からの観点が不足している。一方，Ando, M. & Kimura, F.［2009］などに示されている，フラグメンテーションと産業集積の併存という点は実態を表している。フラグメンテーション論と産業集積論は一体で語られるべきであり，フラグメンテーション論のみに偏ることは片手落ちになる。これらの統合的な理論を構築すべきであろう。

3. 今後の課題

　今回の研究を通じて，地域研究における実証的な分析と理論との融合については難しい点がみられた。この両立については，より多くのケーススタディを積み重ねることが必要である。特にフラグメンテーションについては，グローバル化した企業にとって，国籍の意味は次第に小さくなっており，企業レベルのボーダーレス化は確実に進んでいる。地域経済統合の面からは，ASEAN域内のAFTAが深化し，ASEANも一段と共同体に向けた動きを加速させている。ASEANを中心としたASEAN+1FTAの体制が構築されているが，将来は日本，中国，韓国によるFTA網の形成，TPP参加国の拡大により，高度な貿易，投資の自由化が現実となるであろうことから，そうした状況を加味した研究が必要とされる。

　さらに今後の研究課題としては，今回GMSに進出した日系自動車産業，電機電子産業のケーススタディをおこなったが，日系企業のプレゼンスは下がりつつあり，特に電機電子産業において顕著である。日系企業に代わって台湾，韓国，中国企業などの新興国メーカーによる市場シェアが高まりつつあり，サ

ムスン電子に代表されるが GMS 域内における現地生産も拡大している。GMS あるいは ASEAN におけるこうした業種における研究をおこなうには日系企業研究のみでは不十分になりつつあるため，今後こうした国籍の企業および地場企業についての検討を加えることが必須となるだろう。

参考文献

〈日本語〉

青木健［2003］「AFTA は東アジア FTA の中核になりうるか」『国際貿易と投資』Spring 2003/ No. 51, 国際貿易投資研究所, 33-53 頁。

青木健［2005］『変貌する太平洋成長のトライアングル』日本評論社。

アジア経済研究所『アジア経済動向』各年度版, IDE-JETRO アジア経済研究所。

天川直子編［2006］『後発 ASEAN 諸国の工業化：CLMV 諸国の経験と展望』アジア経済研究所。

安藤光代［2006］『東アジアにおける国際的な生産・流通ネットワーク：機械産業を中心に』三菱経済研究所。

池上寛, 大西康雄編［2007］『東アジア物流新時代：グローバル化への対応と課題』アジア経済研究所。

石川幸一［2006］「ASEAN 経済共同体形成の現状と課題」『亜細亜大学アジア研究所紀要』第 33 号, 67-112 頁。

石川幸一［2007a］「変化する東アジアの貿易構造」『東アジア物流新時代：グローバル化への対応と課題』アジア経済研究所。

石川幸一［2007b］「ASEAN 共同体形成の現状と展望」『季刊国際貿易と投資』Spring 2007/ No. 67, 73-90 頁。

石川幸一［2009a］「ASEAN 経済共同体ブループリントの概要と評価」『亜細亜大学アジア研究所紀要』第 33 号, 1-46 頁。

石川幸一［2009b］「ASEAN の FTA と日本企業―インドネシア, フィリピン, ベトナムの調査から―」『国際貿易と投資』Summer 2009/No. 76, 国際貿易投資研究所, 20-31 頁。

石川幸一［2009c］「ASEAN 共同体とブループリント」石川幸一, 清水一史, 助川成也編著『ASEAN 経済共同体：東アジア統合の核となりうるか』ジェトロ, 14-27 頁。

石川幸一［2009d］「FTA 締結後の中国と ASEAN の協力関係」『中国の台頭とそのインパクトⅢ』アジア研究所・アジア研究シリーズ, No. 70, 亜細亜大学アジア研究所, 5-38 頁。

石川幸一［2010a］「新段階に入った東アジアの FTA」『季刊国際貿易と投資』Summer 2010/ No. 80, 19-38 頁。

石川幸一［2010b］「東アジアで拡大する FTA ネットワークの現状と企業活動変化へのインパクト」『世界経済危機後のアジア生産ネットワーク～東アジア新興市場開拓に向けて』JETRO 海外調査部アジア大洋州課・中国北アジア課, 40-48 頁。

参考文献

石川幸一，清水一史，助川成也編著［2009］『ASEAN 経済共同体：東アジア統合の核となりうるか』ジェトロ．
石川幸一,清水一史,助川成也編著［2013］『ASEAN 経済共同体と日本：巨大統合市場の誕生』文眞堂．
石田正美編［2005］『メコン地域開発：残された東アジアのフロンティア』アジア経済研究所．
石田正美編［2010］『メコン地域　国境経済を見る』アジア経済研究所．
石田正美，工藤年博編［2007］『大メコン圏経済協力：実現する3つの経済回廊』アジア経済研究所．
石戸，伊藤，深尾，吉池［2003］「東アジアにおける垂直的産業内貿易と直接投資」RIETI Discussion Paper Series 03-J-009，経済産業研究所，経済産業省．
石戸，伊藤，深尾，吉池［2005］「垂直的産業内貿易と直接投資—日本の電機産業を中心とした実証分析」『日本経済研究』2005 年 3 月号，日本経済研究センター，1-32 頁．
馬田啓一，大木博巳編著［2005］『BRICs・ASEAN 新興国の FTA と日本企業』ジェトロ．
馬田啓一，浦田秀次郎，木村福成編著［2005］『日本の新通商戦略：WTO と FTA への対応』文眞堂．
浦田秀次郎［2001］「貿易・直接投資依存型成長のメカニズム」渡辺利夫編『アジアの経済的達成』東洋経済新報社．
浦田秀次郎，石川幸一，水野亮編著［2007］『FTA ガイドブック 2007』ジェトロ．
大泉啓一郎［2007］『老いてゆくアジア　繁栄の構図が変わるとき』中公新書．
大泉啓一郎［2008］「大メコン圏（GMS）開発プログラムと CLMV の発展：経済回廊整備で広がる可能性と日本の役割」『環太平洋ビジネス情報 RIM』2008, Vol. 8, No. 30, 4-28 頁．
大泉敬一郎［2013］「「タイプラスワン」の可能性を考える」『環太平洋ビジネス情報 RIM』2013 Vol. 13 No.51．
大木博巳編著［2008］『東アジア国際分業の拡大と日本』ジェトロ．
嘉数啓・吉田恒昭編［1997］『アジア型開発の課題と展望：アジア開発銀行 30 年の経験と教訓』名古屋大学出版会．
春日尚雄［2010a］「アジア・ハイウェイ構想から GMS 経済回廊の実現まで—その意義と歴史的な経緯—」『亜細亜大学大学院経済学研究論集』第 34 号，1-32 頁．
春日尚雄［2010b］「ASEAN における FTA の影響—成熟する AFTA と進出企業の分業・再編戦略」『世界経済評論』5/6 月号，79-88 頁．
春日尚雄［2010c］「CLMV 経済とクロスボーダー交通インフラの整備」『運輸と経済』7 月号，65-74 頁．
春日尚雄［2011a］「GMS 経済回廊の現状—南北経済回廊ラオス区間調査を中心に」『亜細亜大学大学院経済学研究論集』第 35 号，1-30 頁．
春日尚雄［2011b］「マレーシア，タイ，ベトナムにおける工業部門の変化—ASEAN3 カ国に見られる貿易構造の推移から」『貿易と関税』7 月号，10-21 頁．

春日尚雄［2012a］「GMS 南部経済回廊整備とカンボジア経済」『亜細亜大学大学院経済学研究論集』第 36 号，1-27 頁．

春日尚雄［2012b］「メコン地域における日系企業による産業集積の形成―自動車産業と電機電子産業のケースから―」『東南アジアのグローバル化とリージョナル化Ⅱ』亜細亜大学アジア研究所・アジア研究シリーズ No. 78, 71-102 頁．

叶芳和編著［2003］『産業空洞化はどこまで進むのか』日本評論社．

川田敦相［2011］『メコン広域経済圏』勁草書房．

木村福成，丸屋豊二郎，石川幸一編［2002］『東アジア国際分業と中国』ジェトロ．

木村福成［2003］「国際貿易理論の新たな潮流と東アジア」『開発金融研究所報』第 14 号，106-116 頁．

木村福成［2004］「国際貿易理論の新たな潮流と東アジア」嘉治佐保子・白井義昌・柳川範之・津曲正俊編著『経済学の進路―地球時代の経済分析』慶應義塾大学出版会，77-106 頁．

木村福成［2006］「東アジアにおけるフラグメンテーションのメカニズムとその政策的含意」平塚大祐編『東アジアの挑戦―経済統合・構造改革・制度構築』アジア経済研究所，87-107 頁．

木村福成，安藤光代［2006］「国際的生産・流通ネットワークと新国際通商戦略」財務省財務総合政策研究所『フィナンシャル・レビュー』April 2006, 82-102 頁．

木村福成［2010］「世界同時不況と FTA 網拡大による東アジア生産ネットワークの変質」『世界経済危機後のアジア生産ネットワーク～東アジア新興市場開拓に向けて～』JETRO 海外調査部アジア大洋州課・中国北アジア課，1-7 頁．

木村福成，石川幸一編著［2007］『南進する中国と ASEAN への影響』ジェトロ．

金融庁『有価証券報告書』各社版．

朽木昭文［2007］『アジア産業クラスター論：フローチャート・アプローチの可能性』書籍工房早山．

黒岩郁雄編著［2014］『東アジア統合の経済学』日本評論社．

国際協力機構［2007］「クロスボーダー交通インフラ対応可能性プロジェクト研究フェーズ 2」JICA．

国際協力銀行『わが国製造業企業の海外事業展開に関する調査報告』各年度版，JBIC．

国際協力銀行『年次報告書』各年度版，JBIC．

国際貿易投資研究所『ITI 財別国際貿易マトリックス』各年度版，国際貿易投資研究所（ITI）．

国際貿易投資研究所『世界主要国の直接投資統計集』各年度版，国際貿易投資研究所（ITI）．

国際貿易投資研究所［2008］『東アジアにおける機械産業の産業集積と域内分業に関する調査研究』国際貿易投資研究所（ITI）．

小林熙直［2007］「中国経済の方途」小林熙直ほか『中国の台頭をアジアはどうみるか』亜細亜大学アジア研究所．

小林熙直［2008］「中国における外資政策の変化」『東亜』496, 2008-10, 霞山会．

小林熙直［2009］「中国の外資導入と外資政策の調整」『中国の台頭とそのインパクトⅢ』亜細亜大学アジア研究所，159-175 頁。

小島清［2003］『雁行型経済発展論〔第 1 巻〕』文眞堂。

佐野淳也［2013］「拡大を続ける中国の対外直接投資」『環太平洋ビジネス情報 RIM』2013 Vol. 13 No. 48。

椎野幸平，水野亮［2010］『FTA 新時代〜アジアを核に広がるネットワーク』ジェトロ。

清水一史［1998］『ASEAN 域内経済協力の政治経済学』ミネルヴァ書房。

清水一史［2009］「世界経済の構造変化と ASEAN 経済統合」石川幸一・清水一史・助川成也編著『ASEAN 経済共同体』ジェトロ，2-13 頁。

清水一史［2010］「ASEAN 域内経済協力と生産ネットワーク―ASEAN 自動車部品補完とIMV プロジェクトを中心に―」『世界経済危機後のアジア生産ネットワーク〜東アジア新興市場開拓に向けて〜』JETRO 海外調査部アジア大洋州課・中国北アジア課，9-20 頁。

白石昌也編著［2006］『インドシナにおける越境交渉と複合回廊の展望』早稲田大学大学院アジア太平洋研究科，科研研究成果報告書。

白石昌也［2007］「メコン・サブ地域の実験」山本武彦・天児慧編著『新たな地域形成』（東アジア共同体の構築 1）岩波書店。

新宅純二郎［2007］「東アジアにおける製造業ネットワークの形成と日本企業のポジショニング」『韓日経商論集』第 37 巻，169-196 頁。

末廣昭［2000］『キャッチアップ型工業化論』名古屋大学出版会。

末廣昭，宮島良明編［2009］『大メコン圏（GMS）を中国から捉えなおす』東京大学社会科学研究所。

末廣昭，大泉啓一郎，助川成也，布田功治，宮島良明［2011］『中国の対外膨張と大メコン圏（GMS）・CLMV』東京大学社会科学研究所。

助川成也［2009］「経済統合の牽引役 AFTA とその活用」石川幸一，清水一史，助川成也編著『ASEAN 経済共同体』ジェトロ，42-61 頁。

世界銀行／新井敬夫訳［2004］『グローバリゼーションと経済開発』世界銀行。

世界銀行／田村勝省訳［2009］『世界開発報告(2009)変わりつつある世界経済地理』世界銀行。

東洋経済新報社『海外進出企業総覧』国別編・会社別編，各年度版，東洋経済新報社。

トラン・ヴァン・トウ，松本邦愛編著［2007］『中国― ASEAN の FTA と東アジア経済』文眞堂。

トラン・ヴァン・トウ［2010］『ベトナム経済発展論』勁草書房。

中村久人［2007］「日本製造企業の国内回帰現象と企業競争力に関する考察」『経営論集』第 69 号，60-74 頁。

日本電機工業会［2008］『JEMA 会員企業海外法人一覧』JEMA。

日本貿易振興機構［2008］『ASEAN 物流ネットワーク・マップ 2008』ジェトロ。

日本貿易振興機構［2009］『在 ASEAN7 カ国，インド，オセアニア進出日系製造企業のFTA/EPA の使用状況に関する調査結果概要』ジェトロ・アジア大洋州課。

日本貿易振興機構『日本企業の海外事業展開に関するアンケート調査』各年度版, ジェトロ海外調査部.
日本貿易振興機構『在アジア・オセアニア日系企業活動実態調査』各年度版, ジェトロ海外調査部.
日本貿易振興機構『ジェトロ貿易投資白書（世界貿易投資報告）』各年度版, ジェトロ.
根本敏則［2008］「国際物流インフラの計画, 整備方法～大メコン地域東西回廊をケースとして～」『海運経済研究』2008-42, 1-10 頁.
根本敏則ほか［2010］『自動車部品調達システムの中国・ASEAN 展開』中央経済社.
野本啓介［2002］「メコン地域開発をめぐる地域協力の現状と展望」『開発金融研究所報』2002 年 9 月, 第 12 号, 73-100 頁.
一橋大学大学院商学研究科［2007］『バンコクにおける日系自動車メーカー, および日系自動車部品メーカーの部品調達ロジスティクス調査報告書』一橋大学大学院商学研究科.
平川均・石川幸一・小原篤次・小林尚朗編著［2007］『東アジアのグローバル化と地域統合』ミネルヴァ書房.
平塚大祐編［2006］『東アジアの挑戦―経済統合・構造改革・制度構築』研究双書 No. 551, アジア経済研究所.
平塚大祐編［2010］『東アジアの経済統合―理論と実際』調査研究報告書, アジア経済研究所.
フォーイン『アジア自動車部品産業』フォーイン（Fourin）各年度版.
フォーイン［2009］『世界自動車統計年刊 2009』フォーイン（Fourin）.
フォーイン［2011］『アジア自動車産業 2011』フォーイン（Fourin）.
藤田昌久［2003］「空間経済学の視点から見た産業クラスター政策の意義と課題」石倉洋子, 藤田昌久, 前田昇, 金井一頼, 山崎朗『日本の産業クラスター戦略』有斐閣, 211-257 頁.
藤田昌久［2005］「日本の産業クラスター」『アジアとその他の地域の産業集積比較―集積発展の要因―』調査研究報告書, アジアとその他の地域の産業集積比較研究会編, アジア経済研究所, 14-34 頁.
藤田昌久, ポール・クルーグマン, アンソニー・J. ベナブルズ著［2000］『空間経済学：都市・地域・国際貿易の新しい分析』東洋経済新報社.
藤村学［2006］「越境道路インフラの経済効果：タイ・ラオス・中国雲南省を結ぶ南北経済回廊の事例」『青山経済論集』58 (2), 47-74 頁.
藤村学［2010］「越境インフラプロジェクトの経済評価 メコン地域における考察」『東南アジアのグローバル化とリージョナル化』アジア研究所アジア研究シリーズ No. 73, 亜細亜大学アジア研究所, 131-155 頁.
藤本隆宏, 天野倫文, 新宅純二郎［2007］「アーキテクチャにもとづく比較優位と国際分業―ものづくりの観点からの多国籍企業論の再検討」『組織科学』40 (4), 51-64 頁.
洞口治夫［2002］『グローバリズムと日本企業：組織としての多国籍企業』東京大学出版会.
本多光雄［2006］「東アジアの国際分業・産業集積に関する一考察―新国際分業への模索―」

『日本大学経済科学研究所紀要』第 36 号，195-204 頁．
P. マッカン／坂下昇訳［2002］『産業立地の経済学：ロジスティクス―費用接近』流通経済大学出版会．
三菱総合研究所［2011］『平成 22 年度地球環境適応型・本邦技術活用型産業物流インフラ整備等事業：地域別報告書（プノンペン）』三菱総合研究所．
山影進［1980］「東南アジア連合成立過程の分析」『東南アジア研究』18 巻 1 号，京都大学東南アジア研究センター．
山影進［1981］「ASEAN の結成と地域協力」『東南アジア研究』19 巻 2 号，京都大学東南アジア研究センター．
山影進［2009］「東アジア地域統合の現状と課題― ASEAN 的不戦レジームの可能性」『学術の動向』2009 年 5 月，日本学術協力財団，20-29 頁．
吉田恒昭，金広文［2005］「メコン地域の交通インフラ」石田正美編『メコン地域開発：残された東アジアのフロンティア』アジア経済研究所．
吉野文雄［2007］『ASEAN と APEC：東アジアの経済統合』鳳書房．
若松勇［2007］「ASEAN 経済統合と物流円滑化の課題」池上寛，大西康雄編『東アジア物流新時代』アジア経済研究所．
若松勇［2009］「ASEAN における物流統合の現状と展望」石川幸一，清水一史，助川成也編著『ASEAN 経済共同体』ジェトロ，130-140 頁．
若杉隆平［2003a］「フラグメンテーション：自由貿易がもたらす生産拠点の分散」『経済セミナー』2003 年 4 月号，日本評論社，16-17 頁．
若杉隆平［2003b］「フラグメンテーションと国際貿易―貿易理論の新たな視点―」『わが国の国際収支における中長期的な分析』財団法人財政経済協会，1-20 頁．
若杉隆平［2007］『現代の国際貿易』岩波書店．
渡辺利夫編［2004］『東アジア市場統合への道：FTA への課題と挑戦』勁草書房．

〈英　語〉

ADB［2001］, *Moving the Poverty Reduction Agenda Forward in Asia and the Pacific The Long-Term Strategic Framework of the Asian Development Bank（2001-2015）*, ADB. http://www.adb.org/Documents/Policies/LTSF/ltsf.pdf
ADB［2004］, *The GMS Beyond Borders: Regional Cooperation Strategy and Program*, ADB. http://www.adb.org/Documents/CSPs/GMS/2004/GMS-RCSP.pdf
ADB［2007a］, *GMS Transport Strategy 2006-2015*, ADB.
ADB［2007b］, *Cross Border Transport Agreement and Trade Facilitation in GMS*, ADB.
ADB［2007c］, *Midterm Review of the Greater Mekong Sub-region Strategic Framework 2002-2012*, ADB.
ADB［2008a］, *Greater Mekong Subregion: Vientiane Plan of Action 2008-2012*, ADB.

ADB [2008b], *Strategy 2020: The Long-Term Strategic Framework of the Asian Development Bank 2008-2020*, ADB. http://www.adb.org/documents/Policies/Strategy2020/Strategy2020.pdf

ADB [2008c], *Emerging Asian Regionalism—A Partnership for Shared Prosperity*, ADB.

ADB [2009], *GMS & ASEAN Economic Integration: Policies & Challenges*, ADB. http://www.ceri-sciencespo.com/themes/ue/conferences/29052009/pp_29052009.pdf

ADB [2009], *Roads for Asian Integration: Measuring ADB's Contribution to the Asian Highway Network*, ADB. http://aric.adb.org/pdf/workingpaper/WP37_Roads_for_Asian_Integration.pdf

ADB [2009], *Regional Cooperation Operations Business Plan: Greater Mekong Subregion 2010-2012*, ADB. http://www.adb.org/Documents/CPSs/GMS/2009/RCOBP-GMS-2010-2012.pdf

ADB [2009], *Asian Development Outlook 2009 Update*, ADB.

ADB [2009], *ADB Annual Report*. http://www.adb.org/Documents/Reports/Annual_Report/2009/default.asp

ADB [2010a], *Strategy and Action Plan for the Greater Mekong Subregion Southern Economic Corridor*, ADB. http://www.adb.org/documents/strategy/gms/sec/gms-action-plan-south.pdf

ADB [2010b], *Strategy and Action Plan for the Greater Mekong Subregion North–South Economic Corridor*, ADB. http://www.adb.org/documents/strategy/gms/nsec/gms-north-south-action-plan.pdf

ADB [2010c], *Strategy and Action Plan for the Greater Mekong Subregion East-West Economic Corridor*, ADB. http://www.adb.org/documents/strategy/gms/ewec/gms-action-plan-east-west.pdf

ADB [2010d], *Asian Development Outlook 2010 Update*, ADB. http://www.adb.org/Documents/Books/ADO/2010/Update/ado2010-update.pdf

ADB/ADBI [2009], *Infrastructure for a Seamless Asia*, ADB/ADBI. http://www.adbi.org/files/2010.06.25.wp220.institutions.asian.connectivity.pdf

ADBI [2006], *THE MEKONG REGION Foreign Direct Investment*, ADBI. http://www.adbi.org/files/book.mekong.direct.investment.pdf

ADB, JBIC, WorldBank [2005], *Connecting East Asia: A New Framework for Infrastructure*, ADB, JBIC, WorldBank.

ASEAN Secretariat [2009], *Roadmap for an ASEAN Community 2009-2015*, ASEAN Secretariat. http://www.asean.org/publications/RoadmapASEANCommunity.pdf

ASEAN Statistical Yearbook 2008, ASEAN Secretariat. http://archive.asean.org/Publication-ASEAN-SYB-2008.pdf

Balassa, Bela [1961], *The Theory of Economic Integration*, Richard D. Irwin Inc.

Baldwin, R. E. [2011], "Trade and industrialisation after globalisation's 2nd unbundling: How building and joining a supply chain are different and why it matters," *the National Bueau of Economic Research*. http://www.nber.org/public_html/confer/2011/MECfl1/Baldwin.pdf

Baldwin, R. E. [2007], "Managing the Noodle Bowl: The Fragility of East Asian Regionalism," *ADB Working Paper Series*, ADB.

Banomyong, N [2010], "Supply Chain Dynamics in Asia," *ADBI Working Paper Series*, ADBI. http://www.adbi.org/files/2010.01.07.wp184.supply.chain.dynamics.asia.pdf

Bhattacharyay, B. N. [2010], "Institutions for Asian Connectivity," *ADBI Working Paper Series*, ADBI.

Bhattacharyay, B. N. and De, P [2009], "Restoring the Asian Silk Route: Toward an Integrated Asia," *ADBI Working Paper Series*, ADBI. http://www.adbi.org/files/2009.06.17.wp140.restoring.asian.silk.route.pdf

Deardorff, A. V. [2001], "Fragmentation in Simple Trade Models," *North American Journal of Economics and Finance*, 12, pp. 121-131.

Dennis, D. et al. [2003], *Developing Indicators of ASEAN Integration—A Preliminary Survey for a Roadmap*, REPSF Project 02/001, ASEAN Secretariat.

ERIA [2010], "Comprehensive Asia Development Plan (CADP) and Its Implication for Innovation for Balanced and Sustainable Growth," *ADBI-OECD Roundtable on Innovation for Balanced and Sustainable Growth ADBI*, 24-26 Nov. 2010. http://www.adbi.org/files/2010.11.24.cpp.sess1.4.umezaki.cadp.innovation.growth.pdf

Francois, J., Rana, P. and Wignaaraja, G. ed. [2009], *Pan-Asian Integration—Linking East and South Asia*, ADB.

Findlay, C. and Urata, S. ed. [2010], *Free Trade Agreements in the Asia Pacific*, World Scientific.

Fujimura, M. [2006], "Cross-border Transport Infrastructure, Regional Integration, and Development: Implications for the Greater Mekong Subregion," *Journal of Greater Mekong Subregion Development Studies Dec. 2006*, pp. 48-62.

Fujimura, M. and Edmonds C. [2006], "Impact of Cross-border Transport Infrastructure on Trade and Investment in the GMS," *ADB Institute Discussion Paper*, No. 48.

Fujita, M., Krugman, P. and Venables, A. [1999], *The Spatial Economy*, Cambridge, MA: MIT Press.

Hanson, G. H. [1997], "The Effects of Offshore Assembly on Industry Location: Evidence from U.S. Border Cities," *The Effects of U.S. Trade Protection and Promotion Policies*, National Bureau of Economic Research, Inc., pp. 297-322.

Hayakawa, K. [2010], "Location Choice of Japanese Multinationals," Kuroiwa ed., *Spatial Statistics and Industrial Location in CLMV: An Interim Report*, IDE-JETRO, pp. 1-18.

Helpman, E. and Krugman, P. [1985], *Market Structure and Foreign Trade*, MIT Press.

Hew, D. ed. [2005], *Roadmap to an ASEAN Economic Community*, Institute of Southeast Asian Studies.

Hew, D. ed. [2007], *Brick by Brick: the Building of an ASEAN Economic Community*, Institute of Southeast Asian Studies.

Hiratsuka, D. and Kimura, F. ed. [2008], *East Asia's economic integration: progress and benefit*, IDE-JETRO.

ISEAS [2008], *The ASEAN Community*, ASEAN Studies Centre Report, ASEAS.

Ishida, M. [2007], "Evaluating the Effectiveness of GMS Economic Corridors: Why is There More Focus on the Bangkok-Hanoi Road than the East-West Corridor?," *IDE Discussion Paper*, IDE-JETRO.

Ishida, M. [2009], "Special Economic Zones and Economic Corridors," *ERIA Discussion Paper 2009-16*.

Ishida, M. ed. [2010], "Investment Climate of Major Cities in CLMV Countries," Bangkok Research Center, IDE-JETRO.

Jones, R. W. and Kierzkowski, H. [1990], "The Role of Services in Production and International Trade: A Theoretical Framework," in Ronald W. Jones and Anne O. Krueger, eds., *The Political Economy of International Trade: Essays in Honor of Robert E. Baldwin*, Oxford: Basil Blackwell, pp. 31-48.

Jones, R. W. and Kierzkowski H. [2001], "A Framework for Fragmentation," *Fragmentation: New Production Patterns in the World Economy*, ed. by Sven W. Arndt and Henryk Kierzkowski, NewYork: Oxford University Press, pp. 17-34.

Kawai, M. and Wignaraja, G. [2010], "Asian FTAs: Trends, Prospects and Challenges," *ADB Economics Working Paper No. 226*, ADB.

Kimura, F. and Ando, M. [2003], "Fragmentation and Agglomeration Matter: Japanese Multinationals in Latin America and East Asia," *North American Journal of Economics and Finance*, vol. 14 (3), pp. 287-317.

Krugman, P. [1991], "Increasing Returns and Economic Geography," *Journal of Political Economy 99*, pp. 183-199.

Krugman, P. [1998], "What's new about the new economic geography?," *Oxford Review of Economic Policy*, Vol. 14, (2), pp. 7-17.

Kuroiwa ed. [2010], *Spatial Statistics and Industrial Location in CLMV: An Interim Report*, IDE-JETRO. http://www.ide.go.jp/Japanese/Publish/Download/Report/2009/2009_108.html

Nesadurai, H. S. [2003], *Globalisation, Domestic Politics and Regionalism: The ASEAN Free Trade Area*, London and New York: Routledge.

Nu Nu Lwin [2009], "Analysis on International Trade of CLM Countries," *IDE Discussion Paper No. 215*, IDE-JETRO.

Plummer, G. M. [2009], *ASEAN Ecoconomic Integration: Trade, Foreign Direct Investment, and Finance*, World Scientific.

Plummer, G. M. and Chia S. Y. ed. [2009], *Realizing the ASEAN Economic Community: A Comprehensive Assessment*, ISEAS.

Severino, R. C. [2006], *Southeast Asia in Search of an ASEAN Community*, ISEAS.

Stone, S. and Strutt, A. [2009], "Transport Infrastructure and Trade Facilitation in the Greater Mekong Subregion," *ADBI Working Paper*, ADBI.

Stone, S. Strutt, A. and Hertel, T. [2010], "Assessing Socioeconomic Impacts of Transport Infrastructure Projects in the Greater Mekong Subregion," *ADBI Working Paper No. 234*, ADBI.

UNCTAD, *World Investment Report*, UNCTAD.

UNCTAD, *UNCTAD Handbook of statistics*, UNCTAD.

UNESCAP [2003], *Asian Highway Handbook*, UNESCAP. http://www.unescap.org/ttdw/Publications/TIS_pubs/pub_2303/Full%20version.pdf

UNESCAP [2007], *Logistics Sector Developments: Planning Models for Enterprises and Logistics Clusters*, UNESCAP. http://www.unescap.org/ttdw/Publications/TFS_pubs/pub_2457/pub_2457_fulltext.pdf

UNESCAP [2008], *Economic Cooperation and Regional Integration in the Greater Mekong Subregion (GMS)*, UNESCAP.

UNESCAP [2009], *About the AsianHighway*, UNESCAP. http://www.unescap.org/ttdw/index.asp?MenuName=AsianHighway.

Vernon, R. [1966], "International Investment and International Trade in the Product Cycle," *Quarterly Journal of Economics*, May 1966.

Wignaraja et al. [2010], "How Do FTAs Affect Exporting Firms in Thailand?," *ADBI Working Paper Series*, ADBI.

Williamson, O. E. [1975], *Market and Hierarchies*, Free Press, Basic Books.

Williamson, O. E. [1985], *The Economic Institutions of Capitalism*, The Free Press.

〈タイ語〉

Bureau of Land Transportion [2007], การสัมมนาผู้ประกอบการขนส่งจากไทย...ไป GMS สร้างผู้ประกอบการไทยสู่เวทีโลก (To create GMS of Thailand to the world stage), Bureau of Land Transportion. http://www.ltpcenter.com/doc/seminar/forum-rama/forum_rama-dlt.ppt

Land Transport Promotion Center [2010], เอกสารเผยแพร่เกี่ยวกับ GMS CBTA (Article about GMS CBTA), Land Transport Promotion Center. http://www.ltpcenter.com/files/BrochureCBTA.pdf

NESDB [2009a], บทบาทจังหวัดกับการพัฒนาแนวพื้นที่พัฒนาเศรษฐกิจตะวันออก-ตะวันตก (East-West Economic Corridor: EWEC), NESDB.

NESDB [2009b], บทบาทจังหวัดกับการพัฒนาแนวพื้นที่พัฒนาเศรษฐกิจเหนือ-ใต้ (North-South Economic Corridor: NSEC), NESDB.

NESDB [2009c], ร่างยุทธศาสตร์และแผนปฏิบัติการพื้นที่เศรษฐกิจตามแนวตอนใต้ (Southern Economic Corridor: SEC), NESDB.

Somkiat Wanit, et al. [2008], การเก็บเกี่ยวผลประโยชน์ของธุรกิจไทยจากความตกลง JTEPA, (Reaping the benefit of

Thai agreement JTEPA）, Thailand Development Research Institute. http://www.tdri.or.th/reports/published/s52.pdf
TDRI［2010］, โอกาสในการแสวงหาผลประโยชน์จากข้อตกลงการค้าเสรีอาเซียน-สหภาพยุโรป（Opportunity to seek benefits from ASEAN-EU FTA）, Thailand Development Research Institute. http://www.tdri.or.th/library/quarterly/white-pp/wb78.pdf
　　　http://www.tdri.or.th/news/tdri/nation2010_05_17.pdf（英語解説）
University of Thai Chamber of Commerce［2008］, *R3E vs East West Corridor*, Logistics Reserach Center, University of Thai Chamber of Commerce.（本文タイ語）http://utcc2.utcc.ac.th/localuser/lrcappl/lrc/lrc_News_detail.php?id=2008050002

〈政府刊行物〉

外務省アジア大洋州局［2010］「目で見る ASEAN － ASEAN 経済統計基礎資料」。
外務省『政府開発援助（ODA）白書』各年度版，外務省。
経済産業省『通商白書』各年度版，経済産業省。
経済産業省『わが国企業の海外事業活動』各年度版，経済産業省。
経済産業省・国土交通省［2008］「メコン地域陸路実用化実証走行試験実証実験結果報告」経済産業省・国土交通省。
中華人民共和国国家統計局『中国統計年鑑』各年度版（中国語）。
財務省『財務金融統計月報』各月版，財務総合政策研究所。

〈ウェブサイト〉

　　外務省　http://www.mofa.go.jp/mofaj/index.html（日本語）
　　金融庁（EDINET）　http://info.edinet-fsa.go.jp/（日本語）
　　経済産業省　http://www.meti.go.jp/（日本語）
　　経済産業研究所貿易統計 RIETI-TID2012　http://www.rieti-tid.com/trade.php（英語）
　　国土交通省　http://www.mlit.go.jp/（日本語）
　　国際協力機構（JICA）　http://www.jica.go.jp/（日本語）
　　国際協力銀行（JBIC）　http://www.jbic.go.jp/ja/（日本語）
　　総務省統計局　http://www.stat.go.jp/index.htm（日本語）
　　日本アセアンセンター　http://www.asean.or.jp/ja/（日本語）
　　日本貿易振興機構（JETRO）　http://www.jetro.go.jp/indexj.html（日本語）
　　日本貿易振興機構アジア経済研究所（IDE）　http://www.ide.go.jp/Japanese/（日本語）
　　盤谷日本人商工会議所　http://www.jcc.or.th/（日本語）
　　東アジア・ASEAN 経済研究センター（ERIA）　http://www.eria.org/（英語）
　　財務省貿易統計　http://www.customs.go.jp/toukei/info/index.htm（日本語）
　　ACMECS　http://www.acmecs.org/（英語）

参考文献

ADB　http://www.adb.org/（英語）
ADBI　http://www.adbi.org/（英語）
ASEAN Secretariat　http://www.aseansec.org/（英語）
Bank of Thailand　http://www.bot.or.th/（英語）
GMSEC　http://www.gmsec.org/（英語）
GMSEC-sub site　http://www.gmsec.cn/（英語，中国語）
IMF　http://www.imf.org/external/（英語）
ISEAS　http://www.iseas.edu.sg/（英語）
Khon Kean University, Laos Center　http://cac.kku.ac.th/laos/（タイ語）
Land Transport Promotion Center　http://www.ltpcenter.com/（タイ語）
Mekong Institute　http://www.mekonginstitute.org/（英語）
Mekong River Commission　http://www.mrcmekong.org/（英語）
NESDB　http://www.nesdb.go.th/（英語，タイ語）
TDRI　http://www.tdri.or.th/en/php/index.php（英語，タイ語）
UNCTAD　http://www.unctad.org/Templates/StartPage.asp?intItemID=2068&lang=1（英語）
UNCOMTRADE　http://comtrade.un.org/db/default.aspx（英語）
UNESCAP　http://www.unescap.org/（英語）
UN Statistics Division　http://unstats.un.org/unsd/databases.htm（英語）
UN World Population Prospects　http://esa.un.org/unpp/index.asp?panel=2（英語）
World Bank（IBRD）　http://www.worldbank.org/（英語）
WTO　http://www.wto.org/（英語）

ラオスの少数民族の女たち（2010 年 5 月筆者撮影）

索　引

【数字・アルファベット】

2次元のフラグメンテーション　7, 171
AEC ブループリント　25, 28, 34
ASEAN 経済共同体（AEC）　25, 28
ASEAN 産業協力スキーム（AICO）　32, 122, 173
ASEAN 自由貿易地域（AFTA）　15, 33, 36
ASEAN 連結性マスタープラン　26, 28

【ア行】

アグロメレーション理論　9
アジア開発銀行（ADB）　3, 15, 20, 45, 48, 52, 162
アジア総合開発計画（CADP）　31, 57
アジア・ハイウェイ　30, 60
越境交通協定（CBTA）　50, 58, 156

【カ行】

雁行型経済発展論　84, 175
顕示比較優位（RCA）指数　71
工程間分業　1, 4, 170, 171, 178
国境経済圏　2, 5, 8, 153, 179

【サ行】

サービス・リンク・コスト　5, 12, 135, 149, 169, 179
自動車部品相互補完スキーム（BBC）　32, 122, 173

ジニ係数　39
集団的外資依存輸出指向型工業化戦略　18, 32, 70, 177
シンガポール・昆明間鉄道リンク計画（SKRL）　20, 30, 51, 66, 166
シングルウィンドウ／シングルストップ　58, 59, 159
人口ボーナス　42
製品アーキテクチャー　168, 171, 177
走出去（海外進出）政策　65, 101

【タ行】

第2のアンバンドリング　84
タイ・プラスワン　40, 75, 95, 150, 179
地域クラスター論　13
チャイナ・プラスワン　40, 72, 75, 95, 104, 137, 151
中所得国の罠　75
直接投資結合度　109, 111
東西経済回廊　50, 54, 55, 156, 162

【ナ行】

南部経済回廊　50, 55, 57, 128, 156, 163
南北経済回廊　50, 54, 56, 157
日本人商工会議所　117

【ハ行】

部品相互補完ネットワーク　114, 132, 134, 172, 180

フラグメンテーション理論　1, 4, 57, 176, 179
プロダクト・サイクル　9, 83, 96
貿易結合度　108, 111

貿易特化指数　83, 176

【ラ行】

ロックイン効果　135, 146, 154, 168, 171

著者紹介

春日　尚雄（かすが　ひさお）

1957年生まれ，福井県立大学地域経済研究所教授
慶應義塾大学経済学部卒業，カリフォルニア大学大学院政治学部修士課程修了後，電機部品メーカー代表取締役社長などを歴任。亜細亜大学にて博士（経済学）を取得後，2013年より現職。アジア・ASEAN経済，メコン地域開発，インフラと企業立地行動が専門。

ASEANシフトが進む日系企業
―統合一体化するメコン地域―

2014年8月20日　第1版第1刷発行　　　　　　検印省略

編著者	春　日　尚　雄
発行者	前　野　　　弘
発行所	株式会社 文　眞　堂

東京都新宿区早稲田鶴巻町533
電　話　03（3202）8480
FAX　03（3203）2638
http://www.bunshin-do.co.jp/
〒162-0041 振替00120-2-96437

印刷・モリモト印刷　製本・イマヰ製本所
© 2014
定価はカバー裏に表示してあります
ISBN978-4-8309-4772-8　C3033

【好評既刊】

2015年，世界の成長センターASEANが巨大統合市場に！

ASEAN経済共同体と日本—巨大統合市場の誕生—

石川幸一・清水一史・助川成也 編著
ISBN：978-4-8309-4778-0　C3033　A5判　本体2600円　2013年12月発行

2015年，ASEAN経済共同体（AEC）が創設される。完成すれば中国やインドにも対抗する経済圏となり，日本と日本企業にとっても最重要な地域となる。日本とASEANとの関係は40年を迎え，ASEANとの経済関係を戦略的に見直す時期に来ている。各分野の専門家が統合への進展状況，課題，実現への展望などを検討，2015年末のASEANの姿を描く。

東南アジアのエネルギーの最新情報満載！

東南アジアのエネルギー—発展するアジアの課題—

武石礼司 著
ISBN：978-4-8309-4825-1　C3033　A5判　本体2000円　2014年7月発行

好調な経済の下，発展を遂げてきた東南アジアの10カ国は，アセアンを形成して域内協力を深めており，日本にとって，ますます重要な国々となっている。アセアン10カ国は，歴史，人口，気候，宗教，資源，産業も大きく異なり，エネルギー需給への取り組みと政策も実に多様である。最新の現地情報を盛り込み，現状と今後を解説する。

難航するTPP交渉の背景と争点を検証！

TPP交渉の論点と日本—国益をめぐる攻防—

石川幸一・馬田啓一・渡邊頼純 編著
ISBN：978-4-8309-4823-7　C3033　A5判　本体2300円　2014年6月発行

年内妥結かそれとも漂流か。正念場を迎えたTPP交渉。日米をはじめ交渉参加12カ国はセンシティブな問題をめぐり激しく対立。関税撤廃，知的財産権，国有企業規律，投資（ISDS条項），環境など難航する交渉分野の主な争点は何か。合意への道筋をどう付けるのか。本書は，TPPの背景と交渉分野における主要な論点を取り上げ，攻めと守りのTPP交渉を検証する。

日本の通商戦略論の最新版！

通商戦略の論点—世界貿易の潮流を読む—

馬田啓一・木村福成 編著
ISBN：978-4-8309-4822-0　C3033　A5判　本体2600円　2014年6月発行

世界貿易の潮流に大きな変化が生じるなか，日本の通商戦略も大きな転機を迎えている。日本経済再生のカギを握る新通商戦略が目指すべきものとは。アジア太平洋の新通商秩序，新たな通商立国の条件，次世代型の通商課題など，日本が直面する目下焦眉の通商上の問題を様々な視点から取り上げ，その現状と課題を鋭く考察する。